W0252927

I

LE PEINTRE MINUTE

LES JEUNES GENS

L'ÉVEIL DU PRINTEMPS

LE SPECTRE DU SOLEIL

**Le théâtre complet de Frank Wedekind**
*aux éditions* **THEÂTRALES**

I
LE PEINTRE MINUTE - LES JEUNES GENS
L'ÉVEIL DU PRINTEMPS - LE SPECTRE DU SOLEIL

II
LA BOÎTE DE PANDORE
L'ESPRIT DE LA TERRE - LULU

III
L'ÉLIXIR D'AMOUR - LE CHANTEUR D'OPÉRA - UN DIABLE DÉCHU
LE MARQUIS VON KEITH - UN HOMME DE PLAISIR

IV
LE ROI NICOLO - KARL HETMANN, LE GÉANT NAIN
LA MORT ET LE DIABLE

V
MUSIQUE - LA CENSURE
OAHA. LA SATIRE DE LA SATIRE - LA PIERRE PHILOSOPHALE

VI
FRANZISKA - LE CHÂTEAU DE WETTERSTEIN

VII
SAMSON OU HONTE ET JALOUSIE - BISMARCK
QUI DE NULLE PEUR N'A PEUR - HÉRACLÈS

# FRANK WEDEKIND

## THÉÂTRE COMPLET

## I

LE PEINTRE MINUTE • LES JEUNES GENS
L'ÉVEIL DU PRINTEMPS • LE SPECTRE DU SOLEIL

---

*SUIVI DE*

NOTES ET DOCUMENTS

*édité sous la direction de*
*Jean-Louis Besson*

PUBLIÉ AVEC LE CONCOURS DU CENTRE NATIONAL DU LIVRE

*éditions* THEATRALES
Maison Antoine Vitez

*La représentation des pièces de théâtre est soumise à l'autorisation de l'auteur ou de ses ayants droit. Avant le début des répétitions, une demande d'autorisation devra être déposée auprès de la SACD.*

*Photo de couverture : Frank Wedekind en « Homme masqué » dans* L'Eveil du printemps *lors de la création de la pièce au Kammespiele du Deutsches Theater de Berlin (1906), aimablement transmise par la Bibliothèque municipale de Munich.*

© 1974, éditions Gallimard, pour la traduction française
établie par François Regnault de *L'Éveil du printemps*
© 1995, 2018, éditions THEATRALES
47, avenue Pasteur, Montreuil

La loi du 11 mars 1957 interdit les copies ou reproductions destinées à une utilisation collective. Toute représentation ou reproduction intégrale ou partielle faite par quelque procédé que ce soit, sans le consentement de l'auteur ou de ses ayants droit, est illicite et constitue une contrefaçon sanctionnée par les articles 425 et suivants du Code pénal.

ISBN : 978-2-907810-76-0

# EDITER WEDEKIND

Dans son théâtre, Wedekind voulait « *graver les phrases comme des mots vivants dans les âmes* » disait Heinrich Mann, pour qui l'auteur de *Lulu* n'était pas seulement un poète bohême et un briseur de tabous mais un « *pionnier en littérature de la carrure de Flaubert au seuil de l'époque moderne* ». Et, de fait, Wedekind a largement influencé le théâtre expressionniste et marqué les auteurs du XXe siècle, à commencer par Bertolt Brecht. En Allemagne, Wedekind est encore régulièrement joué – nous avons pu voir il y a quelques années, à l'Opéra Comique, *Lulu* dans la mise en scène de Peter Zadek – et ses œuvres sont fréquemment rééditées (Éditions Langen et Müller, éditions Winkler et, tout récemment, éditions Jürgen Häusser).

En France, seul *L'Éveil du printemps* – sur vingt et une pièces – a été publié en version intégrale (éditions Gallimard, 1974) : la traduction de François Regnault est reprise ici dans le *Théâtre complet*. Les deux autres pièces disponibles en français, *Lulu* (Pierre Jean Jouve, éditions l'Âge d'Homme) et *Musique* (Lorent Wanson, éditions Lansman) sont des adaptations. Parmi les autres œuvres dramatiques de Wedekind, certaines ont été jouées en France, sans que les traductions ou adaptations aient été publiées, ainsi *Franziska* (mise en scène Hélène Vincent et Agnès Laurent, traduction Louis-Charles Sirjacq), *L'Élixir d'amour* et *La Mort et le Diable* (mise en scène et adaptation Bruno Bayen, sous le titre *La Danse macabre*), *Le Chanteur d'opéra* (mise en scène Patrick Guinand, traduction de Louis-Charles Sirjacq), *Lulu* (mise en scène André Engel, traduction Sylvie Muller)...

La présente publication de l'œuvre dramatique de Frank Wedekind est un projet collectif. Issu du comité littéraire d'allemand de la Maison Antoine Vitez, qui regroupe traducteurs et praticiens du théâtre[1], il a très vite reçu l'assentiment des éditions Théâtrales qui l'ont inscrit dans leur collection « répertoire classique ».

Les vingt et une pièces seront publiées en sept volumes, sur une période de quatre ans. L'ordre retenu est l'ordre chronologique des premières parutions dans l'édition allemande ; il n'était pas possible en effet, faute de documents suffisants et en raison des nombreux remaniements auxquels procède Wedekind, d'établir une chronologie fondée sur la date d'écriture. Pour les textes qui n'ont pas été réédités récemment, l'édition de référence est celle des *Œuvres complètes* (*Gesammelte Werke*, 1912-1921), que Wedekind avait lui-même revue en grande partie de son vivant, et dont les deux premiers tomes, publiés à titre posthume, ont été établis par son ami et biographe Artur Kutscher.

S'agissant de la traduction, le comité littéraire s'est fixé un certain nombre d'exigences, qui seront appliquées à toutes les pièces de Wedekind, quel qu'en soit le traducteur : d'une part respecter la lettre du texte original, par de véritables traductions – excluant adaptations ou versions scéniques – sans coupures, sans réorganisation des actes, des scènes, des répliques ou des phrases ; d'autre part, veiller à l'oralité d'un texte destiné à être joué sur une scène de théâtre. Les traducteurs s'assurent du respect de ces deux exigences, par des rencontres et des lectures mutuelles. Cependant, chaque traducteur est libre de ses choix : pas de lexique commun, pas de principes contraignants, la meilleure traduction étant certainement celle où le traducteur est maître de son écriture. Une harmonisation n'a été tentée que là où elle était souhaitable et possible sans nuire à la qualité de chaque texte.

---

[1] Sont associés au projet Wedekind : Bruno Bayen, Jörn Cambreleng, Patrick Guinand, Philippe Ivernel, Jean Launay, Jean-Pierre Lefebvre, Eric Leroy du Cardonnoy, Bernard Lortholary, Ruth Orthmann, Eloi Recoing, Heinz Schwarzinger, Louis-Charles Sirjacq, Maurice Taszman, coordinateur : Jean-Louis Besson.

Pour les passages en vers rimés, il a semblé préférable de garder le sens et les rythmes plutôt que de s'astreindre à trouver des rimes en français pour toute une scène, tout un acte ou même toute une pièce, la contrainte de la rime entraînant nécessairement des dérapages de sens. Par contre, pour ce qui est des chansons et des poèmes insérés dans les pièces, les traducteurs se sont efforcés de conserver des vers rimés, jugeant que la forme lyrique devait être ici directement perceptible par le spectateur. Par ailleurs, que le passage soit rimé ou non, la forme du vers a été maintenue dans la typographie, ce qui permet au lecteur et au comédien de le repérer immédiatement. L'unité de sens de chaque vers a été conservée chaque fois que cela était possible sans nuire à l'intelligibilité de la phrase française.

Sauf nécessité contraire, la ponctuation de l'original a été gardée, y compris les nombreux tirets, pourtant peu usités en français. En effet, chez Wedekind comme chez tous les auteurs dramatiques allemands qui les utilisent, les tirets indiquent une pause ou une respiration, pas seulement une interruption ou une suspension : ils fournissent donc une indication importante au comédien.

Enfin, nous avons souhaité donner un certain nombre d'informations sur les pièces traduites. C'est le rôle des notes et des documents, qui figurent à la fin de chaque volume. L'ambition n'est pas de réaliser une édition critique exhaustive, mais de fournir quelques éclaircissements au lecteur et quelques pistes de recherche à celui qui souhaite monter la pièce.

Puisse cette édition, fruit d'un travail commun entre traducteurs et éditeurs, répondre à l'attente de tous ceux qui souhaitent découvrir le théâtre de Frank Wedekind.

**Jean-Louis Besson**

**Jean-Pierre Engelbach**

Nos remerciements vont à Carola Regnier pour sa précieuse collaboration et au département des manuscrits de la bibliothèque municipale de Munich pour la communication des documents photographiques.

# LE PEINTRE MINUTE

## ou l'Art et Mammon

Grande et originale farce de caractères tragi-comique
en trois actes

*Traduction Jean Launay*

# PERSONNAGES[1]

PANCRACE KNAPP, *négociant et propriétaire d'usine*

PASIPHAÉ, *sa femme*

THOMAS, *son fils*

JOHANNA, *sa fille*

AMÉLIE ZEISIG, *leur cousine*

FRIDOLIN WALD, *peintre*

DR. STEINER, *ingénieur chimiste*

DR. CHRYSOSTOME GRÜBELMEIER, *professeur de philosophie*

DR. STRECKEISEN, *médecin-chef du canton*

Son Excellence le baron VON BERNOLT, *intendant des Musées royaux*

UN COMMISSAIRE DE POLICE

DEUX AGENTS

SAMSON, *domestique chez Knapp*

PHIPPS, *garçon d'atelier*

BASTIEN, *menuisier*

KILIAN, *cocher*

ATHANASI, *fossoyeur*

# ACTE I

*Chez Knapp dans sa véranda. Au fond large porte vitrée, flanquée à sa gauche d'un petit palmier à feuilles en éventail, à sa droite d'une table servant de desserte. Portes latérales à droite et à gauche. Au premier plan à droite, une table avec des chaises et un sofa, à gauche, une table plus petite avec des chaises.*

## Scène 1

*Thomas. Knapp.*

THOMAS.– *(avec canne et chapeau, entrant par la porte de gauche)* Bonjour.

KNAPP.– *(en robe de chambre, avec sa pipe, entrant timidement par la porte de droite ; il reste près de la porte)* Bien le bonjour, monsieur le médecin-chef.

THOMAS.– *(s'avançant)* C'est moi, papa.

KNAPP.– *(respirant)* Tu m'as fait une de ces peurs ! Je croyais qu'on venait encore une fois me mettre au régime et m'interdire tout ce que j'aime.

THOMAS.– Hum. Rassure-toi, cher papa. Aucun médecin-chef ne s'est encore montré aujourd'hui, Dieu merci.

KNAPP.– Tu as raison, mon garçon, pas de panique. C'est mauvais pour la digestion. Et puis je n'avais pas mon pince-nez. Il a glissé de mon nez hier soir au moment où j'éteignais la lumière. *(il examine Thomas)* Mais, nom de nom, comme cela me fait plaisir de voir que tu as mis un pantalon à la hauteur des circonstances.

THOMAS.– Tu veux dire parce que j'ai mis le clair ? L'autre est complètement usé, il a besoin d'un nouveau fond.

KNAPP.– *(malicieux)* Comme si je ne voyais pas sur le bout de son museau qu'il sait bien pourquoi.

THOMAS.– Je t'assure, papa, que je ne vois pas du tout...

KNAPP.– Alors je vais te le dire. Eh bien, vois-tu, je lui ai écrit avant-hier de venir aujourd'hui s'il n'y voit pas d'inconvénient. — Maintenant tu sais tout.

THOMAS.– Je ne sais encore rien du tout.

KNAPP.– *(impatient)* Un âne est comme un astrologue, comparé à ce babouin. — Mon ami compte venir aujourd'hui, mon ami, M. l'ingénieur Steiner.

THOMAS.– Jamais entendu parler.

KNAPP.– Eh bien, tu seras étonné. Il est docteur en chimie et absolument génial. Il a fait une invention.

THOMAS.– Et peut-on savoir ce qu'il a...

KNAPP.– Le sucre de pommes de terre ! — Nous allons construire ici ensemble une usine de sucre de pommes de terre.

THOMAS.– C'est toi qui fournis l'argent ?

KNAPP.– Qu'il n'a pas. — Il fournit le génie.

THOMAS.– Que nous n'avons pas. — Dis-moi, cher papa, c'est terriblement surprenant ce que tu me racontes là.

KNAPP.– Sois tranquille, Thomas. Je le connais comme ma poche. Au printemps dernier à Francfort je lui ai avancé trois cents marks.

THOMAS.– Un coup de maître, vraiment ! Et tu as toujours également dans ta poche la traite non réclamée ?

KNAPP.– Hein, c'est ce que tu crois ? — Il m'a payé, à peine une demi-heure avant de me demander la main de ma fille.

THOMAS.– *(surpris)* La main de Johanna ?

KNAPP.– La main de Johanna.

THOMAS.– Mais comment ça ?

KNAPP.– Parce qu'il l'aime.

THOMAS.– Il la connaît donc ?

KNAPP.– Moi, il me connaît.

THOMAS.– *(le contemplant)* Un amoureux qui n'est pas difficile !

KNAPP.– Il n'y a pas eu un seul jour sans qu'il m'ait dit en me voyant : « Monsieur Knapp, monsieur Knapp, comme elle doit être belle votre fille ! » Et c'est comme ça qu'il a fini par devenir amoureux d'elle.

THOMAS.– Je ne donnerais pas ma bénédiction à cet amour-là.

KNAPP.– Ce n'est pas non plus nécessaire. Le pasteur s'en chargera.

THOMAS.– Il n'empêche que…

KNAPP.– Écoute bien, Thomas, moi et l'ingénieur Steiner et l'ingénieur Steiner et moi, c'est à la vie à la mort, nous sommes soudés l'un à l'autre par les liens les plus sacrés d'une amitié éternelle — *(il se détourne)* et ne serait-ce que pour débarrasser enfin ma fille de ce maudit peintre.

THOMAS.– Ce malheureux Fridolin ! — Mais qu'as-tu donc contre lui ?

KNAPP.– Je vais te le dire. En un mot, il n'est rien, il n'a rien, il ne sait rien, il ne comprend rien, il ne vaut rien et il ne fait rien — et pour ce genre de clients Knapp & Co n'ont pas d'enfants en magasin !

THOMAS.– Il y a des choses que tu ne comprends pas.

KNAPP.– Non, Thomas, je ne plaisante pas. Tout est de sa faute. Même mon attaque. Ce sinistre virtuose du pinceau ! Il me suffit de le regarder pour avoir des crampes d'estomac, c'est comme quand je pense à la grande famine qu'on a eue en 17. Je te le dis, Thomas, je veux qu'aujourd'hui même tu me le flanques à la porte.

THOMAS.– J'ai une idée.

KNAPP.– *(avec bonhomie)* Tu ne vas pas faire des misères à ton vieux père !

THOMAS.– Tiens, assieds-toi. J'aimerais te proposer un échange.

KNAPP.– *(s'assied)* Voilà autre chose. Laisse-moi d'abord le temps d'allumer ma pipe.

*Thomas s'assied en face de lui et lui allume sa pipe.*

## Scène 2

*Fridolin Wald. Les précédents. Puis Samson.*

FRIDOLIN.– *(en tenue d'artiste, plutôt négligée, portant un siège pliant, un parasol et un album de croquis, apparaît derrière la porte vitrée ; tout en examinant les lieux, à part)* Je t'apporte mon salut matinal, toit hospitalier, sous l'amicale protection duquel je me sais si entièrement reçu comme l'enfant de la maison. *(apercevant Thomas et Knapp)* Un tableau de genre ! — C'est peut-être quelque chose pour les pages humoristiques de la revue *Terres et mers*.

*Il s'assied derrière la porte vitrée et commence à dessiner.*

KNAPP.– *(à Thomas)* Un échange, mon fils ? — Tes bottes seraient devenues trop étroites ? — Je chausse du quarante-sept.

THOMAS.– C'est ton cœur paternel qui est devenu trop étroit. Aussi te fais-je la proposition suivante. Je te sacrifie mon Fridolin en veillant à ce qu'il ne puisse plus désormais te tourmenter par sa présence, et toi, tu me sacrifies ton génial inventeur du sucre de pommes de terre dont la présence, sois-en sûr, ne me tourmenterait pas moins.

KNAPP.– Je crains sérieusement, Thomas, que ce ne soit pas possible.

THOMAS.– Cher papa, c'est la meilleure occasion de liquider ton inventeur à bon compte.

KNAPP.– Et je crains quand même que ce ne soit pas possible. L'ingénieur Steiner vaut plus cher pour moi que pour toi ton virtuose du pinceau.

THOMAS.– Fridolin est un honnête homme.

KNAPP.– C'est bien pourquoi l'ingénieur Steiner vaut plus cher.

THOMAS.– Fridolin est un artiste.

KNAPP.– C'est bien pourquoi l'ingénieur Steiner vaut plus cher.

THOMAS.– Je ne comprends pas bien. Pourquoi cela, papa ?

KNAPP.– Hum. Parce qu'il y a quinze jours j'ai versé à l'ingénieur Steiner la somme de trente-six mille marks.

THOMAS.– *(sursaute)* Trente-six…

KNAPP.– Ne va pas tout de suite bondir comme le cabri qui a cru voir le loup ! Il en a besoin tout simplement pour garantir le capital qu'il lui faut bien réunir pour notre usine de sucre de pommes de terre.

THOMAS.– À quelqu'un que tu ne connais ni d'Eve ni d'Adam trente-six…

KNAPP.– … mille marks, que j'ai versés, oui. *(se lève brusquement)* J'en ai assez. Une poule mouillée comme toi n'étouffera pas le rêve grandiose que je fis à Francfort un jour de printemps. Si ton cœur d'agneau est trop lâche, je sens, moi, aux tempes argentées du vieillard que je suis, battre le sang généreux d'un jeune homme. — Quant à ton minable barbouilleur, tu me le flanques à la porte aujourd'hui même. Tu as compris ?

THOMAS.– *(qui s'est également levé)* Contre ton inventeur ?

KNAPP.– Comment ça, mon inventeur ? — Tu ne veux pas ?

THOMAS.– Seulement contre ton inventeur.

KNAPP.– Bon, bon. — Je sais donc ce qu'il me reste à faire.

FRIDOLIN.– *(qui continue à dessiner, à part)* Encore le fond, vite fait, et j'entre apaiser la querelle des amis.

KNAPP.– *(à Thomas)* Tu vas voir si je ne l'expulse pas de mes propres mains, ton ami.

THOMAS.– Tu auras du mal.

KNAPP.– Et mon sang généreux ?

THOMAS.– Tu oublies que tu as affaire à un artiste.

KNAPP.– *(retroussant ses manches)* Sois tranquille, il sera expulsé selon les règles de l'art, ou à peu près.

THOMAS.– Non, cher papa, ces artistes vous ont une faculté de résistance très spéciale. Je serais prêt à parier.

KNAPP.– Tu veux m'offenser. — Bon, qu'est-ce qu'on parie ?

THOMAS.– Le bouilleur de pommes de terre ?

KNAPP.– Tu es fou ! — Bon, nous sommes sûrs de notre affaire.

*Il tope.*

THOMAS.– Si tu échoues avec mon Fridolin, tu me donnes ton ingénieur Steiner.

KNAPP.– Tu me donnes ton ingénieur Steiner ! — Pardonne, cher absent ! — Hum, qu'il essaye encore une fois de s'introduire dans cette maison, le traître…

FRIDOLIN.– *(qui dans l'intervalle s'est approché sans être vu, et se tient tout près derrière Knapp)* Bonjour, mes amis.

KNAPP.– *(reculant précipitamment)* Dieu du ciel — son fantôme !

FRIDOLIN.– Allons, allons ! N'ayez pas peur de celui qui vient vous apporter la paix.

THOMAS.– Tu tombes bien.

KNAPP.– *(reprenant ses esprits)* C'est lui-même. Il pue encore la térébenthine. *(à haute voix, s'adressant à Fridolin)* Monsieur, quelle est cette façon sournoise…

FRIDOLIN.– *(lui met la main sur l'épaule)* Rentrez en vous-même, cher monsieur et père. Songez que sur moi aussi pèse le poids écrasant du malheur d'exister. C'est pourquoi, mes amis, je vous propose d'entreprendre en petit comité une promenade dans la nature telle que Dieu l'a faite. Nous ferons halte sur le flanc ombragé d'un paisible coteau et couchés dans l'herbe nous laisserons passer sous nos pieds les flots dansants d'un ruisseau argenté emportant avec lui les vains soucis du jour. Ainsi purifiés, nos cœurs partageront du même élan la joie…

KNAPP.– *(éclatant)* Arrêtez, à la fin, avec votre discours d'enterrement !

FRIDOLIN.– *(battant en retraite)* Bon Dieu, c'est qu'il me boufferait !

KNAPP.– Voyez-moi ce roseau. Et ça voudrait tenir tête à mon sang généreux. — Soyez un homme, monsieur le peintre minute. Écoutez bien ce que j'ai à vous dire.

FRIDOLIN.– *(s'approche prudemment)* Mais un peu plus pianissimo, s'il vous plaît.

THOMAS.– Vas-y ! Il ne mord pas vraiment.

*Samson arrive par la porte de droite avec des journaux et des lettres qu'il donne à Thomas ; il sort.*

KNAPP.– Comme il tremble à chaque pas ! — Bref, mon cher ami, vous ne devez aucunement prendre mal ce que…

FRIDOLIN.– *(lui tend sa main)* Voici ma main.

KNAPP.– *(la saisit)* Pour quoi faire ?

FRIDOLIN.– Pour vous jurer que je ne le prendrai pas mal.

KNAPP.– *(la secoue)* Eh bien, je m'en doutais. Mais à présent écoutez-moi. — Euh…

FRIDOLIN.– J'écoute.

KNAPP.– Écoutez donc ! Euh…

FRIDOLIN.– Eh bien, j'écoute.

KNAPP.– Sacré nom, cessez donc alors de bonimenter, comme si vous étiez représentant en vins et liqueurs.

FRIDOLIN.– Cela fait un certain temps déjà que je me borne exclusivement à vous écouter.

KNAPP.– Mais quel bavard insupportable ! Je vous en conjure, cher monsieur et peintre minute, bornez encore un peu plus votre esprit borné, sans quoi il va y avoir un malheur. — Bon, maintenant je ne sais plus du tout où j'en étais.

FRIDOLIN.– Si vous me permettiez un mot…

KNAPP.– *(aimable)* Ah oui, je vous en prie, mettez-moi sur la voie.

FRIDOLIN.– Ne voulez-vous pas l'écrire ?

KNAPP.– Et pourquoi pas l'imprimer tant que vous y êtes !

FRIDOLIN.– Mais supposez que moi-même je l'oublie, et que nous soyons plantés là tous les deux, incapables d'aller plus loin, promis à une fin atroce ?

KNAPP.– Dieu soit clément ! Mais maintenant allez-y, parlez. Je noterai à mesure sur les tablettes de mon cerveau.

FRIDOLIN.– Notez : moi, Pancrace Knapp, négociant et millionnaire, suis resté où j'en étais, à la dextre de mon ami tendrement aimé, le pauvre artiste peintre Fridolin Wald.

KNAPP.– Ah oui, c'est juste ! Et si je ne m'abuse entièrement, je reste toujours où j'en étais, à votre dextre ?

FRIDOLIN.– Si je ne m'abuse entièrement, je crois en effet pouvoir confirmer votre impression.

KNAPP.– Il est vraiment rigolo ! — Mais venons-en à ma déclaration. Vous savez que d'une façon générale vous avez toujours été bien vu de moi.

FRIDOLIN.– Très bien vu même ! Une fois vous vous étiez mis exprès derrière les ifs de la tonnelle pour me regarder pendant que je faisais le portrait de Mlle Johanna en peignoir.

KNAPP.– C'est vrai, vous avez toujours été pour moi un agréable compagnon.

FRIDOLIN.– Oh, et vous donc, monsieur Knapp.

KNAPP.– *(à part)* Courage, courage, vieux Pancrace !

FRIDOLIN.– Pardon ? Vous avez dit crasse ?

KNAPP.– *(marchant de long en large, les mains sur le dos)* À la fin j'en ai assez, assez, je vous le dis. Si vous avez quelque chose à déclarer, alors déclarez-le moi ! Mais si vous-même ne savez pas ce que vous voulez, alors faites-moi le plaisir d'attendre, jusqu'à ce que vous ayez rempli votre déclaration. — Et je vous répète, mon cher monsieur...

THOMAS.– *(qui pendant ce temps a pris connaissance des lettres)* Un télégramme — de Francfort.

KNAPP.– *(l'arrache des mains de Thomas)* C'est de lui, c'est de lui, c'est de lui ! Donne ! Mais donne donc, je te dis ! *(en l'ouvrant)* Mais tu vas me le donner, espèce d'endormi ! — Mon pince-nez, Samson ! Mon pince-nez ! Samson ! Samson !

SAMSON.– *(venant de droite)* Monsieur désire ?

KNAPP.– Mon pince-nez ! Il a glissé de mon nez. Il est devant le lit, à côté de la table de nuit, près de mon tire-bottes — ou alors j'ai dû le laisser traîner quelque part.

*Samson sort.*

THOMAS.– Je pourrais peut-être te le lire ?

KNAPP.– *(a fouillé dans ses poches)* Merci bien. Je l'ai. *(met son pince-nez)* C'est de lui, évidemment. *(lit)* « Cher ami ! — Vendu toutes les actions. Arrive samedi matin dix heures trente-cinq. — Dr. Sigismond

Nathasius Steiner. » *(il embrasse le télégramme)* Sois le bienvenu mon tendrement aimé, mon ardemment désiré capital ! Ah, mon habit des grands jours ! mon gilet des dimanches ! mon pantalon ! *(veut sortir par la gauche et se heurte à Samson au moment de passer la porte)* Saint Bartholomé, pitié pour ma digestion !

SAMSON.– *(venant de gauche)* Dix mille fois pardon ! Le pince-nez ne se trouve ni quelque part, ni sous la table de nuit près du tire-bottes, à côté de la majolique.

KNAPP.– Alors c'est en pensée que je l'ai laissé traîner quelque part.

SAMSON.– À ce que je remarque, Monsieur l'a laissé traîner tout spécialement sur son nez.

KNAPP.– *(portant la main à son nez)* Mon pince-nez ! *(à Samson)* Pourquoi ne pas me l'avoir dit tout de suite ? — *(à part)* Il préfère monter, descendre, remonter, redégringoler, tête de veau, va.

*Il sort par la gauche.*

SAMSON.– *(à part)* Tête de veau ? Hum. Le veau marche en tête.

*Il sort par la gauche.*

## Scène 3

*Thomas. Fridolin.*

FRIDOLIN.– *(s'assied sur le sofa)* Rassure-toi, mon vieux, rassure-toi ! C'était le feu d'artifice de l'amitié, comme en allument deux bons vieux camarades qui se retrouvent.

THOMAS.– *(s'assied en face de lui)* Tout de même, je te conseille vivement désormais d'accepter, et aussi vite que possible, ma proposition.

FRIDOLIN.– Ta proposition ?

THOMAS.– Ma proposition de ranger ton ingrate palette, de te faire négociant, d'entrer dans notre affaire, d'y gagner de l'argent et grâce à lui de jouir de la vie comme il sied à un homme convenable.

FRIDOLIN.– Voilà une illusion que tu peux tout de suite chasser de ta tête.

THOMAS.– Mais tu comprends bien que cela ne peut pas durer ainsi. Tu es chaque jour plus pâle. Je finis par croire que tu ne manges pas à ta faim.

FRIDOLIN.– La faim, mon cher ami, n'est pas ce qu'il y a de pire. — Cette infâme peinture minute, l'effroyable nécessité tous les jours, pour un quignon de pain sec, de prostituer mon art devant une foule sans âme, voilà ce qui ride mon jeune front et creuse si prématurément mes joues.

THOMAS.– Et malgré cela tu ne veux toujours pas te décider ?

FRIDOLIN.– Jamais ! Au grand jamais !

THOMAS.– Voyons, Fridolin !

FRIDOLIN.– Je serai fidèle jusqu'à la mort à la Muse qui m'inspire.

THOMAS.– Fridolin !

FRIDOLIN.– Jusqu'à la mort, Thomas. — Entre nous, je crois bien qu'elle ne se fera plus attendre longtemps.

THOMAS.– Qui ne se fera plus attendre longtemps ?

FRIDOLIN.– Ma mort.

THOMAS.– Fridolin !

FRIDOLIN.– Voilà déjà près d'un an que nuit après nuit une sorte de fantôme me rend visite et me demande si je ne veux pas monter avec lui.

THOMAS.– Fridolin, voyons !

FRIDOLIN.– Nuit après nuit, te dis-je. — En culotte de cheval jaune, dans un uniforme à l'ancienne mode, bleu, un chapeau de toile cirée sur son crâne décharné, il s'avance en ricanant et en faisant sonner ses éperons jusqu'à mon lit, et là, il fait claquer son fouet et me demande si je veux monter.

THOMAS.– Oh, l'effroyable vision !

FRIDOLIN.– Rassure-toi ; ton vieux Fridolin ne monte pas encore. Ton vieux Fridolin a encore une espérance qui l'enchaîne à la vie.

THOMAS.– Hum, hum, ma sœur.

FRIDOLIN.– Johanna ne représente aucune espérance pour moi aussi longtemps que mes revenus ne me permettent pas de lui offrir au moins tous les deux ou trois jours une soupe chaude. — Non, Thomas, ma dernière espérance je la place dans mon « Prométhée déchaîné », celui de l'exposition. Tu te souviens, je pense, du jour du vernissage, de l'enthousiasme frénétique dont la critique tout entière fut saisie.

THOMAS.– *(haussant les épaules)* Hum, la critique ! Un vrai génie ne peut être que persécuté, démoli, par la critique. Le signe le plus sûr du génie, c'est que la critique tout simplement l'ignore.

FRIDOLIN.– *(hochant la tête)* Et moi qu'elle a appelé l'honneur de mon siècle ! — Mais quand même, vois-tu, je continue à espérer. La critique peut bien se tromper une fois, il me semble. Et si ce tableau trouvait un acheteur, ma situation serait aussitôt quasiment assurée. Et je pourrais alors consacrer toutes mes forces à l'exécution de mes immenses projets. — Évidemment, si la critique ne s'est pas trompée...

THOMAS.– Oui, eh bien ?

FRIDOLIN.– Si je perds toute chance de pouvoir un jour faire mienne ma Johanna...

THOMAS.– Eh bien ?

FRIDOLIN.– Eh bien alors, oui, la seule solution qui me reste, c'est de monter avec lui.

THOMAS.– *(bondissant de son siège)* Dieu du ciel ! Ami, allons, quelles sont ces idées ? Aurais-tu déjà perdu la tête ?

FRIDOLIN.– Mon petit, tu ne peux pas comprendre ces choses-là. Le dégoût enfle comme un océan, et, un jour, c'en est trop, on entre tranquillement dans une pharmacie et on s'achète...

*Il tire de sa poche un flacon marqué d'une tête de mort.*

THOMAS.– *(se retournant précipitamment vers lui)* Ce n'est pas du poison au moins ?

FRIDOLIN.– *(l'air innocent)* Et pourquoi pas du poison ?

THOMAS.– Il en est donc là ! — Au nom de notre amitié, Fridolin, donne-moi ce flacon !

FRIDOLIN.– Tu n'y penses pas, mon garçon !

THOMAS.– *(avec insistance)* Le flacon ! le flacon !

FRIDOLIN.– *(se défendant)* Pas question ! — Ah, ma dernière chance !

THOMAS.– *(avec encore plus d'insistance)* Le flacon ! — J'userai de la force.

FRIDOLIN.– J'appelle au secours — au secours ! — au secours !

THOMAS.– *(essayant de lui arracher le flacon)* Appelle toujours ! — Le flacon ! — Il y va de la vie d'un homme ! —

*Ils luttent ensemble.*

## Scène 4

*Johanna. Les précédents.*

JOHANNA.– *(habillée d'une robe légère et de bon goût, avec un décolleté et des manches mi-longues, entre par la porte vitrée. Elle s'arrête, surprise)* Une bagarre dans le salon !
*Elle avance rapidement vers les combattants et de ses bras tendus s'efforce de les séparer.*
Allez-vous finir de vous massacrer !

THOMAS, FRIDOLIN.– *(se séparant)* Johanna !

JOHANNA.– *(entre les deux)* Qu'est-ce que c'est que ce nouveau genre de conversation ? — On dirait presque des gamins en culotte courte à la sortie du cours de morale.

FRIDOLIN.– *(montrant Thomas)* C'est lui qui a commencé. Après avoir tenté par la force de faire de moi un suppôt de Mammon et parce que je m'y refuse, il prétend que j'ai perdu la tête. Et comme j'osais le contredire — n'est-ce pas, tu l'as bien vu aussi — il s'est jeté sur moi comme s'il voulait m'égorger.

THOMAS.– C'est un peu fort.

JOHANNA.– Trop fort, dis plutôt ! *(à Thomas)* Espèce de Caligula ! Tu n'as pas honte d'être aussi vindicatif, aussi sanguinaire ?

FRIDOLIN.– *(à part, tout en baisant le flacon et en le faisant glisser dans la poche de sa veste)* Oh, mon cher trésor, viens t'abriter dans les profondeurs de cette poche !

JOHANNA.– Que dis-tu, mon amour ? — Ah, tu es encore rouge d'excitation. As-tu des bleus ? — Veux-tu des compresses froides ?

THOMAS.– C'est cela, mets-lui des compresses à ton Fridolin. Ses mensonges passeront quand même.

*Il sort par le milieu.*

JOHANNA.– C'est cela, va-t'en, Jeroboam, Nabuchodonosor !

## Scène 5

*Fridolin. Johanna.*

JOHANNA.– *(qui s'est assise sur le sofa, à Fridolin agenouillé devant elle)* Si quelqu'un venait !

FRIDOLIN.– *(langoureusement)* Nous sommes seuls, Johanna chérie.

JOHANNA.– *(souriant)* Plus exactement, nous sommes à deux.

JOHANNA.– Plus exactement, nous sommes à deux. Et plus exactement encore : nous sommes seuls à deux.

FRIDOLIN.– *(ému)* Seuls — à deux. Ah, il y a quelque chose, là, d'émouvant !

JOHANNA.– *(de même)* Oui, et d'irrésistible.

FRIDOLIN.– *(se redressant à moitié)* Johanna!

JOHANNA.– *(se penchant vers lui)* Mon Fridolin!

*Ils veulent s'embrasser.*

KNAPP.– *(derrière la scène)* Épouvantable! Épouvantable!

JOHANNA.– *(se redressant d'un bond)* Jésus Marie, mon père!

FRIDOLIN.– *(sur le sofa)* Qu'as-tu, mon petit? — Crains-tu peut-être que ton père le prenne mal?

## Scène 6

*Knapp et Pasiphaé en grande toilette arrivant par la gauche. Les précédents.*

PASIPHAÉ.– Arrête de crier comme ça, pépé! — Mes nerfs, oh, mes nerfs!

KNAPP.– *(arpentant la scène, très énervé)* Hum, va te... Dois-je jouer de la harpe comme le roi David, quand je vois ma chambre d'ami, une chambre magnifique, du meilleur goût, une chambre qui a du style, transformée en une caverne de brigands monténégrins — ma console d'albâtre Louis XIV servir d'abri à Woglinde, cette chienne stupide, pour qu'elle y accouche tranquillement de sextuplés!

PASIPHAÉ.– Mais, Cracra, je ne pouvais tout de même pas lui donner mon boudoir, à Woglinde.

KNAPP.– Alors que toute la maison l'a senti venir! Même Thomas avait mis son pantalon! — Pasiphaé, Pasiphaé, trouve-moi un logis digne de mon capital! — *(à Fridolin)* Qu'est-ce que vous attendez encore ici? Les trompettes du Jugement dernier?

FRIDOLIN.– J'attends simplement mon petit déjeuner, monsieur Knapp. *(se levant)* Du reste vous-même vouliez encore me dire quelque chose.

KNAPP.– Qu'est-ce qu'ils se croient, ces artistes!

FRIDOLIN.– Vous ne devez pas croire que je me crois quoi que ce soit, bien que vous m'ayez fait déjà toutes sortes de compliments.

KNAPP.– *(sur le ton de la confidence)* Permettez, mon ami, si je vous ai jamais fait des compliments, à vous, — alors il s'agissait très certainement de quelqu'un d'autre que moi.

FRIDOLIN.– *(le regarde pensivement)* Vous croyez ? — C'est qu'on m'en fait tellement, des compliments ! — Il faut me laisser le temps d'y repenser.

*Il fait mine de s'en aller.*

JOHANNA.– *(prend son bras)* Je vais y repenser avec toi.

*Tous deux sortent par le milieu.*

## Scène 7

*Knapp. Pasiphaé. Plus tard Samson.*

KNAPP.– *(qui les a suivi des yeux, se retournant brusquement en se frappant le front)* Pasiphaé — je suis un âne.

PASIPHAÉ.– *(joignant les mains)* C'est pas possible, mon Cracra !

KNAPP.– *(calme)* Et pourquoi non ? — Je suis le mieux placé pour le savoir. — Mon pari ! Mais attends, essaye encore de venir me narguer devant mon fusil chargé ! *(il tire son mouchoir de sa poche et fait un nœud à chaque coin)* Là ! Là ! Là ! Et là ! — Il est jugé[2]. *(consulte sa montre)* Bonté divine, voilà qu'il est onze heures moins dix, le train est arrivé à dix heures trente-cinq et ma montre retarde d'une heure et demie.

PASIPHAÉ.– *(rassurante)* Allons, Cracra, d'abord on peut espérer qu'il a manqué son train, et en attendant, Woglinde pourra toujours garder sa chambre.

SAMSON.– *(venant de la droite)* Monsieur Sigismond Nathasius de et von Steiner attend dans l'antichambre.

KNAPP.– *(à Pasiphaé)* Fallait-il que le diable fasse de toi la sage-femme de l'Enfer ! — Allons vite ! Sois au moins à mes côtés en cette heure épouvantable. Et ne t'endors pas à table comme d'habitude, tu entends, allume tes lumières quand il sera là, pour qu'il apprécie mon bon goût et qu'il ne meure pas d'ennui au bout de trois jours.

*Tous trois sortent par la droite.*

## Scène 8

*Johanna. Puis Fridolin.*

*Johanna entre rapidement par la porte du fond, jette un coup d'œil derrière elle dans le jardin et se cache sous les feuilles du palmier.*

FRIDOLIN.– *(entre et avance jusqu'au milieu de la scène en regardant autour de lui comme s'il cherchait quelqu'un. Avec sentiment)*
D'arbre en buisson je poursuis ton image
Qui court, danse et vole et cherche un abri.
Ainsi nargues-tu mon amour qui s'enrage —
Où te caches-tu, mon joli cabri,
Ma biche à moi, mon animal sauvage ?
*Johanna imite le miaulement d'une chatte.*
*Fridolin miaule comme un chat c'est-à-dire sur une note plus grave, après quoi il fait sortir Johanna de sa cachette.*
Ah, ah, je te tiens, mon petit chat, mon antilope qui galope, mon joli papillon qui se moque !

JOHANNA.– *(carrément offensée)* Dis donc, Fridolin, tu en fais tout un zoo de ta Johanna !

FRIDOLIN.– *(la caresse)* Ne crains rien, ma petite souris. Une brave famille de gentils lions suffira au bonheur du pauvre Fridolin.

*Il l'embrasse.*

JOHANNA.– *(dressant l'oreille)* Chut ! — Lâche-moi, mon chéri ! *(elle se dégage ; tout en le caressant)* Et, n'est-ce pas, tu me promets de renoncer une fois pour toutes à tes relations intimes avec cet horrible postillon ?

## Scène 9

*Par la droite entrent Knapp, Steiner, Pasiphaé, suivis de Samson avec du pain, du vin, des huîtres etc. Par la porte du fond, Thomas et Grübelmeier. Les précédents. Samson dresse les deux tables pour le petit déjeuner.*

STEINER.– *(au premier plan à droite, à part)* À bon port ! — Pilotage parfait ! — Ne reste plus qu'à jeter l'ancre !

KNAPP.– Eh bien, monsieur l'Ingénieur, permettez donc que je vous présente notre famille. Nous avons ici en premier lieu ma fille Johanna, dix-huit ans et sept mois, entièrement adulte, qui se nourrit de chansons sans paroles, de paroles sans idées et de compote de marguerites. — Johanna, donne la main à monsieur l'Ingénieur, la droite naturellement — voilà !

STEINER.– *(lui baisant la main, à part)* Joli débarcadère ! *(à voix haute)* Vous me voyez ébloui, ma très gracieuse demoiselle, luttant en vain avec les mots.

KNAPP.– *(se frottant les mains, à part)* Le noble caractère ! *(à voix haute, indiquant Thomas)* Et ici nous avons...

FRIDOLIN.– *(s'inclinant)* Fridolin Wald, monsieur l'Ingénieur, Fridolin Wald. Je suis peintre.

KNAPP.– *(à part)* Attends seulement, gredin.

STEINER.– *(lui tend la main)* Tiens, tiens, en bâtiment, je suppose ? *(à part)* Un rival !

KNAPP.– Pensez-vous ! Vous avez devant vous un authentique peintre minute.

STEINER.– *(serrant la main de Fridolin)* Très heureux, monsieur Fridolin Wald. La peinture minute de haut niveau est ma seule passion. Nous serons des camarades. *(à part)* Navire ennemi — à torpiller.

KNAPP.– Nous avons ici en deuxième lieu mon fils. Il a bon cœur, aime les bons biftecks et répond au nom de Thomas.

STEINER.– *(lui tendant la main)* L'ami d'un père ne peut avoir de plus haute ambition que de susciter une confiance pareillement sacrée dans le cœur du fils.

THOMAS.– Enchanté. *(à part)* J'enquête immédiatement auprès de la police.

STEINER.– *(à part)* Bitte d'amarrage ! Y mettre un câble.

KNAPP.– *(présentant Grübelmeier)* Nous avons ici en troisième lieu...

GRÜBELMEIER.– *(s'inclinant à plusieurs reprises)* Docteur Chrysostome Grübelmeier, professeur honoraire, titulaire de la chaire d'études schopenhaueriennes ; membre effectif, correspondant et *honoris causa* de plusieurs sociétés pessimistes ; auteur du traité que vous connaissez sans doute sur la misère des masses, ainsi que Président de l'Association secrète et universelle pour la promotion du suicide — autrement dit l'autorité vivante unanimement reconnue dans le domaine des sciences pessimistes.

KNAPP.– Monsieur le Président de la promotion du suicide prendra peut-être un peu de beurre de homard à son petit déjeuner.

GRÜBELMEIER.– Merci, je ne prends jamais de petit déjeuner — jamais, c'est un principe — ce n'est pas une habitude. C'est-à-dire qu'en général je me contente d'une salade de harengs, de deux bières et trois ou quatre œufs à la coque. Mais je ne veux choquer personne, à Dieu ne plaise. *(il s'assied à la table de gauche)* Mademoiselle Johanna, pourrais-je vous demander un tire-bouchon ?

THOMAS.– *(assis en face de lui)* Permettez, monsieur le professeur.

*Il lui enlève la bouteille des mains, la débouche et remplit les deux verres.*

KNAPP.– *(à part, avec un regard vers Grübelmeier)* Restons héroïque ! — A l'autre, à présent !

*Après avoir tiré de sa poche le mouchoir où il a fait des nœuds, il saisit la main de Fridolin au moment où celui-ci veut s'asseoir à son tour et l'entraîne sur le devant de la scène à gauche.*
Permettez un instant, mon cher peintre minute.

FRIDOLIN.– Quelle chance que la mémoire vous revienne.

KNAPP.– Oui, mais n'ouvrez plus la bouche, je vous en prie.

FRIDOLIN.– Je n'en parlerai à personne, c'est promis.

STEINER.– *(se précipite pour les rejoindre et saisit Knapp par le bras)* Eh bien, cher ami, que dites-vous de la pharamineuse idée qui m'est venue ?

KNAPP.– Que vous devriez la garder encore deux minutes pour vous.

STEINER.– Impossible ! — Une idée d'une aussi éminente portée !

KNAPP.– *(attentif)* Une idée, dites-vous ? — Et quelle idée, dites-moi ? — Une idée rentable ?

STEINER.– *(entraîne progressivement Knapp vers le devant de la scène côté droit, tandis que Fridolin prend place à la table de gauche entre Thomas et Grübelmeier)* Rentable, cher ami, et d'autant plus nécessairement que je vois notre crédit menacé de la plus inquiétante des façons.

KNAPP.– Vous me glacez.

STEINER.– Menacé par vos fréquentations.

KNAPP.– Ah, et qui aurait osé…

STEINER.– Vos fréquentations avec un peintre minute.

KNAPP.– Qu'à l'instant même le nuage qui creva sur Sodome…

STEINER.– Un peintre minute avéré.

KNAPP.– Et dire que j'avais déjà mis ce meurt-de-faim presque aux trois quarts à la porte…

STEINER.– Vous vouliez l'expédier ?

KNAPP.– Je l'ai fait ! Le transport était fait, il n'a manqué que le coup de tampon pour qu'il le remarque.

STEINER.– Dommage ! — Puis-je séance tenante dégoûter l'individu de jamais plus franchir cette porte vitrée ?

KNAPP.– Blague à tabac ! Essayez donc de dégoûter un type comme ça quand il est à table. Vous auriez plus tôt fait d'arracher les lattes du parquet. Quand son génie le prend, il n'écoute plus rien.

STEINER.– Trop bête ! — Hum, espérons qu'une occasion se présentera, demain ou après-demain.

KNAPP.– Demain ma chère Pasiphaé donne un thé musical.

STEINER.– Eh bien alors, demain ! — Je vous le ferai voler comme un obus signé Krupp — vuitt ! — vitesse initiale, deux mille mètres à la seconde — vous voyez ça ?!

KNAPP.– Alors je peux compter sur vous ?

STEINER.– Comme sur un coup de canon — hé ! hé !

KNAPP.– *(défait les nœuds de son mouchoir)* Dieu vous bénisse, vaillant capitaine ! Vous m'ôtez de la poitrine une pierre de cent kilos ; c'est la première pierre de votre futur bonheur conjugal. Venez, choquons nos chopes à cette pierre d'achoppement. *(à part)* Ha ha, mon cher Thomas, qui va gagner son pari, le petit fier-à-bras ou son vieux valeureux papa !

*Tous deux s'asseyent à la table de droite, à laquelle Pasiphaé a pris place, assise sur le sofa. Johanna est occupée par le service.*

THOMAS.– *(à l'autre table, s'adressant à Grübelmeier)* Que pensez-vous monsieur le professeur, de cette étrange histoire de fantôme ?

GRÜBELMEIER.– *(occupé par son petit déjeuner)* Je pense que ce caviar est tout à fait excellent.

THOMAS.– Je parle du fantôme de notre ami Fridolin.

GRÜBELMEIER.– Mais le citron manque de jus — Il s'agit de la manifestation objective de son moi supérieur. Son moi supérieur exige son être supérieur ; son être supérieur est le non-être. *Ergo*, son moi supérieur est le non-moi — ce qui revient à dire : la néantisation de l'existence marque le triomphe suprême de l'esprit humain philosophiquement pensant. — *(tend à Thomas son verre vide ; comme celui-ci n'y prend pas garde)* Mais que faites-vous, que faites-vous, cher ami ! — Merci, merci ! — Je dois songer à ma santé.

THOMAS.– *(remplissant son verre)* Pourquoi finalement ne nous avez-vous pas encore montré le bon exemple ?

GRÜBELMEIER.– *(boit)* Bouquet paradisiaque ! — Vous voulez dire : pourquoi mon propre esprit humain philosophiquement pensant… *(vide son verre)* Celui de l'an dernier avait peut-être plus de montant — *(le fait de nouveau remplir)* Vous oubliez complètement l'existence absolument indispensable d'une autorité unanimement reconnue. Pour notre ami, c'est différent. *(à Fridolin)* Oui, je ne puis que vous le conseiller instamment, cher ami, obéissez à monsieur votre fantôme. *(tendant son assiette à Johanna)* Juste quelques-unes, mademoiselle Johanna ! *(de nouveau à Fridolin)* Entrez donc dans notre Association, vous pourrez y fêter tout à votre aise le triomphe suprême de la néantisation.

JOHANNA.– *(prenant son assiette)* Des huîtres, monsieur le professeur ?

GRÜBELMEIER.– Mais pas les plus petites comme la dernière fois, je vous prie.

*Johanna va chercher des huîtres.*

STEINER.– *(tend à Knapp un flacon contenant du sucre en poudre)* A présent, s'il vous plaît, essayez-moi ce sucre en poudre — pur pommes de terre, brevet déposé numéro 6666, une douceur — tout simplement stupéfiant — phénoménal, je vous le dis.

KNAPP.– Euh, laissez-moi en mettre un peu sur ma langue.

*Il le fait.*

STEINER.– De miel et de lait, Canaan — non ?

KNAPP.– *(les yeux clos, dans l'extase)* Dieu de Dieu ! Je vois des ondines, on les toucherait !

PASIPHAÉ.– *(le secoue)* Tu te réveilles, dis, Casanova !

KNAPP.– *(envoie plusieurs baisers avant d'ouvrir les yeux)* Quels délices ! — Il faut que j'en reprenne encore une…

PASIPHAÉ.– Veux-tu bien ! — Allons, sois gentil, mon Cracra, donne ça, j'en mettrai demain sur les quetsches.

KNAPP.– La paix, Fafa. — *(mettant le flacon dans sa poche)* Combien de fois dois-je te dire que tu n'as pas à te mêler aux discussions d'affaires.

STEINER.– *(à Pasiphaé)* Mlle Johanna s'intéresse sans doute énormément à la peinture minute ?

PASIPHAÉ.– Comme à tout ce qui la touche ! — En vérité, elle est surtout sensible à la poésie lyrique. — Est-ce que je me trompe, Johanna ?

JOHANNA.– *(près de la desserte)* Comment pourrais-tu jamais te tromper, maman chérie ?

PASIPHAÉ.– Ah, monsieur l'ingénieur, je le vois à votre mine, vous faites certainement aussi des vers.

STEINER.– Hé hé, quand il fait un temps de chien principalement.

PASIPHAÉ.– Voyez-vous ça ! — Et comme ça vous vient vite, tous ces vers dont vous nous couvrez, nous autres femmes.

KNAPP.– Couvrez, couvrez, monsieur l'ingénieur ! — Qui aime le branle saura bien danser, comme disait toujours feu ma grand-mère.

STEINER.– Parole d'honneur, vous êtes un homme en or.

KNAPP.– Si je suis en or, vous en êtes la mine.

STEINER.– Plus maintenant, mon très cher monsieur ! — Si vous n'aviez pas la vitalité d'un jeune homme...

KNAPP.– Si j'ai la vitalité d'un jeune homme, vous avez de votre côté l'imagination d'une jeune fille.

STEINER.– Mon cœur déborde. Cet instant est trop fort. *(se levant avec son verre)* Mesdames, messieurs, mes chers amis ! Vive notre glorieuse entreprise, vive la nouvelle fabrique de sucre de pommes de terre ! —

*Il trinque avec Knapp, Pasiphaé et Johanna.*

GRÜBELMEIER.– *(se levant avec son verre à l'autre table)* Mes frères, vive l'Association secrète et universelle pour la promotion du suicide !

THOMAS.– Bravo, bravo, monsieur le professeur ! Voilà une association qu'on doit laisser vivre.

GRÜBELMEIER.– Puisse-t-elle hautement...

THOMAS.– *(trinquant avec lui)* et longtemps...

ENSEMBLE.– *(trinquant)* ... et heureusement prospérer.

*Ils se rasseyent. Fridolin qui est resté assis, regarde fixement devant lui d'un air pénétré.*

SAMSON.– *(entrant par la droite, s'avance jusqu'au milieu du devant de la scène)* Pardon de faire respectueusement savoir que Woglinde a quitté la chambre d'amis et que par conséquent M. l'ingénieur pourra tout à son aise...

KNAPP.– Quel abruti ! — Tais-toi, monstre !

STEINER.– Pardon, très cher ami, un bichon, à la rigueur...

KNAPP.– Vous êtes trop aimable. Il s'agissait tout simplement de ma belle-mère.

PASIPHAÉ.– *(à Fridolin)* Vous semblez si abattu, monsieur le peintre minute.

FRIDOLIN.– *(se levant, sombre)* Ah, vous venez me remonter, madame.

PASIPHAÉ.– Je viens vous remonter. Je viens vous inviter à prendre le café demain après-midi.

FRIDOLIN.– C'est généreux à vous. Je m'efforcerai d'apporter une meilleure humeur.

PASIPHAÉ.– Ou mieux encore, efforcez-vous d'apporter votre boîte à pinceaux. Vous pourriez encore une fois nous dessiner vite quelque chose sur l'air du piano, quelque chose d'extravagant, vous savez bien, à la Böcklin.

FRIDOLIN.– C'est généreux à vous. Monsieur votre époux a eu la même idée sur le bout de la langue durant toute la matinée.

PASIPHAÉ.– *(à Knapp)* Tu étais au courant, mon ange ?

FRIDOLIN.– *(à Knapp)* C'était bien ça, monsieur Knapp ?

KNAPP.– Quoi, ça ? — Ah, c'était donc ça ! — Oui, j'étais au courant. Vois-tu, Pasiphaé, cette idée, j'ai su encore une fois la lire dans tes beaux yeux bleus de gazelle.

PASIPHAÉ.– *(l'enlaçant)* Ah, Cracra, toujours le même, tu es unique !

KNAPP.– *(se dégageant)* N'est-ce pas ? Je finirai par me prendre pour le bon Dieu. — *(à Steiner)* Venez, monsieur l'ingénieur, afin que je vous conduise dans votre future résidence.

STEINER.– *(offrant son bras à Johanna)* Votre bras fait de lys ?!

KNAPP.– *(offrant son bras à Pasiphaé)* Ton bras fait de lys ?!

*Steiner, Johanna, Knapp, Pasiphaé, Samson, sortent à droite.*

## Scène 10

*Thomas. Grübelmeier. Fridolin. Puis Steiner.*

THOMAS.– *(à Fridolin debout au milieu de la scène, perdu dans ses pensées)* Maintenant tu ne m'échapperas plus avant que tu ne m'aies promis main dans la main de te faire négociant.

GRÜBELMEIER.– *(se lève de table d'un bond, s'essuie la bouche et vient se placer de l'autre côté de Fridolin)* ... avant que vous ne m'ayez promis main dans la main de devenir membre de l'Association secrète et universelle pour la promotion du suicide.

THOMAS.– *(lui tendant la main)* Ta main, Fridolin !

GRÜBELMEIER.– *(de même)* Votre main, mon cher !

THOMAS.– Le seul moyen de te délivrer de ton sinistre fantôme.

GRÜBELMEIER.– Le seul moyen de vous délivrer de votre sinistre existence.

THOMAS.– Je vous prie, monsieur, de garder vos plaisanteries pour vous jusqu'à ce que nous en ayons fini tous les deux, lui et moi.

GRÜBELMEIER.– Je vous engage, monsieur, à nous épargner votre sagesse jusqu'à ce qu'on vous en demande.

THOMAS.– Fridolin, c'est ton seul ami sincère...

GRÜBELMEIER.– Qui représente en outre une autorité unanimement reconnue dans le domaine des sciences pessimistes.

THOMAS.– Si vous ne vous taisez pas immédiatement, monsieur, je saurai ce qu'il me reste à faire.

GRÜBELMEIER.– *(en même temps)* Si vous ne vous taisez pas immédiatement, monsieur, j'appelle les domestiques et je vous fais flanquer à la porte.

THOMAS.– Vous êtes un ennemi de la raison !

GRÜBELMEIER.– Par Aristote et par Platon — un ennemi de la raison, moi ? — Espèce de cornichon ! Âme d'épicier ! Aussi vulgaire et bête qu'un sac de lentilles ! Ôtez votre foutu tablier d'optimiste à la manque, mettez une vieille robe de chambre, soyez comme un stylite, si vous voulez parler de raison.

THOMAS.– *(prenant la main de Fridolin)* Fridolin, je te garantis la sécurité pour la vie.

GRÜBELMEIER.– *(prenant l'autre main de Fridolin)* Je vous garantis l'ataraxie complète, plus deux bouteilles de champagne en prime pour fêter les adieux.

THOMAS.– *(prenant Fridolin par les deux mains)* Mais réfléchis donc — la réussite !

GRÜBELMEIER.– *(se glissant par en dessous entre les deux)* La délivrance !

STEINER.– *(est entré par la droite sans être aperçu ; tout près de Fridolin, dans son dos, avec aplomb)* Et moi ! — Pardon, messieurs.
*Thomas et Grübelmeier, effrayés, se séparent. Grübelmeier trébuche et se retrouve assis par terre.*
*(à Fridolin)* Et moi, je vous offre la main d'un ami pour l'accomplissement des vœux les plus sacrés de votre cœur, sans réserves ni conditions.

FRIDOLIN.– *(saisit sa main et tombe dans ses bras)*
Ô divin messager, jette un regard
Sur l'égaré, montre-moi la sortie
Entre le Charybd'du mépris des arts
*(il indique Thomas)*
Et le Sylla de la misanthropie.
*(il indique Grübelmeier)*
Qu'un flot apaisé me mène à bon port
Jusque dans les bras de celle que j'aime.
Tu sauves mon navire au moment même
Où les éléments redoublaient d'efforts.
Prends ce que j'ai, toi qui me rends le ciel.
Si c'est trop peu ou trop superficiel,
Alors prends aussi les larmes de joie
De celle qui m'aime, de ma Johanna.

# ACTE II

*Salon chez Knapp. À gauche de la porte du milieu un buffet avec un service à thé. Porte latérale à gauche. Plus en avant une table servie entourée d'un sofa et de chaises. En avant du sofa un tabouret bas. À droite un piano droit. En avant du piano un chevalet de peintre avec un siège. La porte latérale est ouverte.*

## Scène 1

*Thomas. Fridolin.*

*Fridolin debout à gauche derrière une chaise au dossier de laquelle il s'appuie des deux mains.*

THOMAS.– *(à droite près du chevalet, il ouvre une boîte de pinceaux et dispose un cadre de moyenne grandeur sur le chevalet)* Courage, mon vieux. Si tu sais te présenter à mon père sous ton jour le plus brillant, qui sait, parfois il n'est pas aussi insensible qu'on croirait...

FRIDOLIN.– Hop !

*Il saute par-dessus la chaise.*

THOMAS.– Mais qu'est-ce que tu fais ?

FRIDOLIN.– Hop ! *(il saute par-dessus une deuxième chaise, mais reste accroché et tombe par terre)* Ne serait-ce pas là un fâcheux présage ?

THOMAS.– Est-ce que tu te sens bien ?

FRIDOLIN.– *(toujours assis par terre)* Au diable les présages ! Même un chat noir venant de droite ! — Ô Thomas, si tu savais comme je me sens heureux, comblé ! Bah, je crois qu'avec mes sottes histoires de fantôme, c'est également fini. Imagine-toi, je lui ai écrit dès hier soir une lettre, je ne te dis que ça — une lettre de vingt pages !

THOMAS.– Tu as écrit cette lettre à qui ?

FRIDOLIN.– *(croisant les bras)* Si immensément heureux ! — Je lui ai sorti tout ce que j'avais dans le cœur, mon amour, mes souffrances, tout ce qui pesait si indiciblement lourd sur mon âme.

THOMAS.– Tu as sorti tout ça à qui ?

FRIDOLIN.– *(se levant)* Et je l'ai prié, je l'ai adjuré au nom de notre jeune amitié, de bien vouloir user de sa puissante influence pour me soutenir.

THOMAS.– Mais qui ? — Qui devrait te soutenir ?

FRIDOLIN.– *(indiquant la porte ouverte, rayonnant)* Le voici qui vient lui-même.

THOMAS.– *(regardant vers la porte)* Tu es fou ?

FRIDOLIN.– Comme s'il ne m'avait pas dit que je pouvais lui faire absolument confiance !

THOMAS.– Lui ? Alors qu'il a lui-même demandé la main de Johanna... ?

FRIDOLIN.– *(le regarde avec de grands yeux)* Pardon ?

THOMAS.– Il ne manquait plus que cela ! — Allons-nous en ! Sortons. — Mais viens donc !

FRIDOLIN.– Qu'est-ce qu'il a demandé, tu dis ?

THOMAS.– Rien, rien, il n'a rien demandé. Mais viens donc enfin ! On va faire une petite promenade dans le jardin. Allez ! *(tout en le poussant vers la sortie)* La poisse en personne, cet homme-là !

*Tous deux sortent par la porte du milieu.*

## Scène 2

*Johanna. Steiner.*

JOHANNA.– *(entrant par la gauche)* Ce n'est pas trop long au moins ?

STEINER.– *(entrant derrière elle ; il tient une feuille écrite dans la main)* Pas de quoi défaillir, gracieuse demoiselle ! Trois petites strophes de six vers, six vers à quatre pieds — ça fait trois fois six font dix-huit — fois quatre — ce qui fait donc summa summarium pas plus de soixante-douze pieds.

JOHANNA.– Tant que ça ! — Et vous les avez tous faits vous-même ?

STEINER.– Parole d'honneur*, ma chère ! Parole d'honneur ! — *(à part)* Pour l'original j'ai dû payer hier soir à un poète local de premier plan un ratafia par pied. Ça ne fait jamais que soixante-douze ratafias — un poète lyrique !

JOHANNA.– *(prend la feuille des mains de Steiner)* Eh bien, s'il plaît à Dieu ! — Mais prévenez madame votre Muse, la critique sera impitoyable.

STEINER.– Pas de pitié, mademoiselle Johanna ! — Vous ne croiriez pas du reste tout ce que ces dames-là peuvent encore supporter à leur âge.

*Johanna va vers la gauche, la feuille à la main, s'assied sur le sofa et lit attentivement.*

STEINER.– *(à l'avant de la scène à droite, tire de sa poche une grande et une petite lettre ; montrant la grande qui est déjà ouverte)* Vingt pages, il m'écrit vingt pages, ce godelureau ! *(il la remet dans sa poche)* Une soupe aux larmes, d'un bout à l'autre ! *(examinant la deuxième lettre, plus petite)* Hum ! — « À Monsieur Thomas Knapp » ? — Hum, hum ! — « Commissariat de police de Francfort » ? — *(il ouvre la lettre et lit ; tout en lisant)* Mon curriculum de A jusqu'à Z ! — Non, cher monsieur Thomas, cette lecture n'est pas faite pour vous. — Ce garnement s'adresse comme ça, sans façons, au commissaire principal de

* *n.d.t.* « parole d'honneur ». Seul le premier est en français dans le texte.

Francfort ! Heureusement qu'une bonne fée fait passer la réponse par mes mains, l'obus manque son but et tombe à l'eau — autrement dit la lettre ira au feu.

*Il remet la lettre dans sa poche.*

JOHANNA.– *(qui a fini sa lecture)* Franchement, monsieur l'Ingénieur, jamais je n'aurais attendu cela de vous.

STEINER.– Poignant, non ?

JOHANNA.– Tout à fait charmant ! J'ai si souvent souhaité pouvoir moi-même écrire des vers un peu comme cela. Ah, si j'avais seulement quelqu'un pour m'apprendre les règles principales. Ah là là ! Ici à la maison de toute façon rien ne rime à rien.

STEINER.– *(à part)* Capitulation dès le premier bombardement ! — Vive la poésie ! *(il s'assied sur le tabouret devant Johanna et très près d'elle)* Je dois reconnaître, mademoiselle Johanna, que vous ne pouviez guère trouver de professeur plus expérimenté. Un poème, voyez-vous, consiste en strophes ; une strophe consiste en vers ; un vers consiste en pieds. — Ainsi donc, nous commencerons notre initiation par, par... ?

JOHANNA.– Par les pieds, monsieur l'ingénieur ?

STEINER.– Nous commençons par les pieds. — Très bien. Tout à fait excellent ! Incomparable ! — Dites-moi, mademoiselle Johanna — combien de pieds avez-vous ?

JOHANNA.– Mes pieds à moi ?

STEINER.– Vos pieds à vous.

JOHANNA.– *(souriant)* Eh bien, j'ai... *(examinant ses pieds)* j'ai deux pieds !

STEINER.– Vous avez deux pieds. — Excellent, parfait ! — Et moi, j'en ai... ?

JOHANNA.– Vous ? — J'espère que vous en avez deux, vous aussi.

STEINER.– J'en ai deux, moi aussi. — Espérons-le ! — Ce qui fait en tout... — deux fois deux font... ?

JOHANNA.– Font quatre !

STEINER.– Ça fait en tout quatre pieds — Vous voyez, ça marche comme la lumière électrique. — Et quatre pieds ensemble, ça fait quoi... ?

JOHANNA.– *(offensée)* Oh, pour qui me prenez-vous, monsieur l'ingénieur ?

STEINER.– Puis-je insister ? — Quatre pieds ensemble font un… ?

JOHANNA.– Un vers ?

STEINER.– Un vers de quatre pieds. — Je vous considère comme la plus géniale poétesse du siècle prochain, à voir les pas de géant déjà faits par ces tout petits pieds.

*La conversation se poursuit à voix basse.*

## Scène 3

*Fridolin et Thomas entrent par la porte du milieu. Les précédents.*

FRIDOLIN.– *(se sépare brusquement de Thomas, vient rapidement vers le devant de la scène à droite ; à part)* Ah, ah, le crocodile fait ses délices de l'innocence d'un ange ! — *(à Thomas, en baissant la voix)* Qu'en dis-tu, petit, dois-je y aller, l'étrangler, le mettre en pièces, le réduire en bouillie et jeter le tout par la fenêtre ?

THOMAS.– *(le prenant par le bras, à voix basse également)* Du calme, voyons ! — Crois-moi, Johanna n'a aucune idée de ses intentions.

FRIDOLIN.– Tu parles, après que le crocodile a demandé sa main !

THOMAS.– C'est à papa qu'il l'a demandée ! Papa n'en a encore pas dit un mot à sa fille. — Du reste j'attends à chaque instant une lettre de Francfort, qui va très probablement lui briser les reins.

FRIDOLIN.– À cet ambassadeur de l'Enfer, recommandé par le diable en personne ?

THOMAS.– J'ai pris des renseignements. Sa vitrine peut voler en éclats à tout moment. — Je vais aller voir tout de suite si c'est arrivé. Allons, viens avec moi !

FRIDOLIN.– Je reste.

THOMAS.– Mais surtout, ravale ta colère ! C'est un ordre et c'est pour ton bien.

*Il sort par la porte du milieu.*

JOHANNA.– *(à Steiner)* Taisez-vous, taisez-vous! Vous n'arrêtez pas de faire rire votre élève. Quant à votre belle poésie, je l'étudierai soigneusement encore une fois ce soir, avant de m'endormir.

FRIDOLIN.– *(appuyé sur le piano, à part)* Oh là là!

STEINER.– Mais surtout n'oubliez pas de compter les pieds!

FRIDOLIN.– *(même jeu)* Vipère, vipère!

JOHANNA.– *(se levant)* Comme s'il fallait me le dire! — Au revoir! — *(en passant rapidement devant Fridolin)* Tu m'excuseras, cher Fridolin!

*Elle sort par la gauche.*

STEINER.– *(à part)* Des joues roses comme des pommes mûres. On secoue un peu et elles tombent.

FRIDOLIN.– *(à l'arrière-plan, luttant avec lui-même ; brusquement il déboule en quelques pas jusqu'à l'avant de la scène ; à part)* Non! non! non! — À présent, que l'Enfer te protège!

THOMAS.– *(qui est entré rapidement, le retient)* Et toi, le ciel! — Es-tu donc fou de vouloir tout gâcher par ta violence! – Il n'y a encore rien, mais la lettre arrivera certainement aujourd'hui.

STEINER.– *(s'est levé; en voyant Fridolin, à part)* Mon peintre minute! — Un peintre qu'on va flanquer dehors dans la plus brève des minutes.

*Il remonte vers le fond où il salue très aimablement Thomas et Fridolin.*

## Scène 4

*Par la porte du milieu entrent Knapp, Grübelmeier, Pasiphaé, Amélie Zeisig et le docteur Streckeisen. Les précédents. Plus tard Samson et Johanna.*

MADEMOISELLE ZEISIG.– Mon Dieu, ma tante, quelle horrible chaleur il fait aujourd'hui!

PASIPHAÉ.– Ma pauvre enfant, comme tu as l'air fatiguée! *(à Streckeisen)* Ne trouvez-vous pas, vous aussi, Monsieur le médecin-chef?

STRECKEISEN.– La chaleur paraît en effet avoir passablement desséché cette enfant.

GRÜBELMEIER.– Ouh ! Il s'en est fallu d'un rien que je ne me retrouve entièrement fondu sur le trottoir.

STRECKEISEN.– Dans ce cas, heureusement, la bouche d'égout la plus proche vous aurait aussitôt recueilli.

GRÜBELMEIER.– Ouh ! — Je crois que je sens déjà. Il y a un orage, noir comme un corbeau, qui vient sur nous.

KNAPP.– Je l'ai remarqué. J'ai vu des éclairs à l'ouest, juste au-dessus du poulailler.

MADEMOISELLE ZEISIG. — Mon Dieu, ma tante, il tombe déjà des petites gouttes énormes !

KNAPP.– Asseyez-vous, asseyez-vous, mesdames et messieurs.

STRECKEISEN.– *(lui serrant la main)* N'avez toujours pas très bonne mine, mon cher convalescent. Vous nous préparez une rechute, je suppose ?

KNAPP.– Je vous en supplie, ne criez pas si fort ! — La rechute pourrait croire qu'on l'appelle.

STRECKEISEN.– Vous prenez toujours votre beurre de homard ?

KNAPP.– Pas même une cuillerée !

STRECKEISEN.– Vous compensez avec la salade de concombres ?

KNAPP.– Je n'y songe pas !

STRECKEISEN.– Dans l'état où vous êtes, ce serait votre arrêt de mort.

*Tous deux prennent place à la table de gauche. Johanna arrive par la porte du milieu et distribue les tasses. Fridolin et Grübelmeier viennent vers le devant de la scène.*

GRÜBELMEIER.– *(sortant un livret)* Je vous ai apporté ici nos statuts.

FRIDOLIN.– *(sans vraiment écouter)* À quoi bon des statuts quand parole d'homme et poignée de main dissimulent les griffes du tigre.

GRÜBELMEIER.– Je vous en prie, il s'agit des statuts de notre Association.

FRIDOLIN.– Vous auriez pu vous épargner cette peine.

GRÜBELMEIER.– Ce qui revient à dire…

FRIDOLIN.– Ce qui revient à dire : je ne m'inscris pas.

GRÜBELMEIER.– Tiens, tiens, tiens ! — Monsieur l'optimiste miserait-il son avenir sur son « Prométhée déchaîné » ? — Par Aristote et par Platon, comment peut-on être aussi optimiste ? Mais réfléchissez donc ! Ou bien le tableau est une croûte, et personne ne l'achète. Ou bien c'est un chef-d'œuvre, et on l'achète encore moins. Alors je vous le demande, expliquez-moi en deux mots ce que vous pouvez encore espérer en ce monde ?

JOHANNA.– *(passant entre les deux avec son plateau)* Thé ou café, messieurs ?

FRIDOLIN.– Thé, si je puis me permettre.

*Il se sert ainsi que Grübelmeier.*

JOHANNA.– *(tendrement)* Mon Thésée !

*Elle remonte vers le fond.*

FRIDOLIN.– *(la suivant des yeux)* Cruelle Ariane !

GRÜBELMEIER.– Ce qui revient à dire : si vous êtes son Thésée, alors aucun doute, je suis son Cafésée.

FRIDOLIN.– Très juste, cher monsieur. Cela se remarque à votre cafetière !

JOHANNA.– *(a déposé son plateau ; en s'asseyant sur le tabouret)* Mesdames et messieurs, la représentation peut commencer.

STRECKEISEN.– Allez, monsieur le peintre minute, à votre chevalet minute !

*Steiner est assis sur le sofa tout près de Johanna, à côté de lui, Pasiphaé. Suivent sur les chaises disposées autour de la table Streckeisen, Mlle Zeisig, Thomas, Knapp et, le plus en avant, Grübelmeier. Thomas offre le bras à Mlle Zeisig, la conduit jusqu'au piano et revient s'asseoir.*

FRIDOLIN.– *(à l'avant-scène, mi pour lui-même, mi pour le public, avec beaucoup d'émotion)*
Philtre céleste au goût soudain de fiel !
Foi, crédit, confiance à présent ruinée !
Mon œil vacille et voit une nuée
De diables grimaçants rougir le ciel.
*(joignant les mains)*

Ultimes efforts d'un homme éreinté,
Dernier courage, aidez-moi dans ma lutte,
Mettez-vous à l'œuvre, pour quelques minutes !
Ô force sacrée, sois à mes côtés !

KNAPP.– *(à voix basse aux autres)* Voyez comme il est malin, il commence par se déboîter les dix doigts pour les rendre plus agiles.

STRECKEISEN.– Je supposerais plutôt que l'artiste s'est simplement nettoyé les ongles.

GRÜBELMEIER.– Une supposition qui pêche selon moi par un excès d'optimisme.

STEINER.– Notre artiste peint probablement des deux mains à la fois ?

STRECKEISEN.– Bien entendu ! — Et les surfaces plus larges, il les termine avec ses genoux.

FRIDOLIN.– *(devant son chevalet)* Puis-je humblement prier l'honorable société de bien vouloir passer sa commande. Mon pinceau maîtrise les levers et les couchers du soleil comme de la lune, les chopes de bière avec leur botte de radis, les nuits étoilées, orageuses, printanières, avec ou sans lac, les scènes d'horreur romaines, égyptiennes, babyloniennes, les mariages à la mode turque, hongroise, espagnole, baptêmes et enterrements...

KNAPP.– Vous savez quoi ? Peignez-nous un rhinocéros.

PASIPHAÉ.– Voyons, Cracra !!

KNAPP.– Je ne pensais pas à toi, mémé.

STRECKEISEN. — Ou bien d'un trait gracieux faites surgir la belle Hélène de votre boîte.

PASIPHAÉ.– Docteur !

STRECKEISEN. — Pardieu, madame, je ne pensais pas à vous.

STEINER.– Je voudrais quelque chose qui pète le feu, pour symboliser l'esprit d'entreprise.

MADEMOISELLE ZEISIG.– Mon Dieu, ma tante, M. le peintre ne pourrait-il pas peut-être aussi représenter l'Innocence ?

GRÜBELMEIER.– Vous voulez une idée ? *(tournant sa chaise vers le chevalet)* Peignez-moi !

FRIDOLIN.– *(mi à part)* Plutôt peindre le rhinocéros du père Knapp !

GRÜBELMEIER.– *(offensé)* Ce qui revient à dire : un professeur honoraire titulaire d'une chaire officielle, membre effectif correspondant et honoris causa de plusieurs sociétés pessimistes, auteur du traité que vous...

THOMAS.– *(à Streckeisen, en montrant sa bouche)* S'il vous plaît, mettez-lui donc un sparadrap.

STRECKEISEN.– Ça ne servirait à rien. — Mais comme ces débats, mesdames et messieurs, sont assommants ! — Nous ne siégeons tout de même pas ici à l'Assemblée !

THOMAS.– *(se levant)* Je propose que nous laissions à notre ami lui-même le choix de son sujet.

TOUS.- Tout à fait d'accord — bravo — très bien.

FRIDOLIN.– *(à part)* Oh, maudite soit l'amitié !

MADEMOISELLE ZEISIG.– Mon Dieu, ma tante, qui va me dire à présent ce que je dois jouer ?

FRIDOLIN.– Jouez avec toute la finesse désirable un *allegretto scherzando amabile cantabile passabile admirabile* en si dièse mineur.

MADEMOISELLE ZEISIG.– Mon dieu, ma tante, qu'est-ce que je...

KNAPP.– Fichez-nous la paix à la fin avec votre fichue tante !

PASIPHAÉ.– *(indignée)* Cracra !

STRECKEISEN.– *(désespéré)* Allons, voilà autre chose !

KNAPP.– Il y a de quoi s'enfuir ! Ma tante par-ci, ma tante par-là, toujours et encore ma tante !

JOHANNA.– *(à Amélie)* Tu infliges à papa un vrai supplice de Tantale !

KNAPP.– Et toi, garde tes réflexions pour toi ! — Et ne le prenez pas mal, mademoiselle. Allez-y, pianotez nous ça ! — Et vous, les enfants, ouvrez l'œil, que son pot de peinture ne vous vole pas au nez, sait-on jamais !

GRÜBELMEIER.– *(regardant fixement devant lui)* Enfin !

*Tandis que Mlle Zeisig plaque avec fougue quelques accords aigus, Fridolin commence à peindre. On voit paraître toujours plus distinctement sous son pinceau le portrait de Johanna, telle qu'elle est assise sur le tabouret à droite et à l'avant de la scène.*

STRECKEISEN. — *(se bouchant les oreilles)* Pitié, pitié, éminente artiste ! — Je suis père de famille. *(comme Mlle Zeisig joue piano)* Voilà, comme ça. Raisonnablement, gentiment. — Vous ne vous croyez tout de même pas chez les Wagnériens ?

GRÜBELMEIER.– *(rectifiant sa cravate, à part)* Je doute, je doute... c'est que je ne suis pas si facile à croquer. *(prenant une pose)* La pensée donne au visage des traits spécifiques. Saura-t-il voir les miens — ce qui revient à dire *(en plissant énergiquement son front)* les rides du penseur pessimiste.

*Pasiphaé, après avoir bâillé plusieurs fois, a fini par s'endormir.*

FRIDOLIN.– *(à part)* La ville dort — c'est le moment de reprendre l'assaut de la citadelle ! — *(à haute voix)* À propos, mademoiselle Johanna, vous croyez certainement à l'existence de l'amour platonique ?

JOHANNA.– *(se retournant de la tête)* Je n'ai pas encore d'idées bien exactes là-dessus.

*Fridolin jette, tout en peignant, des regards furibonds sur Steiner et Johanna. Pendant ce qui suit, il parle tantôt à voix basse pour lui-même, c'est-à-dire aussi pour le public, tantôt à voix haute quand il s'adresse à Mlle Zeisig.*

FRIDOLIN.– *(à part)* Ma main, ma main... ! Le sang reflue de mes doigts... chaleur infernale de la fièvre dans mon cerveau... maudite jalousie ! — *(à voix haute)* Jouez majeur, mademoiselle Zeisig ! Ré majeur, ré majeur, si je puis me permettre !

*Mlle Zeisig joue en ré majeur.*

THOMAS.– *(en baissant le ton, à Streckeisen qui est assis à côté de lui)* Incurable, dites-vous ?

STRECKEISEN. — Incurable, je vous le dis. — S'il était déjà pensif à la Saint-Jean, il sera mélancolique avant Noël.

THOMAS.– Oh !

STRECKEISEN. — Mélancolique, je vous le dis. — Et ensuite, ce sera le délire.

THOMAS.– Monsieur le médecin-chef !

STRECKEISEN. — Comme je vous le dis ! — Après quoi la démence.

THOMAS.– Juste ciel !

STRECKEISEN. — Suivie de la débilité mentale...

THOMAS.– La débilité mentale aussi ?

STRECKEISEN. — Ensuite, c'est l'idiotie.

THOMAS.– *(reculant avec sa chaise)* Vous êtes monstrueux !

STRECKEISEN.– Et pour finir, le silence.

THOMAS.– Mais vous n'avez donc pas de cœur ?

STRECKEISEN.– Nous avons une double pompe.

THOMAS.– *(bouleversé)* Pauvre malheureux Fridolin !

JOHANNA.– *(à Steiner)* Et quels sont donc ces vers de votre livre d'or, monsieur l'ingénieur ?

STEINER.– *(lui chuchotant)*
Connais-tu ce chant de la Bible
Dont chaque note est un baiser ?
L'amour y prend le cœur pour cible.
Le tien s'y montrait si sensible
Que ta maman l'a confisqué.

FRIDOLIN.– *(tout en peignant, à part, s'échauffant de plus en plus)* Comme il est là installé, le crocodile ! — installé, avec ses grosses larmes de séducteur, pendant que moi, malheureux... Ne m'approche pas, ne m'approche pas, folie furieuse, horrible chienne de l'Enfer... Ouh, ouh, une mer de flammes ! Mon Dieu, sois clément ! *(à voix haute)* Par pitié, mademoiselle, jouez un *andante* — jouez un *andantino con moto !*
*Mlle Zeisig joue plus lentement.*
*(à part)* Douce paix de l'âme, viens sur moi ! — Seulement cinq petites minutes encore et tu seras parfait, ciel étoilé qui se lève sur mon sombre horizon. — *(à voix haute)* Ah, mademoiselle Zeisig, si vous vouliez bien à présent attaquer un petit *adagio serioso grazioso amoroso maestoso,* je vous en prie !

*Mlle Zeisig joue un* adagio serioso.

JOHANNA.– *(à Steiner)* Pas possible, monsieur l'ingénieur ! Vous savez lire dans l'avenir ?

STEINER.– Si mademoiselle Johanna me faisait la grâce de me confier sa jolie main...

JOHANNA.– *(lui tend sa main)* Mais vous allez rendre votre élève superstitieuse !

STEINER.– *(caressant et embrassant sa main)* Comme de la neige toute fraîche !

JOHANNA.– Vous n'êtes pas convenable. — C'est cela que vous appelez faire des prophéties ?

STEINER.– *(aimable)* Il arrive que le prophète parle par signes, mon adorée...

FRIDOLIN.– *(s'emportant) Presto ! Presto ! Presto*, mademoiselle — *presto espressivo energico !*

*Mlle Zeisig joue* presto.

FRIDOLIN.– *(à part)* Voilà le tempo qu'il te faut, trois fois maudit traître ! — Les couleurs dansent sur ma palette comme les majorettes du diable la nuit du Sabbat. — Oh, si je pouvais t'envoyer cette planchette à la tête, que tu en prennes toutes les couleurs, comme ton semblable et modèle, le caméléon ! Cette douleur mortelle — oh, cette douleur d'enfer et par trop cruelle ! — Soit, quittez-moi, quittez-moi, raison, mesure, bonheur, amour et vie ! *(à voix haute) Vivace*, incomparable demoiselle ! — *Molto vivace ! Vivace appassionato frenetico !*

*Mlle Zeisig joue* molto vivace.
*Fridolin, au plus fort de sa rage de peindre est saisi d'un brusque frisson, laisse retomber son pinceau, respire profondément et se penche un moment en arrière. Puis calmement :*

Ayez la bonté d'enchaîner sur un adagio *tranquillo moderato.*

*Mlle Zeisig s'interrompt et commence un adagio.*
*(Fridolin, tout en peignant, à part, sur un ton calme mais déterminé)* Couché ! désespoir assassin ! — Voyons, il faut encore quelques touches de lumière sur ce nez — volonté virile, cabre-toi ! Ce pli délicat dans le coin gauche de la bouche... Mes dernières ressources nerveuses ! — Tout un paradis dans ce pli coquin. — Je peins, mais c'est avec mon sang.

GRÜBELMEIER.– *(toujours immobile)* Où en êtes-vous, monsieur le peintre minute ? Où en est-ce ? Sommes-nous près de la fin ? — *(à part)* Jamais de ma vie je n'aurais imaginé qu'il y avait autant de musique dans une tête de professeur pessimiste !

FRIDOLIN.– *(sautant sur ses pieds) Finale con fuoco prestissimo !*
*Mlle Zeisig termine son récital par le galop des* « Joyeuses commères ».
*(après que le piano s'est tu, avec solennité)*
Approchez, mesdames et messieurs, approchez !
Le pinceau se repose, la musique est silence. —
Le chaos de la nuit préparait la naissance
De l'image du jour dans sa beauté première
Quand la douceur du ciel fait sourire la terre,
Que les têtes s'inclinent et saluent sa présence. —
Me voici donc vainqueur, Satan est entravé.
J'ai gagné mon combat. Sauvé, je suis sauvé.

STEINER.– *(furieux, à part)* Grâce à l'épaisseur incroyable de sa peau de rhinocéros !

*Tous se lèvent et viennent vers le devant de la scène.*

GRÜBELMEIER.– *(encore derrière le chevalet serre la main de Fridolin)* Il faut absolument à présent que vous deveniez membre d'honneur de l'Association secrète et universelle pour la promotion du suicide !

THOMAS.– *(s'avançant vers le chevalet)* Johanna ! — Fridolin, tu es formidable !

*Il lui serre la main.*

TOUS.- Ah ! — Ah !

GRÜBELMEIER.– *(à l'avant-gauche de la scène, à part)* Si je pose encore jamais pour un peintre minute — je me tire une balle.

TOUS.– Charmant ! — Charmant !

PASIPHAÉ.– *(à Streckeisen)* Ah, regardez moi ce coloris, toute la mélancolie qu'il exprime.

STRECKEISEN.- Hum, hum, et cette plastique, chère Madame, cette plastique !

JOHANNA.– Vous ne remarquez même pas le flou merveilleux du drapé.

PASIPHAÉ.– Non !... et ces teintes, Johanna ! Ces teintes si touchantes !

KNAPP.– Et ces commentaires artistiques de l'âge des cavernes ! — Depuis quand met-on de la teinture dans la peinture à l'huile ?

MADEMOISELLE ZEISIG.– Ah, mon Dieu, ma...

JOHANNA.– *(lui ferme la bouche)* Je te tue! — Comment peux-tu être aussi énervante!

PASIPHAÉ.– *(pressant la main de Fridolin)* J'ai peine à contenir mes larmes. — Merci, mille fois merci! — Ah, je me sens toute comme si c'était moi qu'il avait peignée.

*Elle s'essuie les yeux et revient s'asseoir avec Streckeisen pour le café.*

KNAPP.– *(à Steiner)* Hum, qu'est-ce que vous en pensez?

STEINER.– Moi? — Je n'aime pas critiquer! — surtout quand le nez est de travers.

FRIDOLIN.– *(s'avance vers lui, se redresse fièrement, avec gravité et en appuyant sur les mots)* Monsieur, le nez est droit.

STEINER.– Permettez, cher ami! Quand un nez est de travers, il lui est impossible d'être droit. — Un artiste devrait d'ailleurs le savoir mieux qu'un autre.

KNAPP.– Un nez de travers qui se tient droit, je n'ai encore jamais vu ça de ma vie!

STEINER.– Mon Dieu, on serait même tenté de parler d'un nez en pomme de terre.

KNAPP.– Mon pince-nez! — *(examine le tableau à travers son pince-nez)*

THOMAS.– *(prenant Fridolin par le bras, à voix basse)* Pas de scandale, Fridolin. La lettre peut être ici d'un instant à l'autre.

KNAPP.– *(se redressant)* Aussi vrai que je m'appelle Knapp — un vrai nez en pomme de terre!

JOHANNA.– Eh bien, si le bon Dieu m'a fait un nez en pomme de terre, un artiste soucieux de la vérité ne va pas lui donner le profil de Vénus.

STEINER.– Vous avez, Johanna, grâce au ciel, le profil de Vénus. Nous devons regretter d'autant plus amèrement que l'artiste l'ait métamorphosé en concombre.

FRIDOLIN.– C'en est trop! — Concombre, c'est trop! *(repoussant Thomas)* Pousse-toi, petit! — *(à Steiner)* Monsieur, où voyez-vous ici un concombre?

STEINER.– *(examinant le tableau)* Et je n'avais pas vu ces reflets tirant sur le rouge. Vraiment, il resplendit comme un nez de poivrot.

KNAPP.– Un nez de poivrot, tout à fait ça ! — Ou bien je m'y connais en art comme une andouille.

THOMAS.– *(prenant Johanna par le bras, à voix basse)* Surtout pas de scandale maintenant, Johanna ! La lettre peut arriver à tout moment.

FRIDOLIN.– *(à Steiner, en s'efforçant de rester calme)* Écoutez-moi bien, monsieur ! Ma fierté d'artiste aurait peut-être supporté vos critiques délirantes à propos d'un nez, bien que leur injustice crie au ciel et touche à mon honneur, mais même un simple peintre minute porte, lui aussi, dans son cœur un trésor sacré, intangible…

STEINER.– *(se retournant)* Vous disiez, jeune homme ? — Vous me cherchez querelle, semble-t-il, ou bien ?

FRIDOLIN.– Je vous demande comment, devant les choses les plus sacrées, les plus dignes…

STEINER.– *(lui mettant la main sur l'épaule)* Cher monsieur, au lieu de chercher l'esclandre dans une société de gens convenables, évitez donc à l'avenir de fréquenter des cercles où vous ne semblez pas vous sentir très à l'aise. Me comprenez-vous ? Au demeurant vous pourriez très bien échanger votre pinceau contre une brosse plus solide — parbleu* ! Quand on a votre sens des couleurs, on devrait pouvoir faire beaucoup mieux carrière en tant que cireur de bottes sur la voie publique.

FRIDOLIN.– *(domptant sa colère)* Le nez de poivrot, monsieur ! — Montrez-moi ce nez de poivrot !

STEINER.– Dès que vous aurez eu la gentillesse de me laisser parler. — Mon conseil ne vise pas uniquement l'intérêt de l'art, que vous bafouez, de la beauté, que votre pinceau maltraite, ni de cette assemblée d'éminents connaisseurs, dont vous offensez le bon goût…

GRÜBELMEIER.– *(à part et profondément ravi)* — ce qui revient à dire : *cacatum non est pictum !*

FRIDOLIN.– *(qui a pris le tableau du chevalet et le brandit devant la figure de Steiner)* Je vous demande où vous voyez ici un nez de poivrot — le plus petit soupçon d'un nez de poivrot ?

* n.d.t. En français dans le texte.

JOHANNA.– *(repoussant vivement Thomas)* Lâche-moi, Thomas !

STEINER.– … c'est un conseil amical que je vous donne avant tout dans votre propre intérêt. Comme cireur de bottes exerçant publiquement son métier, vous échapperez à l'obligation peu honorable d'user de vos trucs de charlatan pour atteindre le porte-monnaie de certaines personnes hautement respectables.

FRIDOLIN.– *(même jeu, tremblant de colère)* Si vous ne me montrez pas sur-le-champ votre nez de poivrot sacrilège…

JOHANNA.– *(s'interposant)* Calme-toi, Fridolin ! — Monsieur l'ingénieur, comment pouvez-vous être capable de ce manque de tact inouï envers un invité de notre maison, qui…

THOMAS.– *(s'interposant)* Du calme, ma sœur ! — Monsieur l'ingénieur, comment pouvez-vous être capable de ce manque de tact inouï…

KNAPP.– *(s'interposant)* Ferme-la, Thomas ! — Comment as-tu aussi peu de tact pour manquer de tact au point inouï d'accuser un invité de notre maison d'un manque de tact inouï ? — *(à Steiner)* Vous prie de m'excuser, monsieur l'ingénieur, continuez ce que vous disiez !

FRIDOLIN.– *(comme tombant du ciel)* Vous n'avez pas pu dire ça ! — Vous n'avez pas pu dire ça ! — Vous, mon deuxième père, mon Mécène — vous n'avez pas pu dire ça !

KNAPP.– Je vous demande bien pardon, j'ai des témoins.

FRIDOLIN.– *(se tordant les mains)* Ô fausseté ! — Fausseté ! Tu fais trembler le ciel comme l'Enfer, fausseté !

STEINER.– *(éclatant)* Mors de ma vie !* À présent je vais vous montrer, mesdames et messieurs, ce que fausseté veut dire…

*Il tire de sa poche la lettre de Fridolin.*

FRIDOLIN.– *(brandissant de nouveau le tableau sous son nez)* À présent, montre-nous le nez de poivrot, crocodile homicide — ou bien, par le ciel, je vais faire quelque chose d'épouvantable !

STEINER.– *(sans faire attention à lui)* À présent, je vais vous montrer, mesdames et messieurs…

* n.d.t. En français dans le texte (sic).

FRIDOLIN.– Eh bien, me punisse qui voudra — un peintre minute ne tolère pas de nez de poivrot !

*Il abat violemment le tableau sur la tête de Steiner, de sorte qu'il reste suspendu à son cou en lui faisant un grand col.*

THOMAS, JOHANNA.– Fridolin !

PASIPHAÉ.– *(en même temps)* Monsieur le peintre minute !

MADEMOISELLE ZEISIG.– *(en même temps)* Mon Dieu, ma tante !

KNAPP.– *(en même temps)* Ce crève-la-faim !

GRÜBELMEIER.– *(en même temps)* Cet optimiste !

STRECKEISEN.– *(en même temps)* La démence — troisième stade !

STEINER.– *(sans se débarrasser du tableau)* À présent je vais vous montrer, mesdames et messieurs, ce que fausseté veut dire. Dans cette lettre, mesdames et messieurs — « À Monsieur l'Ingénieur Sigismond Nathasius Steiner, chimiste, ici même » monsieur notre peintre minute a tenté de compromettre l'honnête homme que je suis dans un crime qui fait dresser les cheveux et tel que l'individu le plus dépravé qu'on puisse imaginer n'aurait pu en concevoir de pire. Il s'agit en premier lieu de votre fille, monsieur Knapp, que des parties de campagne animées, des sérénades nocturnes, des récitals de poésie lyrique devaient livrer à son pouvoir. Ensuite on avait l'intention — monsieur Knapp ! — on avait l'intention de profiter de l'état absolument sans défense où vous êtes après le dîner pour vous poser le canon d'un revolver sur la poitrine et vous mettre sous les yeux un pâté en croûte encore fumant, dans le but de vous hypnotiser — bref, on avait l'intention d'extorquer à tout prix votre signature au bas du contrat de mariage.

FRIDOLIN.– *(qui n'en revient pas, à part)* Le crocodile a perdu la boule !

STEINER.– *(après s'être débarrassé du tableau d'un geste rapide)* Faut-il penser que le susdit monsieur le peintre minute agit dans cette affaire plutôt en escroc professionnel ou plutôt en libertin dépravé — fait-il du malheur de cette jeune fille un simple moyen d'encaisser un million et demi de dot, ou bien rend-il cette jeune fille malheureuse pour l'unique plaisir de l'avoir rendue malheureuse — en un mot, son entreprise relève-t-elle davantage de la froide préméditation ou de cette immoralité qu'on connaît bien chez les artistes, là-dessus, la lecture de ces vingt pages ne m'a donné aucune certitude.

JOHANNA.– *(essayant de saisir la lettre)* La lettre, monsieur l'ingénieur !

STEINER.– *(la tenant hors de portée)* La seule certitude qu'en revanche je possède, c'est que ce monsieur ne mérite pas tant le pain amer du parasite que l'entretien gratuit ainsi que le logis offerts par la Justice — *(s'adressant à Fridolin)* et sur ces mots, monsieur, j'ai bien l'honneur de vous rendre votre aimable proposition d'escroc avec les remerciements qui conviennent.

*Il jette la lettre à la figure de Fridolin.*

GRÜBELMEIER.– À la porte, l'optimiste !

FRIDOLIN.– *(saisissant la lettre au vol, ne sachant plus ce qu'il dit)* Je ne suis pas... Je n'ai pas... Lisez... ! Lisez... !

KNAPP.– *(les bras écartés repoussant tout le monde)* C'est tout lu !

FRIDOLIN.– ... plutôt que de... J'aimerais... j'aimerais mieux... *(brusquement en proie à une vision)* Ah — un abîme ! La terre qui s'ouvre — ça sonne, ça siffle — là-bas, là-bas... cela grandit toujours — surhumain, toujours plus énorme — il brandit son fouet — Qui cherches-tu, blême compagnon ? — Il se penche en avant — il étend les bras — il me saisit ! — il me saisit ! *(hurlant)* Ouh, le fantôme ! — Ouh, ouh, le fantôme ! — Le fantôme ! Ouh ! ouh !

*Il se précipite hors de la pièce.*

JOHANNA.– *(courant derrière lui)* Ciel tout-puissant !

STRECKEISEN.– *(à l'avant-gauche de la scène, à part, en se frottant les mains)* Un cas exemplaire pour un article décisif dans le « Nouveau Courrier médical à l'usage des Aliénés de Hambourg » !

*Il sort par le milieu.*

GRÜBELMEIER.– *(à l'avant-droite de la scène, à part, en se frottant les mains)* Un sujet en or pour une communication sensationnelle dans le « Bulletin mensuel new-yorkais pour la propagation du suicide » !

*Il sort par le milieu.*

THOMAS.– *(au milieu de la scène, à part)* Je dois l'empêcher d'accomplir l'irréparable.

*Il sort par le milieu.*

JOHANNA.– *(à Knapp qui la ramène sur scène en la tenant par le bras)* Papa, papa, qu'est-ce que tu prétends faire ?

KNAPP.– Je prétends enfin respirer.

JOHANNA.– J'avalerai des allumettes !

KNAPP.– *(à Steiner)* Formidable — formidable, monsieur l'ingénieur !

STEINER.– *(épongeant sa sueur)* Hé, hé — Faut savoir écœurer les gens, c'est un don !

JOHANNA.– *(résistant toujours)* Père, je m'ouvrirai les veines avec les dents.

PASIPHAÉ.– *(derrière elle)* Sers-toi, mon petit, tant qu'il en reste !

JOHANNA.– Toi aussi, Brutus ?!

KNAPP.– Elle aussi Brutus ! — Et maintenant, assez avec l'éternel féminin. On ne vous mène quand même pas à l'abattoir. *(à Steiner)* La palme pour tes hauts faits militaires !

*Il lui remet Johanna.*

STEINER.– *(entourant doucement de ses bras Johanna, dont les yeux pleins de colère se détournent de lui)* Je vous suis très obligé. — La cérémonie du mariage ?

KNAPP.– Le jour de l'inauguration de notre grande usine de sucre de pommes de terre.

STEINER.– Parfait ! — J'essaierai de la rendre heureuse.

KNAPP.– Rendez-la heureuse et prospère — afin qu'elle nous donne bientôt d'aussi jolis dividendes que possible.

STEINER.– Parole d'honneur* ! Je consacrerai tous mes soins à la chose.

KNAPP.– Et consacrez-y aussi un peu de patience. Songez que cette petite chose-là n'a que dix-huit ans et sept mois.

MADEMOISELLE ZEISIG.– Mon Dieu, ma tante, alors moi aussi je pourrais déjà me marier !

*Changement de décor.*

* n.d.t. En français dans le texte.

*À la fin de cette scène l'orchestre entonne une musique sauvage entrecoupée des hurlements d'une tempête et de coups de tonnerre. Quand le rideau s'ouvre à nouveau la scène représente une forêt.*

## Scène 5

*Fridolin. Puis Thomas.*

FRIDOLIN.– *(venant de la droite, sans chapeau ni manteau, toute son allure indiquant un grand désordre)* Délivrance, délivrance ! — J'entends à travers la tempête son galop qui s'approche, le souffle de sa bête qui crache des flammes, son fouet qui claque en signe de victoire, les vocalises triomphales de son cor de chasse. — Je vois au loin la lueur de son habit jaune qui traverse les buissons d'épines comme l'aurore du Jugement dernier !... *(se frappant le front)* Pauvre diable, floué, berné, aveuglé, toi qui avais tout misé sur la fidélité !

THOMAS.– *(derrière la scène, de très loin)* Fridolin ! — Fridolin !

FRIDOLIN.– L'entends-tu, mon âme trahie, l'entends-tu ? — Durant douze lunes, nuit après nuit, il est venu jusqu'à mon lit en faisant sonner ses éperons et claquer son fouet. Et douze lunes durant, nuit après nuit, je l'ai mis à la porte ! — mis à la porte malgré la misère et la faim — *(se tournant vers les coulisses)* Ah, tu savais bien que le jour viendrait où j'y verrais clair et que le rêveur sorti de son rêve te remercierait à genoux pour la place que tu lui offrirais encore, s'il t'en reste une, dans ton sinistre omnibus, qui fonce à toute allure dans la nuit éternelle.

THOMAS.– *(plus près)* Fridolin !

FRIDOLIN.– *(plus calme)* J'arrive, beau-frère — j'arrive. — Voilà, voilà, je monte. *(il tire de sa poche le flacon avec la tête de mort)* Et voici mon billet de faveur, pour une couchette de deuxième classe, non fumeurs ! —

Un seul trait *(il porte le flacon à sa bouche)* — un trait final sur mes souffrances… Silence profond… Repos… repos et paix…

THOMAS.– *(tout près)* Fridolin !

FRIDOLIN.– *(jetant au dernier moment le flacon à terre)* Que le diable t'emporte, hideuse délivrance ! — Je te hais ! Je ne te connais pas ! — Oh vivre, vivre !

*Il sort précipitamment par la gauche. Pause.*

THOMAS.– *(en manteau et chapeau, venant de droite)* Pas là non plus — une vraie course-poursuite, et d'obstacles ! — Et pendant ce temps-là l'inventeur est toujours à la maison avec l'engagement signé de papa dans sa poche — la police de Francfort semble expédier son courrier en petite vitesse, si même elle l'expédie ? — Je viens de marcher sur quelque chose. *(il ramasse le flacon)* Son poison ! — Le bouchon est intact ! — Dieu soit loué, il n'est pas près de remettre la main dessus ! — Mais s'il change d'avis… ? S'il se procure autre chose… ? Hum, je dois en tout cas veiller sur lui — hum, hum ! J'ai une idée ! — Hourrah, il est sauvé. Exécution, vite ! — Non, il n'est pas près de remettre la main dessus ! —

*Il sort par la gauche.*
*Pause. Éclairs et tonnerre, après quoi l'orage s'apaise. La nuit commence à tomber.*

FRIDOLIN.– *(entre en titubant, hors d'haleine, par la droite)* Vidé, consumé jusqu'à l'ultime étincelle de vie ! — Ah, ah ! — Sois donc le bienvenu, libérateur que j'ai méprisé ! — Où es-tu ? — Billet gratuit pour l'Arcadie, où es-tu à présent ? — Je t'ai jeté ici même !
*Il se met sur les genoux et cherche autour de lui. Pendant ce temps Thomas entré par la gauche s'approche prudemment.*
Il n'est pas là. — Ni là — Ni là non plus — Ah que ce monde est perfide. Il suffit qu'on cherche quelque chose ! — Il se sera mis dans un trou de souris uniquement pour m'embêter !

THOMAS.– *(lui tape sur l'épaule)* Voyons, Fridolin…

FRIDOLIN.– *(levant la tête)* Thomas ? — Thomas, c'est toi qui l'as !

THOMAS.– Reprends-toi ! Viens à la maison ! Tu es trempé !

FRIDOLIN.– Tu l'as trouvé - *(se levant)* Donne-le moi, Thomas.

THOMAS.– Tu vas te refroidir, je te dis !

FRIDOLIN.– *(sombre, secouant la tête)* Ah Thomas, comme si je n'avais pas aussi bien un vieux rasoir à la maison !

THOMAS.– Et Johanna ?

FRIDOLIN.– La vie mettra un baume sur ses plaies.

THOMAS.– Mais ton Prométhée, mon vieux !

FRIDOLIN.– … est un chef-d'œuvre à tous égards. Aujourd'hui je peux le dire. Mais comme ce monde se trouve être le pire des mondes possibles, il est naturel qu'il achète les pires tableaux possibles.

THOMAS.– Et tu ne peux toujours pas te décider… ?

FRIDOLIN.– Tais-toi, malheureux !

THOMAS.– Alors, si tu en es toujours là…

FRIDOLIN.– Ô Thomas, pourrais-tu être assez barbare… ! — Et si plus tard, un jour, je te rencontre, vêtu de haillons pittoresques, et que je te tende mon chapeau : « Un pauvre artiste peintre qui depuis quinze jours n'a rien eu de chaud à se mettre dans le ventre… »

THOMAS.– *(sans se faire voir, a tiré de sa poche deux flacons et remis l'un d'eux où il était ; il tend l'autre, semblable à celui qu'il avait trouvé par terre, à Fridolin, en détournant son visage et en prenant un air douloureux)* Non, non, jamais ça ! — Eh bien, prends, frère !

FRIDOLIN.– *(saisissant sa main en même temps que le flacon)* Ô Thomas…

THOMAS.– *(couvrant son visage de l'autre main, la voix étranglée par les larmes)* Mon cœur — mon cœur se brise.

FRIDOLIN.– Ô Thomas — Thomas !

THOMAS.– *(même jeu)* Qui sait même si je survivrai à ce coup.

FRIDOLIN.– Thomas, comme je te remercie ! — Voilà un sacrifice qu'un ami ne consent pas facilement à son ami.

THOMAS.– *(même jeu)* Ah, tu n'as pas idée de ce qu'il me coûte !

FRIDOLIN.– Puisque, pour ta part, tu comptes porter plus loin le fardeau de la vie, j'ai encore une petite prière à t'adresser.

THOMAS.– Parle, Fridolin.

FRIDOLIN.– Je connais ici en ville un pauvre cordonnier qui nourrit sept enfants, tous bien en vie. Le brave homme, depuis pas mal de temps déjà, s'est montré très gentil, très affectueux avec moi, de sorte que la nouvelle de ma disparition soudaine très certainement le bouleversera. — Dis-moi, ne voudrais-tu pas, quand je ne serai plus là, t'occuper de lui ?

THOMAS.– Bien sûr, bien sûr ! Et je ne manquerai pas non plus de payer la facture.

FRIDOLIN.– Merci, merci, au nom de ce brave homme, merci ! — Et puis je connais également un tailleur...

THOMAS.– Ton tailleur aussi sera content. — Tu ferais mieux finalement de me constituer ton héritier universel. Mais viens maintenant, mon garçon. Nous pourrons encore parler de tout cela sur le chemin de la maison. Je voulais seulement te demander : ton postillon, qu'est-il devenu ? Il aura sans doute filé en douce et s'en sera allé faire hurler et claquer des dents ailleurs ?

FRIDOLIN.– Tu es donc aveugle ? — Tu vois bien qu'il est là.

THOMAS.– Où ça ?

FRIDOLIN.– Tu ne vois vraiment rien ? *(indiquant le vide)* Là, devant nous — il fait gentiment oui avec la tête et il s'amuse à nous faire signe avec son fouet. Il a même l'air d'être un peu parti, à voir ses gestes.

THOMAS.– *(saisit Fridolin par le bras)* Sapristi, ça commence à ne pas me plaire ici.

*Il entraîne Fridolin avec lui.*

# ACTE III

*L'atelier de Fridolin. Dans le fond à gauche une porte, à droite une alcôve pourvue de rideaux et surélevée de deux marches. Dans le mur de gauche une grande fenêtre d'atelier. Sur le devant gauche de la scène, posé sur un chevalet, un tableau représente, sous les traits d'une femme idéalement belle, la peinture. Sur le devant droit une chaise longue. Au milieu de la scène une table ; derrière, un fauteuil. Outillage de peintre, etc...*

## Scène 1

*Les rideaux sont tirés devant la fenêtre de l'atelier. Sur la table une lampe allumée, une bouteille de champagne intacte, un verre à pied, vide, et le flacon avec la tête de mort. Fridolin est assis devant la table et écrit les adresses sur différentes enveloppes bordées de noir. Il se lève et va à la fenêtre pour écarter les rideaux, qui laissent alors passer la lumière du jour. Puis il éteint la lampe, ouvre le flacon et en verse une rasade dans le verre. Il débouche ensuite le champagne, remplit le verre, et le vide d'un trait. Il se lèche les lèvres et ouvre les yeux.*

FRIDOLIN.–
La mort est sucrée, je m'en doutais bien.
La mort est douce, oui, la vie en revanche
A un goût amer de potion amère.
Combien de cuillers durant vingt-cinq ans
Ai-je pu en boire ? Je n'ose y penser.

*(avec un geste de défi vers le ciel)*
Dis-moi, impitoyable médecin,
De quel droit me prescris-tu chaque jour
Un lot de six bouteilles de ta potion ? —
On dit qu'elle a des vertus hygiéniques,
Qu'elle purifie le sang. En ce cas,
Sacré nom, je devrais être purifié
Depuis longtemps, pur comme un pot rincé
Sous la pompe dans l'évier récuré,
Je devrais être un ange de pureté. —
Eh bien, non, merci. Je ne marche plus.
Je fais mes valises, et je prends le train.
J'en ai assez de la potion amère !
J'avais bien d'autres idéaux en vue
Que d'aller d'amertume en amertume.
Faim, soif, amour déçu, malheur, traîtrise…
La bouteille est devenue robinet ! —
Mais c'est fini ; je ne résiste plus.
La cure a tout pris, je n'ai plus de jus.
Je suis hors d'usage, je suis comparable
À un tuyau percé devant l'incendie ! —
Eh bien, adieu donc, horrible destin,
Sinistre et cruelle station thermale
Connue pour ses eaux de sources amères.
Je te veux encore, doux jus de la mort,
Dût mon estomac en souffrir du mal.
Je suis décidé et prêt à mourir.

*Après avoir versé encore une fois de la mixture dans son verre et du champagne pour le remplir, il le boit d'un trait. Il reprend :*

Le sceau de la mort est donc imprimé
Désormais en moi. — Au fond je m'étonne :
Qui eût supposé le doux Fridolin
Capable d'autant d'allure et de cran,
Le cœur percé d'une flèche mortelle
*Il lève le verre.*
Et en même temps le sourire aux lèvres.
*Il ramasse les lettres sur la table.*

Arrivé au port je t'adresse encore
Par-delà les flots houleux de la mer
Un dernier salut, Johanna. Mes larmes
Mouillent chaque mot du sombre message
Que mouilleront à leur tour d'autres larmes.
Ainsi la douleur effacera-t-elle
Lentement sa trace et de l'encre pâle
Ton œil remontera vers la lumière. —
Je mande d'autre part au menuisier
Qu'il veuille venir prendre mes mesures ;
Que le cocher attèle son cheval
Et mène jusqu'ici le corbillard,
Et qu'au cimetière le fossoyeur creuse
Une tombe fraîche, à jamais tranquille ! —
Ce sont là des choses qui pressent. Allons,
*Il va vers la porte et appelle Phipps, qui paraît bientôt.*
Viens, mon bon Phipps, viens, et porte ces lettres
Aux adresses chaque fois indiquées.
Eh bien, file !
*Comme Phipps veut objecter quelque chose, levant la main gauche.*
Ne demande pas pourquoi
Ton maître est si grave et si solennel !
Va, mon bon Phipps. —
*(se détournant, à part)*
Tu le sauras bien assez tôt !
*Phipps s'en va avec les lettres. Fridolin se dirige vers l'alcôve et en tirant sur un cordon ouvre les rideaux, de sorte qu'on peut voir le lit. Tourné vers le lit, il continue :*
Mol oreiller, couverture brodée,
Accueillez-moi pour mon dernier repos
Et comme Apollon sur son char de flammes
S'enfonce dans les flots rafraîchissants
Qui se teintent de pourpre en son honneur,
J'entre moi aussi dans votre fraîcheur
Pour qu'elle me glace à jamais.– Amie,
J'arrive ; ouvre-moi largement tes bras,
Ô mort bien-aimée. Ferme bien mes yeux
Et pose un dernier baiser sur mes lèvres !

*Il grimpe dans le lit, s'y étend de tout son long et referme les rideaux. Après un moment il se penche à travers la fente du milieu et dépose ses bottes devant le lit.*
Et toi, monde, reçois mon dernier adieu !

*Et il disparaît aussitôt.*

## Scène 2

*Johanna. Fridolin.*

*Johanna entre précipitamment. Dans la main gauche elle tient un foulard léger, dans la main droite, une lettre bordée de noir et ouverte. Elle est extrêmement agitée.*

JOHANNA.– Non, Fridolin, non, non, tu n'es pas sérieux, tu n'as pas ce projet épouvan... Ciel compatissant, il n'est pas là — déjà sorti ! — Mon Dieu, mon Dieu, que faire ? — Où le chercher pour le retenir ? — Où ? Où ? — — Et pendant qu'ici j'hésite, je tarde, je ne sais où aller... là-bas, là-bas...
*Elle pousse un cri et s'effondre en larmes au pied de la chaise longue.*
Oh — oh, mon amour, comment peux-tu me faire souffrir ainsi ? - Mon Dieu, qu'ai-je fait pour mériter cela ! — Je venais de m'échapper de la maison pour partager à jamais avec toi les joies et les peines, et voilà qu'au coin de la dernière rue je rencontre l'affreux Phipps avec cette lettre d'adieu déchirante. — *(se tordant les mains)* Ô Fridolin, si tu avais eu seulement une pensée pour ta Johanna — ta Johanna abandonnée, vendue ! *(secouant la tête)* Oh, que peut encore m'offrir le monde sans toi — sans toi, mon Fridolin !

FRIDOLIN.– *(sortant la tête entre les rideaux, à voix basse)* Du baume — du baume qu'il mettra goutte à goutte sur tes blessures. — Adieu — *(il lui adresse un baisemain)* pour toujours !

*Il disparaît.*

JOHANNA.– *(réfléchit)* Je n'ai pas une minute à perdre. *(se levant)* Où peut-il être allé ? — Dans le parc... Peut-être ! — Il faut que j'y coure, que j'y vole, pour le rattraper. — *(se tournant vers la table)* Dieu — Dieu — Dieu — qu'est-ce — qu'est-ce que c'est que ça ? — ce flacon — ce verre — cette tê — tête de mort... *(élevant brusquement la voix)* Malheureuse... j'arrive trop tard... *(elle s'écroule dans le fauteuil, sanglote et se couvre le visage de ses mains)* ... j'arrive trop tard... j'arrive trop tard !

FRIDOLIN.– *(même jeu)* Tu arrives trop tard ! — Dieu merci, tes plaintes de sirène n'ont plus de pouvoir sur moi. — Mais qu'on me dise si ce n'est pas encore une saloperie du destin de vous rendre amère jusqu'à votre agonie !

*Il disparaît.*

JOHANNA.– *(regardant autour d'elle à travers ses larmes)* Où — où t'es-tu effondré, mon amour ? — Dans quel coin as-tu rendu ton dernier soupir d'ange ? — À moins que *(se tournant vers le fond de la scène)* à moins que le cerf blessé n'ait cherché refuge dans sa litière ? — *(elle s'approche de l'alcôve d'un pas hésitant)* Mon Dieu, s'il est là, étendu là devant mes yeux — je n'y survivrai pas. — — Courage, courage, pauvre Johanna ! Tu devras désormais apprendre à souffrir bien d'autres choses encore. — Courage, pauvre Johanna !

*Elle écarte les rideaux. On voit Fridolin étendu immobile sur le lit. Aux cris de :* Oh, mon Fridolin ! — mon Fridolin ! — mon Fridolin ! — *Johanna tombe à genoux devant le lit. Après un moment elle se relève d'un geste résolu et s'avance lentement vers le devant de la scène, la main pressée contre son front. À peine a-t-elle tourné le dos à l'alcôve que Fridolin s'essuie les yeux, saisit le cordon et referme les rideaux.*

*(d'une voix contenue)* Il ne me reste pas d'autre chemin. — C'est celui que tu m'indiques, mon étoile, un chemin qui traverse la nuit et l'horreur... Mes genoux tremblent... Ô Dieu, la force simplement de faire ce dernier pas ! Le ciel me pardonnera ; à toi, il t'a pardonné. — Je ne puis faire autrement. —

*Elle verse un peu du contenu du flacon dans le verre, qu'elle remplit à moitié avec le champagne. Saisissant le verre :*

Mon bien-aimé, je te suis. — Je bois à toi, ô cher disparu. — À bientôt ! — Oh, ça étrangle — ça oppresse — que c'est dur ! — Adieu, père, mère, adieu ! — Pardonnez à votre malheureuse enfant. — Adieu, Thomas ! *(prise de vertige)* Ténèbres — ouh, ouh, ténèbres… ah, je me sens bien… si bien… ah, comme c'est bien !.. Je meurs… Fridolin !

*Elle tombe évanouie devant la chaise longue tout près du bord.*

FRIDOLIN.– *(ouvre les rideaux de l'alcôve)* Elle est repartie, on dirait. — Ah, la peine qu'elle me fait, la bonne fille ! — Pouvais-je lui venir en aide ? — Non ! Imaginons qu'elle m'ait trouvé encore vivant — ô bon Dieu, quelle scène terrible ça aurait été ! — Non, pour elle c'est beaucoup mieux comme ça. Elle a fait le plus dur. — Je dois dire que je croyais l'effet plus rapide. Pourtant, si je ne me trompe, il me semble bien à présent sentir quelque chose dans l'estomac. — Eh bien, reçois encore une fois — cette fois irrévocablement pour la dernière fois — mon salut d'adieu, toi, le pire des mondes possibles !

*Il referme les rideaux.*

## Scène 3

*Thomas. Les précédents.*

THOMAS.– *(entre rapidement)* Je viens, cher ami, pour un dernier adieu… *(regardant autour de lui)* Il s'est déjà envolé ! — Hum, il aura trouvé ça plus pittoresque, au milieu de la nature… Bon sang, qui est couché là ? — Johanna ? — Elle dort… ? *(il s'agenouille auprès d'elle)* Johanna, Johanna, qu'est-ce que tu as ? *(il la secoue)* Elle s'est évanouie, on dirait. *(il ramasse la lettre bordée de noir restée sur le plancher)* Naturellement ! *(il lit)* « Comprends-moi, mon cœur, je suis comme un tuyau d'incendie qui ne sert plus à rien. Je fais mes valises. Ne me demande pas comment. À son dernier soupir encore et toujours ton Fridolin ». *(il jette la lettre de côté et secoue de nouveau Johanna)* Reviens à toi, Johanna ! — Johanna !

FRIDOLIN.– *(ouvrant les rideaux)* Qu'est-ce que tu as à crier comme ça ? — Johanna est encore ici ?

THOMAS.– *(se redressant)* Ah, te voilà, toi ! — Tu n'es pas trop mal installé. — Dis-moi, aurais-tu tué ma sœur ?

FRIDOLIN.– Tu es fou ! — C'est moi que j'ai tué, moi, l'incarnation du désespoir. — Mais le plus désespérant de tout, c'est qu'on ne peut même pas rendre l'esprit sans être constamment dérangé.

THOMAS.– Que me fait ton esprit ! — Ma sœur gît sur le plancher.

FRIDOLIN.– Pas morte tout de même ?

THOMAS.– Qu'en sais-je ! Viens voir toi-même.

FRIDOLIN.– Bien sûr ! Naturellement — si seulement je n'étais pas déjà trop faible.

THOMAS.– Faible, toi ?

FRIDOLIN.– *(sort du lit et enfile deux grandes pantoufles)* Bon Dieu, oui. Je suis en pleine agonie ! — Mais attends — *(il vient d'un pas incertain vers l'avant de la scène)* Ça va, ça va — j'ai juste encore assez de force. *(en voyant Johanna, il a un mouvement d'effroi et tombe auprès d'elle)* Ciel tout-puissant, Johanna, ma Johanna, réveille-toi, ma Johanna aimée !

*Il la secoue.*

THOMAS.– Ça ne sert à rien. Elle est évanouie.

FRIDOLIN.– *(gagné par la terreur)* Fais-le pour moi, réveille-toi ! Mon adorée, il faut que tu te réveilles. — Non, Thomas, non, elle n'est pas évanouie.

THOMAS.– Tu le vois bien, qu'elle est évanouie.

FRIDOLIN.– *(même jeu)* Non, te dis-je ! — Réveille-toi, ma douce, mon unique ! Un simple signe de vie, Johanna ! Un signe de vie ! — Non, non, elle n'est pas évanouie ! Elle a bu, Thomas ! Malheur à moi, elle a bu !

THOMAS.– De ta potion ?

FRIDOLIN.– Parce qu'elle m'aimait, Thomas, m'aimait immensément, m'aimait plus que je n'ai jamais mérité ! — Le flacon là-bas n'était vide qu'aux deux tiers — il n'y a plus rien dedans, et il manque aussi du champagne ! — Ô Thomas, Thomas, je suis son assassin ! — Je t'en supplie, Thomas, que dois-je faire à présent ?

THOMAS.– Avant toute chose envoyer chercher un médecin.

FRIDOLIN.– Tout de suite, tout de suite! — Un médecin! — Oh, mes forces vont-elles y suffire? *(s'empresse vers la porte)* Chez le médecin! Phipps, cours chez le médecin! Un empoisonnement! — Oh, oh, son assassin! Moi, son assassin!

*Il sort.*

THOMAS.– *(saisit vite le flacon et goûte le contenu; complètement rassuré)* Un évanouissement! — Mais lui, je vais lui faire voir! — À genoux, il devra me remercier à genoux pour sa vie. Si seulement j'avais enfin des nouvelles de Francfort! — Ce doit être un joli bordel dans cette police!

FRIDOLIN.– *(rentrant)* Ô Thomas, ne crois-tu pas qu'il y a encore de l'espoir? — Je peux te dire que je sens seulement une très légère pression dans la région de l'estomac.

THOMAS.– Quand on a une constitution de rhinocéros! — Tu aurais tout de même pu descendre tout le flacon! Le monde entier serait soulagé. — Mais ne reste donc pas planté là comme la veuve inconsolable! Allez, prends avec moi!... Tu trembles?

FRIDOLIN.– *(venant l'aider)* Non!... Si, si!...

*Ils étendent Johanna sur la chaise longue.*

THOMAS.– Ah, ah — quelle jouissance ce doit être pour toi, de tenir entre tes doigts la victime de ta folie meurtrière!

FRIDOLIN.– *(s'approchant d'elle)* Ô morte que j'aimais par-dessus tout, une seule fois encore, prête tes lèvres chéries à ma...

THOMAS.– *(frappant du pied)* Ne t'approche pas!

FRIDOLIN.– *(suppliant)* Ô Thomas!...

THOMAS.– *(se plaçant devant Johanna)* Ne me pousse pas à des extrémités! — *(tourné vers Johanna)* Si belle! — Si douce! — Si gracieuse! — Si ensorcelante!... *(comme Fridolin s'approche de nouveau)* N'approche pas, te dis-je! Ta présence pitoyable fait injure à ce lieu sacré!

FRIDOLIN.– *(recule en titubant jusqu'à la gauche du proscenium, où il tombe à genoux, en larmes, et se frappe la poitrine)* Ô misérable que je suis ! — Ô scélérat! — Ô inflige-moi tes pires tortures, ciel tout-puissant, et je te serai reconnaissant, éternellement reconnaissant de ta grâce!

## Scène 4

*Knapp. Les précédents.*

KNAPP.– *(entre précipitamment)* Morte, crie cet oiseau de malheur — morte — empoisonnée — mon enfant empoisonnée... Bon Dieu, ma Johanna, la voilà étendue, raide et froide ! *(il tombe au pied de la chaise longue)* Mon rayon de soleil, ô mon rayon de soleil, tu n'éclaireras donc pas les jours sombres de ma vieillesse !...

THOMAS.– *(à côté de Fridolin, à voix contenue)* Mais présente-lui tes condoléances, voyons !

KNAPP.– *(se relevant avec peine)* Oh, ma constitution ! — *(se jetant sur Fridolin en brandissant sa canne)* Rends-moi mon enfant, infâme assassin ! Mon enfant ! Mon enfant ! — C'est comme ça que tu me remercies, espèce de barbare, espèce de peintre minute !

## Scène 5

*Steiner. Les précédents.*

STEINER.– *(entre précipitamment, s'adressant aussitôt à Fridolin en poussant Knapp de côté)* Ravi de vous rencontrer. Vous m'en voulez toujours. Mon Dieu*, une plaisanterie impardonnable. Ce que je voulais vous dire — soyez donc assez aimable pour me montrer un instant la lettre dont vous avez bien voulu me faire l'honneur hier soir — voulez-vous ?

* *n. d. t.* En français dans le texte.

FRIDOLIN.– Va rôtir en Enfer ! — *(à Knapp)* C'est à lui, malheureux père, à lui que tu dois réclamer ton enfant !

STEINER.– Regrette infiniment, mais pour l'enfant, je ne suis pas encore en mesure pour l'instant...

KNAPP.– Faites quelque chose, faites quelque chose, monsieur l'ingénieur ! Ma Johanna est morte empoisonnée !

STEINER.– *(remarquant Johanna)* Sacré* nom, ma fiancée ? — Dans la maison d'un homme... ! la maison d'un artiste... ! la maison d'un peintre minute... ! et empoisonnée par-dessus le marché ! *(à Fridolin)* Ha, gredin, tu t'obstines ! Je vais te mettre hors d'état de nuire ! —

*Il sort.*

KNAPP.– *(le poursuivant)* Mais faites donc quelque chose, monsieur l'ingénieur de mon cœur ! — *(il revient vers le devant de la scène)* C'est la douleur. Il veut être seul. — Oh, bon Dieu, ma constitution. La voilà, ma rechute. Je te rejoins, ma fierté, ma joie !

*Il retombe devant la chaise longue.*

THOMAS.– *(à l'oreille de Fridolin)* Il court tout droit au tribunal. On va te faire un procès, avec un peu de chance tu auras la perpétuité.

FRIDOLIN.– Mon Dieu, mon Dieu, fais qu'ils me rouent, qu'ils me décapitent, qu'ils m'écartèlent et qu'ils me brûlent tout vivant, ce seront mille délices pour moi !

THOMAS.– *(sortant un flacon rempli de poudre blanche, baissant la voix)* Hum, cher ami — ne serait-il pas encore temps de jouer un bon tour à ces messieurs ? — J'ai ici une petite poudre, dont l'effet foudroyant...

FRIDOLIN.– *(le repousse)* Arrière, sadique démon ! — *(tourné vers Johanna)* Ô la plus adorable des fleurs qui se soit jamais fanée, quelles souffrances infernales ne voudrais-je endurer avec joie jusqu'à la fin de mes jours, si c'était pour le rachat de ta vie à peine éclose !

JOHANNA.– *(chantant dans son sommeil)*
De mes nuits la plus belle —
Sous l'if de la tonnelle —
Ah, quelle volupté...

---

* *n. d. t.* En français dans le texte.

KNAPP.– *(toujours à genoux devant la chaise longue, fou de joie)* Elle revit ! — Elle revit !

JOHANNA.– *(même jeu)*
Que mon cœur s'ouvrait grand,
Si plein — si débordant
À son premier baiser…

KNAPP.– *(se relevant)* Dieu soit loué, ma Johanna a quitté l'au-delà pour l'ici-bas.

THOMAS.– Attends qu'elle danse à nouveau son fox-trot préféré, ça fera sûrement venir aussi M. le médecin-chef avec ses gros souliers.

*Johanna se réveille, se frotte les yeux et regarde autour d'elle étonnée.*

## Scène 6

*Streckeisen. Les précédents.*

STRECKEISEN.– *(épuisé, s'éponge le front)* Nous voilà !

KNAPP.– *(allant à sa rencontre)* Monsieur le médecin-chef, monsieur le médecin-chef, si vous saviez ce qu'on a vécu !

STRECKEISEN.– Toujours votre maudit beurre de homard ! — Écoutez bien, monsieur Knapp, si d'ici demain soir vous avez perdu l'usage de la parole, vous n'aurez pas un mot de reproche à me faire !

KNAPP.– Dieu ait pitié !

STRECKEISEN.– Arracher le médecin de son lit à l'aube ! Hier après-midi vers trois heures, il m'en est venu un aussi avec six litres de bière et trois saladiers de concombres dans le ventre. On s'y est mis tous de bon cœur, on l'endort, on l'ouvre, tout ça nettoyé, savonné, rincé, mis à sécher, repassé, remis en place et recousu, et au moment où je vais rappeler mon brave patient à la vie… *(à Thomas)* Qu'est-ce que vous avez à me regarder de cette façon bizarre ?

THOMAS.– *(souriant)* Il ne vous a pas entendu ?

STRECKEISEN.– Non, monsieur Knapp junior, mon brave patient avait pris la sortie, juste avant. — *(à Knapp)* Et vous, monsieur Knapp senior, vous verrez qu'un jour aussi vous aurez pris la sortie, juste avant.

KNAPP.– Maintenant je vais me mettre à croire que c'est vraiment de moi qu'il s'agit, et rien que d'y penser, je vais faire ma rechute.

STRECKEISEN.– Comment ? Il ne s'agit pas de vous ?

KNAPP.– *(respirant)* Non, Dieu merci !

STRECKEISEN.– Et le bonhomme me laisse tranquillement m'échauffer sans dire un mot !

FRIDOLIN.– *(toujours sur le proscenium à gauche, à genoux, le visage en larmes et les mains levées au ciel)* Dieu tout-puissant, le ver de terre coupable que je suis n'est pas digne de t'exprimer l'immense reconnaissance...

STRECKEISEN.– Ah, voilà donc le malheureux ! *(va vers lui)* Mon cher ami, les prières ne vous seront pas d'un grand secours. Montrez-moi plutôt votre langue.

FRIDOLIN.– *(se relève solennellement et prend la main de Streckeisen)* La créature angélique que voilà a bu de cette fiole. Livrez-moi à la rigueur de la loi !

STRECKEISEN.– Joli cadeau ! — Franchement, vous me faites pitié. Mais un médecin-chef ne connaît pas la pitié.

*Il tire des poches de son manteau les différentes pièces d'un microscope, qu'il installe devant lui sur la table.*

JOHANNA.– Mais je me sens comme le poisson dans l'eau.

STRECKEISEN.– Mon petit, mon petit, comment pourriez-vous en juger ! —

*Il noue son mouchoir devant sa bouche.*

KNAPP.– Docteur, docteur, vous allez manquer d'oxygène.

STRECKEISEN.– *(parlant sans le regarder, à travers le mouchoir)* Mon cher monsieur Knapp, l'homme ne peut jamais être trop prudent.

*Il met quelques gouttes du contenu du flacon sous le microscope et les examine.*

KNAPP.– *(à part)* Il a raison. L'homme ne peut jamais être trop prudent !

*Il noue également son mouchoir devant sa bouche.*

THOMAS.– *(à part)* La lumière va se faire à présent.

JOHANNA.– *(qui ne comprend toujours rien)* Mon cerveau est comme engourdi.

FRIDOLIN.– *(dans un nouvel accès de désespoir)* Ah mon Dieu, son cerveau s'est arrêté !

THOMAS.– *(à part)* Patience, on va le remonter !

JOHANNA.– Je t'en conjure, Fridolin, explique-moi ce qui se…

*Knapp lui ferme la bouche et fait des gestes de dégoût indiquant Fridolin.*

FRIDOLIN.– *(pendant le même temps, la main levée)* Malheureuse, détourne les yeux du loup féroce qui se cache sous cet aspect humain !

STRECKEISEN.– *(parlant à travers son mouchoir)* Je suis en présence de trois éventualités…

FRIDOLIN.– *(se tordant les mains)* Dieu clément, trois !

STRECKEISEN.– *(même jeu)* Ou bien je suis un âne — ou bien mon microscope est sale — ou bien votre estimé poison, mesdames et messieurs, est fait d'huile de ricin.

KNAPP.– *(se tient le ventre)* Assez, docteur ! — Assez !

TOUS.– De ricin ?

STRECKEISEN.– *(à Fridolin)* Où avez-vous eu ce — poison mortel ?

FRIDOLIN.– Qu'il lui soit pardonné ! — C'est un pharmacien qui me l'a donné. Le traître a juré ses grands dieux que le breuvage mettrait fin d'un coup à toutes mes souffrances.

## Scène 7

*Steiner. Un commissaire de police avec deux agents. Les précédents.*

STEINER.– Un coupe-gorge, monsieur le commissaire. Voilà ma fiancée, la victime. Et voici l'assassin, qui l'a empoisonnée.

STRECKEISEN.– *(s'avançant vers le commissaire)* Qui ne l'a pas empoisonnée — si vous voulez bien constater vous-même de visu la bonne santé de la victime.

STEINER.– Il ne l'a pas empoisonnée ?! *(s'empresse vers Fridolin et lui saisit les deux mains)* Non, on n'est pas plus aimable, vraiment. *(baissant la voix)* Mais maintenant rendez-moi aussi votre sympathique lettre, je vous en prie.

FRIDOLIN.– *(reculant, menaçant)* Ah, ne me rappelle pas cette lettre, traître !

THOMAS.– Fridolin, où as-tu mis la lettre ?

FRIDOLIN.– *(indiquant la table)* Dans le tiroir !

*Steiner et Thomas se précipitent vers la table.*

THOMAS.– Je vous en prie, ne vous donnez pas la peine...

STEINER.– Mon Dieu, vous permettrez bien que...

*Ils ouvrent le tiroir en même temps.*

THOMAS.– *(poussant Steiner de côté)* Je ne permets rien du tout.

STEINER.– *(le poussant à son tour)* Mais enfin, vous ne la connaissez même pas !

THOMAS.– Merci, merci, je l'ai déjà !

*Il vient vers le devant de la scène avec la lettre.*

STEINER.– *(tend la main pour la saisir)* Vous permettez !

THOMAS.– *(la retire hors de sa portée)* Vous m'excusez !

STEINER.– Monsieur, cette lettre est ma propriété.

THOMAS.– Ne vous énervez pas, monsieur l'ingénieur.

*En dépliant la lettre, il fait tomber de l'enveloppe une autre enveloppe plus petite.*

STEINER.– *(se penche pour la ramasser)* Pardon !

THOMAS.– *(la ramasse le premier)* Vous êtes trop bon.

STEINER.– J'ai dû glisser ce billet par mégarde dans cette autre lettre monstrueuse qui remplissait toute ma poche. — Je compte sur votre bonne foi...

THOMAS.– *(lui donne la lettre de Fridolin)* La voici, votre propriété. *(indiquant la petite enveloppe)* Ce billet m'est adressé ! *(il le déplie)* Monsieur le commissaire...

STEINER.– *(veut se défiler)* J'ai bien l'honneur.

LE COMMISSAIRE.– *(lui barrant la route)* On ne bouge pas !

STEINER.– Damnation ! —

*Pendant ce qui suit il affecte une mine indifférente. Après un moment il tire un peigne de sa poche et se met à friser sa moustache.*

THOMAS.– Monsieur le commissaire, je vous invite à prendre connaissance d'une information que M. l'ingénieur Steiner a cru bon d'intercepter. — *(il lit)* « Le commissariat central de police de Francfort à Monsieur Thomas Knapp. Par retour de courrier et en réponse aux questions de votre lettre du premier courant, nous vous informons que l'individu que vous nous signalez pourrait bien ne faire qu'un avec le tristement fameux escroc recherché dans toute l'Italie, la France, la Suisse, l'Espagne, le Portugal, la Suède, la Norvège, la Russie, l'Autriche et la Turquie pour faux en écritures bancaires et usage usurpatoire de titres et brevets, de son vrai nom Paolo Pandulfo Paravicini né à Padoue. — Paolo Pandulfo Paravicini né à Padoue mesure un mètre soixante-deux centimètres et soixante-treize millimètres, a les cheveux roux, des yeux gris bleu, un nez court et de fausses dents. — Comme signe particulier éventuellement révélateur de l'identité de Paolo Pandulfo Paravicini né à Padoue, nous vous indiquons un comportement maintes fois observé... » *(il s'interrompt, jette un regard sur Steiner et tend la lettre au commissaire)* Ne voudriez-vous pas lire la suite peut-être ?

LE COMMISSAIRE.– *(lit)* « ... un comportement maintes fois observé chez lui, lorsqu'il est mal à l'aise, et qui consiste, après avoir tiré un peigne de sa poche, à s'en servir pour friser sa moustache. » *(à Steiner)* Vous êtes arrêté. Un homme de chaque côté ! — Marche !

*Les deux agents encadrent Steiner et se dirigent avec lui vers la porte. Streckeisen les suit.*

## Scène 8

*Knapp. Thomas. Johanna. Fridolin.*

THOMAS.– *(prend Fridolin par le bras et désigne un point dans le vide)* Tu vois ça là-bas ?

FRIDOLIN.– Je ne vois rien du tout.

THOMAS.– … ça grandit, c'est surhumain — toujours plus énorme — une culotte de cheval jaune ?

FRIDOLIN.– *(tombe dans ses bras)* Thomas, Thomas, c'était l'huile de ricin !

THOMAS.– Et tu ne peux toujours pas te décider ?

FRIDOLIN.– Tout ce que tu voudras, mon sauveur !

THOMAS.– À devenir commerçant ?

FRIDOLIN.– Balayeur des rues, s'il le faut !

THOMAS.– Tu entres chez nous dès aujourd'hui.

FRIDOLIN.– Ton père, Thomas…

THOMAS.– T'accueillera à bras ouverts.

FRIDOLIN.– *(sur le devant de la scène à droite, tourné vers le portrait de femme placé sur le chevalet, avec l'accent de la passion)* Pour mille heures passées dans le rêve et la joie…

THOMAS.– *(tapant du pied)* Incorrigible !

JOHANNA.– Laisse-le donc prendre congé.

FRIDOLIN.– *(même jeu)*
Pour ce bonheur des dieux ressenti grâce à toi,
Vois, ô Muse chérie, ces pleurs de gratitude.
Pardon si quelquefois j'ai cru te voir planer
Au-dessus de ma tête à très haute altitude —
C'était une illusion. J'ai failli en crever.
Et pourrai-je sans toi espérer en guérir ?
Je n'en sais rien. Je sens qu'à présent je te perds

Et je vois avec toi tout un monde finir,
Un monde délicieux laissant un cœur désert...
Je n'en sais rien — adieu, il faut nous séparer.
Je n'en sais rien — adieu, à la vie éternelle,
Ô femme tant aimée, ô calice adoré,
Mère de mes souffrances, une mère si belle,
Joie de ma vie — adieu — adieu à tout jamais.

*Il sort précipitamment.*

THOMAS.– La double comptabilité calmera aussi cet agité. —

*Il sort.*

## Scène 9

*Johanna. Knapp.*

KNAPP.– *(se laisse tomber dans le fauteuil)* Ô gendre, usine et sucre de pommes de terre ! — Ô intérêts, ô dividendes — tout s'est envolé !

JOHANNA.– Allons, console-toi, cher papa. Il te reste au moins ton capital d'actions.

KNAPP.– *(se tenant la tête à deux mains)* Ma rechute ! — J'ai ma rechute ! Deux cent mille marks en faux coupons ! — Oh, c'en est trop pour ma constitution ! — Johanna, mon enfant, considère ton père avec respect et compréhension. Peut-être sont-ce seulement quelques brèves minutes avant...

## Scène 10

*Johanna. Knapp. Bastien.*

BASTIEN.– *(entre avec précaution en regardant autour de lui)* Ça doit être ici ou pas loin.

KNAPP.– *(criant)* Qu'est-ce que c'est ?

JOHANNA.– Papa chéri, ce n'est qu'un homme.

KNAPP.– *(tournant craintivement la tête)* Un homme ? — Un étranger ? — Un individu ? — Qu'est-ce qu'il a à me fixer avec ses yeux de basilic ! *(se levant à moitié)* Allez, toi, avoue, quel tour caches-tu dans ton sac ?

BASTIEN.– Un tournevis, et une pince.

KNAPP.– *(retombant assis)* Le ciel ait pitié, c'est le bourreau !

BASTIEN.– Je m'appelle Bastien, je suis compagnon menuisier et je voulais vous demander si c'est bien vous.

KNAPP.– Il a vu ça au premier coup d'œil ! — Hélas, c'est bien moi. Dites-moi, cher monsieur Bastien, vous ne seriez pas également inventeur par hasard ?

BASTIEN.– Pas à ma connaissance — à moins que ce ne soit de la poudre à canon. Mais vous voudrez bien m'excuser — hum, hum — si je peux dire quelque chose, eh bien, vous vivez encore.

KNAPP.– *(s'emportant)* Je vis encore ! — Mais oui, je vis encore ! — Et il dit ça avec un sang-froid à vous hérisser le poil ! — Ah, le jour est venu ! Le jour est venu ! On l'a soudoyé pour qu'il me finisse au rabot. — Allons, dis-moi tout, qui t'a envoyé ici ?

BASTIEN.– Christian Sauerteig[3], menuisier en meubles d'art, rue des Mouches 275, bâtiment de la cour, quatrième étage, deuxième porte à gauche.

KNAPP.– Qui t'a demandé de venir, malheureux ?!

BASTIEN.– *(regardant autour de lui)* Ah oui, c'est vrai. Un soi-disant peintre minute, je crois.

KNAPP.– *(s'effondrant)* Et voilà ! Tout s'éclaire !

JOHANNA.– Mais non, monsieur Bastien, ça n'a pas pu être un soi-disant peintre minute.

BASTIEN.– *(à Knapp, en prenant son mètre en main)* Si tout est clair maintenant, alors permettez que je commence.

KNAPP.– Mon enfant, mon dernier salut, cours, cours à la police ! À la police !

JOHANNA.– *(se levant avec difficulté)* Oui, oui, à la police !

KNAPP.– Alarme les habitants ! Que chacun prenne un fusil ! Fais sonner le tocsin !

JOHANNA.– Oh là là, mon Dieu.

*Elle retombe à genoux devant la chaise longue.*

KNAPP.– Ce massacreur ! Ce barbouilleur ! Ce roi des bandits !

JOHANNA.– *(regrimpant difficilement sur la chaise longue)* Mais mon petit papa chéri, M. Bastien ne te fera rien.

BASTIEN.– Je ne fais rien à personne. Je suis seulement venu, comprenez-vous, pour prendre vos mesures.

KNAPP.– C'en est donc fait ! C'en est donc fait ! — Puisque Dieu le veut, prenez mes tristes mesures. Mais faites-moi un seul plaisir, cher monsieur Bastien, soyez rapide.

BASTIEN.– *(prenant les mesures de Knapp)* … deux, trois — faut pas faire trop court — quatre, cinq — on pousse toujours un peu, après.

## Scène 11

*Kilian, Athanasi, tenant chacun une lettre bordée de noir en main. Les précédents.*

KNAPP.– *(à Bastien)* En largeur non plus, n'ayez pas peur. — Pour quand on se retourne, après.

KILIAN.– *(à gauche de Knapp)* Je viens demander très humblement à Monsieur s'il désire voyager en corbillard de première classe ou de seconde classe.

KNAPP.– *(sans lever les yeux)* Je vous remercie. Depuis la Pentecôte, je voyage dans mon coupé avec mon cocher Johann et mon gris pommelé.

ATHANASI.– *(à droite de Knapp)* Je viens très humblement à cause de la place sous le saule pleureur, où le défunt souhaite être enterré, pour encaisser l'argent.

KNAPP.– *(dressant l'oreille)* Encaisser l'argent ? *(se redressant peu à peu)* L'argent ? — Tu veux de l'argent, coquin ? — Par Saint Pancrace et Saint Sucre de pommes de terre ! Me voilà un homme à nouveau. — Bandits ! Voyous ! Sinistres créatures ! Comment osez-vous approcher de mon seuil ? Que venez-vous faire ici, charognards ?

BASTIEN.– *(en continuant à prendre les mesures, d'une voix sourde)*
La position couchée est ma spécialité.
Je fabrique berceaux et lits en quantité.
Je construis des brancards, et aussi des cercueils.

KILIAN.– *(à la gauche de Knapp)*
Je suis, moi, le cocher qui voiture les morts.
Je transporte les faibles, je transporte les forts
Au Repos éternel, rue de l'Égalité.

ATHANASI.– *(à la droite de Knapp)*
Et moi, je suis le fossoyeur.
L'âme espère un monde meilleur,
Le corps disparaît dans la terre.

KNAPP.– *(complètement effondré)* Requiem ! — Requiem ! — Aucune issue pour l'innocent condamné. — Entends-tu, Pancrace, le glas qui sonne pour toi ?! — C'était un brave homme, le défunt qu'on enterre. Hélas, fauché dans la fleur de son âge. — Pleurez-le, vous tous qui vous pressez au pied de son catafalque ! — Pleurez-le !

*Il éclate en larmes.*

## Scène 12

*Le Baron von Bernolt. Fridolin. Thomas. Les précédents.*

VON BERNOLT.– *(entrant, tandis que Fridolin lui tient la porte, et s'adressant à Knapp)* Je suis tout particulièrement heureux, en présence du génial créateur du « Prométhée déchaîné »...

KNAPP.– *(avec force révérences)* Ah, je vous en prie, Excellence, chacun sa petite génialité, on n'est pas responsable.

VON BERNOLT.– C'est son portefaix, je suppose. *(à Fridolin)* Je n'ai pu me refuser le plaisir de passer chez vous, cher monsieur Wald...

FRIDOLIN.– *(sombre)* Il avait raison. Je suis né pour être cireur de bottes !

VON BERNOLT.– *(haussant la voix)* Je n'ai pu me refuser le plaisir...

FRIDOLIN.– Oh, quel réconfort ce sera, ne plus peindre qu'en noir du matin jusqu'au soir ! — *(s'agenouillant)* Je suis prêt. — Que Votre Excellence veuille bien simplement qu'avant de commencer je relève un peu le bas de son pantalon.

VON BERNOLT.– *(reculant)* Vous n'y pensez pas. Je viens uniquement pour entendre de votre bouche la réponse que vous comptez donner à l'offre qui vous est faite par la Pinacothèque Royale pour votre « Prométhée déchaîné ».

FRIDOLIN.– *(se relevant lentement, très triste)* Ne me parlez pas de mon « Prométhée déchaîné » ! Comme vous voyez, j'ai décidé de devenir cireur de bottes.

VON BERNOLT.– Si quarante mille marks ne vous paraissent pas suffisants, mon Dieu, ce sera un devoir pour nous, s'agissant d'un artiste aussi exceptionnellement doué...

FRIDOLIN.– Quarante mille marks, dites-vous ?

VON BERNOLT.– Quarante mille marks — si vous consentez pour ce prix à vous séparer de votre chef-d'œuvre.

FRIDOLIN.– *(empoigne le bras de Knapp, qui s'est approché, piqué par la curiosité)* Bonhomme, combien demandes-tu pour ton bijou ?

KNAPP.– Vous avez fini de m'insulter !

FRIDOLIN.– Combien tu demandes pour ton bijou ? Allez, bonhomme, vas-y, je suis amateur.

KNAPP.– *(indigné)* Vous croyez peut-être que je veux être dédommagé pour ces malheureux trente-six mille marks que mon inventeur...

FRIDOLIN.– Bonhomme, tu n'es pas connaisseur. *(indiquant von Bernolt)* T'en voilà quarante.

JOHANNA.– *(volant dans les bras de Fridolin)* Fridolin !

KNAPP.– *(hochant la tête, à part)* Pour la mienne je n'en aurais pas donné la moitié.

VON BERNOLT.– Finalement je m'aperçois que je joue ici le rôle d'un vulgaire *deus ex machina.* Je dois vous prier sérieusement... Nous ne sommes tout de même pas sur une scène ici.

FRIDOLIN.– *(tenant Johanna dans ses bras)* Pardon, Excellence, nous sommes ici sur une scène. — Sur une vraie scène — la scène changeante de la vie, grandiose, imprévisible.
Après l'orage et tout le tremblement
De la haine au service de l'infâme,
Voici qu'à nouveau brille au firmament
Mon étoile, et toi, le soleil, ma femme !
Seule la vie mène l'homme à sa maturité.
Malheur est le savon qu'elle emploie pour ôter
Les souillures du corps de l'image de l'âme.

# NOTES

1 Les noms de certains personnages ont un double sens en allemand, dont voici des équivalents possibles en français :

| | |
|---|---|
| Pankratius Knapp : | Pancrace Chiche |
| Amalie Zeisig : | Amélie Pinson |
| Fridolin Wald : | Fridolin Dubois |
| Dr. Steiner : | Dr Lapierre |
| Dr. Ch. Grübelmeier : | Dr Ch. Remâchons |
| Dr. Streckeisen : | Dr Laminoir |

2 Allusion au *Faust* de Goethe, fin de la première partie. Paroles de Méphisto à l'adresse de Marguerite (« elle est jugée »).

3 Christian Sauerkeig ; équivalent français possible : Christian Aigrepain.

## JEAN LAUNAY

Agrégé de philosophie. Après plusieurs années d'enseignement du français dans les universités allemandes, il met en scène une vingtaine de spectacles dans les théâtres municipaux et nationaux de RFA. De retour en France, il se consacre à l'enseignement ainsi qu'à la traduction littéraire. Il traduit notamment Heidegger, Nietzsche, Botho Strauss, Robert Walser pour les éditions Gallimard ainsi que Carl Sternheim et R. Wagner pour le Mercure de France.

# LES JEUNES GENS

Comédie en trois actes
avec un prologue

*Traduction Jörn Cambreleng*

# PERSONNAGES DU PROLOGUE

LA DIRECTRICE PANSEGRAU

LE PROFESSEUR ILSEBEIN

ANNA LAUNHART

MARGUERITE RAPPART, *sa cousine*

RICARDA RUSS

ERNA BRÜCHMANN

ALMA WALLBRECHT

GERTRUD EIKEMEIER

LENI KROLL

HEDWIG FISCHER

ELSE HUMMEL

KARL RAPPART, *frère de Marguerite*

FRANZ LUDWIG MEIER

*La pièce se déroule dans une ville importante du sud de l'Allemagne. Entre le prologue et le premier acte s'écoule une période de quatre ans, entre le deuxième et le troisième acte une période de deux ans.*

# PROLOGUE

*Une salle de classe avec porte centrale, qui découvre une vue sur une véranda avec un jardin en arrière-plan. À droite, deux bancs d'école de trois à quatre places chacun. À gauche, la chaire.*

## Scène 1

*Le professeur Ilsebein, Anna Launhart, Gertrud Eikemeier, Ricarda Russ, Erna Brüchmann, Leni Kroll, Hedwig Fischer.*

*Disposition*

| | | |
|---|---|---|
| *Hedwig* | *Ricarda* | |
| *Leni* | *Gertrud* | |
| *Erna* | *Anna* | *Ilsebein* |

ANNA.– Léonard de Vinci fut le maître par qui débuta la grande période de la peinture italienne.

ILSEBEIN.– *(vieux et décrépit)* Léonard de Vinci fut ce maître. — Et vous, Gertrud, peut-être pouvez-vous me dire ce que fut encore ce Léonard de Vinci.

GERTRUD.– Léonard de Vinci fut animé par un esprit de recherche et par une force créatrice dans les domaines les plus variés. —

ILSEBEIN.– Une force créatrice dans les domaines les plus variés. — Et par quoi, ma chère Ricarda, se distinguent les rares œuvres de cet artiste béni des dieux ?

RICARDA.– Les rares œuvres de ce profond visionnaire se distinguent par une exécution à l'éclat velouté, mais parfaitement défini.

ILSEBEIN.– Vous l'avez formulé à la fois avec pertinence et concision : par une exécution à l'éclat velouté, mais parfaitement défini — Et maintenant, dites-moi, Erna, quand a-t-il vécu, ce — Bertold Schwarz[1] de la peinture italienne, si je puis me permettre de m'exprimer ainsi ?

ERNA. *(ouvrant le livre derrière le dos d'Anna)* Léonard de Vinci vécut de — de 1452 à 1519.

ILSEBEIN.– Notre Bertold Schwarz vécut de 1453 à 1590[2]...

ERNA.– De 1452 !

ILSEBEIN.– Exact, Erna ! De 1452 à 1490.

ERNA.– À 1519 !

ILSEBEIN.– À 1519. Vous chuchotez si mystérieusement qu'on s'embrouille dans les faits les mieux connus. Et quels furent les principaux disciples de ce Bertold Schwarz ? Leni ? *(comme Leni ouvre son livre)* On ne regarde pas dans le livre ! — ces noms mélodieux ! — Hedwig, nommez-les à votre voisine. — Toi aussi, Brutus ? — Mais alors, ce Platon ! — Anna, aidez donc ces vierges folles puisqu'une fois de plus elles n'ont pas mis d'huile dans leur lampes[3]...

ANNA.– Je n'ai souvenir d'aucun disciple...

ILSEBEIN.– Anna ! Anna ! Vous aussi avez oublié de mettre de l'huile dans votre lampe ?

ERNA.– *(regardant dans le livre)* Platon, il n'y a pas un traître mot là-dessus dans le livre !

ILSEBEIN.– Si vous aviez regardé dans le livre, Erna, vous sauriez ce qu'il y a dedans ! — Gertrud — Vous alors, ma chère Ricarda — ma chère, ma très chère Ricarda —

TOUTES.– Il n'y a rien dans le livre, sur Platon ! Il n'y a rien sur Platon dans le livre !

ILSEBEIN.– Mais il faut savoir ça ! *(ouvrant son livre)* Me serais-je — N'importe quel débutant les connaît — cet aréopage d'inspirés — Vous avez raison, vous avez raison, il semble en effet qu'il n'y ait —

ERNA.– On ne pourrait pas noter les disciples dans la marge ?

TOUTES.– Platon ! Platon !

ILSEBEIN.– Platon, vous savez — enfin, à mon grand regret, je dois vous — c'est-à-dire, ce qu'il se passe — j'avais bien raison — voyez, ici, à propos du grand Raphaël Santi d'Urbino, est expressément mentionné le nombre considérable de ses disciples de première importance... *(on entend la sonnerie dans la véranda)* Vous devez avoir quartier libre, maintenant, mesdemoiselles. Ébattez-vous gentiment dans le jardin, mais avec mesure... Erna ! Je surveillerai vos jeux depuis la véranda... Pour la prochaine heure, vous préparerez le grand Raphaël Santi d'Urbino.

*Il sort.*

## Scène 2

*Les précédentes, sans Ilsebein*

RICARDA.– *(se lève)* Enfin !

ANNA.– Dépêche, Rica !

GERTRUD.– Le temps est précieux.

TOUTES.– Commence — ... Rica !

*Ricarda prend place derrière la chaire.*

ERNA.– *(qui s'est levée)* Oh, je vais l'écrire à papa.

GERTRUD.– Il manque encore Alma et Else.

ANNA.– Va, Hedwig ! Dis-leur que nous avons une montagne de résolutions à discuter.

ERNA.– Il faut qu'ils sachent, à la maison, comment ils ont pourvu à la nourriture de l'esprit de leur enfant.

ANNA.– Tu as dressé le procès-verbal, Erna ?

TOUTES.– Notre procès-verbal, Erna ! Notre procès-verbal !

ERNA.– Et toi, Anna, tu vas me l'attester !

ANNA.– À quoi tu penses, encore ?

ERNA.– Je pense qu'ici on nous fait méthodiquement mourir d'ennui.

ANNA.– Je te demande si tu as rédigé notre procès-verbal d'association !

ERNA.– Oh, vous et vos bêtises !

TOUTES.– Erna !

ERNA.– J'ai tellement rigolé que la plume m'en tombait des mains tous les trois mots.

ANNA.– Rica, il nous faut procéder à une nouvelle élection.

RICARDA.– *(faisant tinter son verre)* Je demande le silence !

TOUTES.– Ah !

RICARDA.– Je te demande, Erna : as-tu dressé le procès-verbal ?

ERNA.– Je l'ai dressé ; ce qui s'appelle dressé ; je l'ai dressé hier soir dans mon lit. Quand j'ai fini, je me suis précipitée vers le miroir, je croyais déjà qu'une moustache m'était poussée.

## Scène 3

*Alma Wallbrecht, Else Hummel, les précédentes.*

ALMA.– *(entrant)* Comme si elle avait trouvé ça terrible !

*Disposition*

| | | |
|---|---|---|
| *Else* | *Anna* | |
| *Hedwig* | | |
| *Leni* | *Gertrud* | *Ricarda* |
| *Erna* | *Alma* | |

RICARDA.– *(fait tinter son verre)* Erna, donne lecture de ton procès-verbal !

*Erna sort un* in-folio *jauni du tiroir et l'ouvre devant elle.*

GERTRUD.– *(se retournant)* C'est un procès-verbal Renaissance !

ERNA.– *(feuilletant)* Au début, il y est consigné un petit commerce de victuailles.

TOUTES.– Tais-toi, Trudi[4] !

ERNA.– *(lit)* « Le 15 mai de l'an 1895, peu après le café, Mme la directrice entre dans la classe avec la tête de quelqu'un qui a vu la Grande Ourse tomber du ciel… ! »

TOUTES.– Écoutez, écoutez !

ERNA.– *(lit)* « Elsi Hummel, dans l'idée que l'on serait sur la trace d'une certaine correspondance rose, déguerpit sans plus tarder. »

ELSE.– Je proteste !

TOUTES.– Tant pis ! Tant pis !

RICARDA.– Continue !

ERNA.– *(lit)* « À peine les autres se sont elles rendues à leurs places, le cœur battant à tout rompre, que Mme la directrice révèle qu'un livre d'une épaisseur inouïe, de ceux qu'elle avait espéré ne jamais rencontrer près de la couche de l'une de ses élèves, a été découvert à l'instant dans le dortoir numéro 1. À la suite de quoi Gertrud Eikemeier devient pâle comme un pot de lait et fonçant tête baissée veut tout avouer. Ce n'est qu'avec peine que l'auteur de ces lignes parvient à prévenir une démarche précipitée de la jeune fille. »

GERTRUD.– *Les Mille et Une Nuits*, pour l'âge mûr, avec 25 gravures somptueusement enluminées !

RICARDA.– Oui, Trudi, tu n'as pas honte ? Une lecture qui, pour les autres filles, est déjà trop ennuyeuse à sept ans. — Continue à lire, Erna.

ERNA.– *(lit)* « Cependant apparaît le professeur Ilsebein clopinant, l'épais livre sous le bras *(Il est à remarquer que pendant toute la durée de la scène, l'homme n'ose pas ouvrir les yeux…)* »

ANNA.– Excellent !

ERNA.– *(lit)* « ... et aussitôt Anna Launhart se déclare en être la propriétaire. Interrogée sur la manière dont elle était entrée en possession de l'épais livre, Anna déclare qu'elle a reçu le « Dictionnaire Kürschner in-quarto[5] » de sa chère maman il y a trois ans pour Noël et que jusqu'au jour d'aujourd'hui, elle n'y avait rien découvert qui ne puisse être lu. Ce sur quoi Mme la directrice réplique qu'elle, Mme la directrice, *y a trouvé bien des choses qu'une jeune fille ne peut pas lire*, oui, qui seraient même de nature à ruiner le bonheur d'une jeune fille ! — Mais puisqu'Anna avait reçu l'épais livre dénommé « Dictionnaire Kürschner in-quarto » pour Noël, elle était lavée de toute accusation — cependant que, d'un signe de la main, elle charge le vieux Ilsebein d'écarter le *Corpus Dilecti*...

ANNA.– Le *Corpus Delicti* ! — *Corpus Dilecti* veut dire le corps du bien-aimé.

ERNA.– Oh, toi et ton latin ! — *(elle lit)* « Pleurant à chaudes larmes, Anna Launhart supplie Mme la directrice de bien vouloir attirer son attention sur les passages qui seraient de nature à ruiner le bonheur d'une jeune fille, recevant dans sa démarche un vif soutien de la part de toutes ses condisciples... »

ELSE.– Je n'ai pas le souvenir de ça. À ma connaissance, pas une n'a ouvert la bouche.

ERNA.– Si, Leni a déclaré qu'on ne pouvait pas se battre contre des moulins à vent.

LENI.– J'ai seulement dit qu'on ne peut pas éviter des dangers invisibles.

RICARDA.– *(fait tinter son verre ; à Erna)* Tu dois laisser tomber la proposition subordonnée participiale !

TOUTES.– Garde-la ! Garde-la !

ERNA.– Je la souligne — comme ça tout le monde est content.

TOUTES.– Continue !

ERNA.– *(lit)* « Un tel signalement des dangers que présente la vie, explique Mme la directrice, correspond certes à la nouvelle doctrine sur l'éducation des jeunes filles, mais c'est là une hérésie qu'elle-même, Mme la directrice, et le professeur Ilsebein à ses côtés, sont décidés à combattre jusqu'à verser leur dernière goutte de sang. Elle cornera les pages des passages concernés, tous ceux que l'on pourrait découvrir, puis expédiera le dictionnaire *in-quarto* à la maman d'Anna pour examen plus approfondi... »

ANNA.– Ça a du être une surprise édifiante pour Maman ! —

ERNA.– *(lit)* « On peut dire que l'indignation qui suit le départ de la classe de Mme la directrice n'est pas des moindres. Gertrud Eikemeier parle d'outrecuidance, Leni Kroll d'inquisition, Hedwig Fischer de procès en sorcellerie, Alma Wallbrecht s'élève et écrit en grosses lettres *Eppur si muove* au tableau. Pendant qu'Anna Launhart explique très calmement que nous sommes seules responsables d'un tel manque de considération envers notre dignité humaine, puisque nous-mêmes, jeunes filles, ne nous imaginons pas d'autre devoir dans la vie que d'être épousées. Leni Kroll, Gertrud Eikemeier, Hedwig Fischer, Alma Wallbrecht, Else Hummel et Erna Brüchmann apportent le démenti le plus ferme aux intentions qu'on leur prête. Suite à leurs affirmations, Ricarda Russ exhorte à présent les susnommées à se donner mutuellement leurs paroles et à jurer qu'on ne se marierait pas, avant que les plus criantes des déplorables conditions de l'éducation des jeunes filles ne se soient améliorées. La proposition est accueillie avec enthousiasme. L'association de jeunes filles voit le jour avec ce serment, sous la devise : *Eppur si muove*, elle entre ainsi en lutte et fait vœu de renoncement. Puisse-t-elle grandir et vaincre, pour le bien de ses sœurs, et devenir un phare pour tous ceux qui, par leur propre faute ou par celle d'autrui, sont plongés dans l'humiliation. »

TOUTES.– Bravo, bravo, bravo ! —

## Scène 4

*Ilsebein, les précédentes.*

ILSEBEIN.– *(par le centre, un journal ouvert dans les mains)* Je dois vous rappeler très sérieusement, mes chères demoiselles, que je suis chargé de surveiller vos jeux depuis la véranda, ce qui sans votre aimable participation ne m'est guère possible.

ELSE.– Nous jouons, monsieur le professeur !

ILSEBEIN.– Ah, tiens ! Et à quoi jouez-vous ?

LENI.– *Eppur si muove...*

TOUTES.– Leni !

ILSEBEIN.– On ne jouait pas encore à cela de mon temps. Mais dites-moi, ne serait-il pas possible de jouer à *E... eppur si muove* dans le jardin, puisqu'enfin je suis chargé...

RICARDA.– Nous vous serions infiniment obligées, monsieur, si, pour notre quartier libre d'aujourd'hui, vous consentiez à nous laisser notre liberté et à nous délivrer de votre honorable présence.

ILSEBEIN.– Mais nom de Dieu tout puissant, ma chère Ricarda, puis-je faire plus que de lire mon journal ? Voudrez-vous bien penser qu'il ne m'est même plus permis de lire tranquillement mon journal, si vous êtes assises ici à lancer un bravo après l'autre !

ERNA.– *(s'étant concertée avec les autres, derrière Ilsebein, d'une voix traînante)* Oh !

ILSEBEIN.– *(se retournant)* Oh ? — Erna, pourquoi dites-vous oh ?

HEDWIG.– *(derrière Ilsebein)* Oh !

ILSEBEIN.– *(se retournant)* Oh ? — Pourquoi dites-vous oh, Hedwig ?

ELSE et LENI.– *(derrière Ilsebein)* Oh ! — Oh !

ILSEBEIN.– *(se retournant)* Que signifient ces épouvantables oh, oh ? *(comme les filles reculent effarouchées)* Pourquoi... ? — Mais je vous en supplie... mais enfin dites quelque chose, mes enfants...

TOUTES.– *(reculant devant lui, très sérieuses)* Oh ! Oh ! Oh !

ILSEBEIN.– *(désespéré)* Mais mes... Grand Dieu de nom de Dieu... Qu... — Qu'est-ce qui peut bien... ? — — Ah, mais tiens ! Oui, oui ! — Héhéhé... ! *(il boutonne son veston, dans l'embarras)* Mais bien sûr ! — Mais bien... Eh oui, on est parfois un peu dé... un peu dé... un peu *(comme les filles gardent très sérieusement le silence derrière leurs bancs)* Je — je vous demande mille fois de m'excuser, mesdemoiselles. *(se retirant) :* N'ébruitez pas ceci, je vous en supplie. — je suis impardonnable ! *(s'inclinant sur le seuil de la porte)* Je vous prie une fois de plus, mesdemoiselles, de bien vouloir excuser ce manque de — d'absence de tact.

*Il sort.*

## Scène 5

*Les précédentes, sans Ilsebein.*

ERNA.– Quelle pitié d'avoir à recourir à des moyens pareils !

RICARDA.– La fin justifie les moyens. Tu l'as fait au service de notre cause.

ANNA.– Revenons-en à l'ordre du jour !

RICARDA.– *(fait tinter son verre)* Revenons-en à l'ordre du jour.

## Scène 6

*Ilsebein, les précédentes.*

ILSEBEIN.– *(entrant précipitamment)* Surtout ne vous laissez pas déranger dans l'ordre du jour. — *(il prend Else par la main)* Venez voir un peu. *(il la conduit vers l'avant-scène droit)* Écoutez voir, Else. Dites-moi un peu, pourquoi avez-vous dit oh ?

ERNA.– *(arrivant à la rescousse)* Mais monsieur !

ILSEBEIN.– Eh bien ? — Je ne veux rien avoir à faire avec vous.

ERNA.– Mais la petite est gênée, enfin !

ILSEBEIN.– Gênée ? — Vis-à-vis de son vieux professeur ?
*Erna lui chuchote à l'oreille.*
*(effrayé)* Où ça ? — Gros comme la main ??

ERNA.– Mais vous n'avez donc pas vérifié ?

ILSEBEIN.– Derrière ? Dans le dos ? — Non. — Mais enfin je peux tout de même pas, ici —

ERNA.– Ça ne serait pas moi qui vous le demanderais —

ILSEBEIN.– *(se tâtant le dos)* Mais je ne sens pas le moindre —

ERNA.– Attendez.

*Elle lui fait faire demi-tour et prenant sa main la guide vers le coin de son mouchoir qu'elle lui maintient sur le dos.*

ILSEBEIN.– Grand Dieu de nom de Dieu ! Ciel de miséricorde ! Ma meilleure veste d'intérieur ! — Malheur de moi, où diable me suis-je encore...

ERNA.– Ça peut encore s'arranger.

ILSEBEIN.– Jamais de la vie ! — Vous croyez vraiment ?

ERNA.– Ce n'est pas si grave que vous le pensez.

ELSE.– On ne voit que la doublure.

ILSEBEIN.– Dieu tout puissant ! Juste ciel !

ELSE.– Allez voir madame la directrice pour qu'elle vous raccommode ça.

ILSEBEIN.– Mais je ne peux pas me montrer devant elle dans cet état.

GERTRUD.– *(prend son paletot accroché au mur)* Voilà, voilà, monsieur !

ILSEBEIN.– Mon paletot... *(l'enfilant)* Merci, Gertrud, ma toute bonne. Merci, mes chères enfants ! Je vous remercie. Je vous en prie encore une fois, excusez votre vieux professeur qui n'a plus tous ses moyens.

*Il sort.*

## Scène 7

*Les précédentes, sans Ilsebein.*

ERNA.– *(l'accompagnant)* Il n'y a pas de quoi ! — *(revenant)* Il fait vraiment pitié.

ALMA.– Moi, je ne m'en ferais pas des cheveux blancs.

ANNA.– Tu te sacrifies au service de notre cause !

RICARDA.– Else, tu vas monter la garde. Va, nous te ferons remplacer.

*Else sort.*

RICARDA.– *(fait tinter son verre)* Continue à lire, Erna.

ERNA.– *(lit)* « Établi après minuit dans le dortoir N° 4 le 20 mai de l'an de grâce 1895. — La secrétaire d'*Eppur si muove*. Erna Brüchmann ».

ANNA.– Déjà fini ? — Je trouve que le procès-verbal s'arrête juste là où il devrait commencer.

GERTRUD.– Je trouve aussi.

TOUTES.– Moi aussi, moi aussi. —

RICARDA.– C'est vrai, Erna — Nos résolutions devraient y figurer à la suite.

ERNA.– Mais nom de nom, qu'est-ce que nous avons résolu ?

ALMA.– Tu es secrétaire pour noter ce que nous avons résolu.

ERNA.– Je sais seulement qu'on ne s'entendait plus parler quand Rica a crié : « Que celui qui est pour lève la main ! ». Maintenant je demande à une personne sensée de me dire à propos de quoi nous étions pour.

ANNA.– *(se lève)* Les membres de l'association *Eppur si muove* se sont donné pour mission : 1. Que la jeune fille reçoive à l'avenir un enseignement qui, une fois mené à son terme, ne la range pas parmi les semi-incultes. 2. Que la jeune fille reçoive à l'avenir une éducation qui ne nous incite pas à satisfaire uniquement aux exigences posées par le jeune homme, mais plutôt à celles qu'un être cultivé se pose à lui-même. — Les membres se sont donnés leurs paroles de ne pas se marier avant d'avoir accompli leur mission : 1. Pour ne se voir entraver par aucune considération — cuisine, garde des enfants — dans la poursuite de leur objectif. 2. Pour contraindre de cette manière les jeunes hommes de leur entourage à les aider à s'acquitter de leur mission.

ALMA.– Moi, ce que j'ai compris, c'est que l'association ne se marie pas du tout.

LENI.– Alma ! Alma !

ALMA.– Schopenhauer non plus n'était pas marié.

GERTRUD.– Mais que va-t-il advenir de nos enfants, s'ils n'ont pas de mère !

ERNA.– Ce n'est pas ce qu'il y a de plus grave. Mais que va-t-il advenir des membres de l'association, s'ils n'ont pas d'hommes !

ALMA.– Qu'est devenu Schopenhauer ?!

ERNA.– En tous cas pas une vieille fille !!

ALMA.– Je ne vois pas du tout pourquoi une vieille fille ne pourrait pas philosopher aussi bien que Schopenhauer.

LENI.– J'ai une vieille tante qui philosophe même sans le savoir.

ALMA.– Sais-tu ce que dit Nietzsche ? — Rica, sais-tu, toi, ce que dit Nietzsche ? — Nietzsche dit qu'il est inconcevable que l'homme, créé pour observer le cours des astres, ne puisse s'intéresser qu'à l'amour.

ERNA.– Schiller dit : « Le monde est étroit, mais le cerveau est vaste.[6]»

ANNA.– *Ut desint vires*[7], dit Ovide.

HEDWIG.– Bien sûr, la latiniste !

GERTRUD.– Mais Schiller dit aussi : « Qu'est-ce que la vie sans l'éclat de l'amour[8] ! »

ALMA.– Mais Schiller dit tout de suite après : « Seul connaît l'amour, celui qui aime sans espoir. »

LENI.– « Une jeune fille », dit Clementine Helm, « ne peut jamais être trop prudente vis-à-vis des messieurs. »

ERNA.– Goethe dit : « Si l'on ne s'embrasse pas toujours, on se parle parfois très bien. »

HEDWIG.– « Aimer et jouer de la trompette », dit Viktor Scheffel.[9]

RICARDA.– *(se levant)* Je dépose une motion pour ajourner la décision sur la possibilité future de mariage, jusqu'à ce que nous puissions contempler l'accomplissement de notre mission.

ANNA.– C'est aussi mon avis, Rica.

RICARDA.– Par notre serment, je pense que nous avons fait tout ce que notre cause peut exiger de la part de ses pionnières.

TOUTES.– C'est vrai, c'est vrai !

RICARDA.– Et nous pourrons déjà être contentes, si aucune d'entre nous ne rompt son serment.

TOUTES.– Non, non ! Jamais de la vie !

RICARDA.– Remplir notre mission peut nous coûter dix ou vingt ans d'une lutte incessante…

ERNA.– Nous aurons alors dépassé depuis longtemps toute idée de mariage.

RICARDA.– … elle peut mobiliser toutes nos pensées et toutes nos actions aussi longtemps que nous vivons. Alors, sur nos vieux jours, nous…

## Scène 8

*Else, les précédentes.*

ELSE.– Je viens au rapport…

RICARDA.– Nos geôliers ? — Erna, cache le procès-verbal !

ELSE.– Deux messieurs merveilleusement beaux —

GERTRUD.– L'un avec une moustache noire ?

ELSE.– Ça, je ne sais pas. Pour l'instant, je ne les ai vus que de dos.

HEDWIG.– Alors, c'est certainement mon demi-frère.

*Elle veut sortir.*

GERTRUD.– Le mien aussi ! Le mien aussi !

*Elle la suit.*

ANNA.– Notre cause ne perd rien à ces deux-là.

RICARDA.– De toute façon, nous n'aurions jamais été tranquilles avec ces demi-frères.

GERTRUD.– *(à Hedwig)* Qu'est-ce que tu regardes encore ? —

*Toutes les deux sortent avec Else.*

## Scène 9

*Les précédentes sans Gertrud, Else et Hedwig.*

ERNA.– Ah, les martyres !

ALMA.– Tant pis pour elles, si elles se marient !

LENI.– Votre honneur !

RICARDA.– Leni ?

LENI.– Je voudrais soulever une question.

RICARDA.– *(fait tinter son verre)* Je demande le silence. La parole est à Leni Kroll. Leni Kroll voudrait soulever une question.

LENI.– Que signifie, en fait, *Eppur si muove* ?

TOUTES.– Enfin, Leni !

LENI.– Est-ce que je suis censée être une mine de citations ?

RICARDA.– *Eppur si muove* est de l'italien et signifie en allemand...

## Scène 10

*Karl Rappart, Franz Ludwig Meier, les précédentes.*

KARL.– *(étudiant entre vingt et vingt-deux ans)* Et pourtant elle tourne ! — Ces demoiselles voudront bien excuser notre intrusion inopportune.

ANNA.– *(elle s'est levée)* Mais d'où diable sortez-vous ?

KARL.– *(venant à sa rencontre)* Ma chère petite Hypatie[10] ! — Ce que tu as grandi pendant ces deux ans !

ANNA.– *(souriant)* Tu viens sans doute pour faire une étude philosophique ?

KARL.– Je viens te chercher et te ramener à la maison, chez ta maman chérie. Je laisse à mon ami — ici présent, — le soin des études *(le présentant) :* Franz Ludwig Meier, poète et écrivain — ma cousine, Anna Launhart.

ANNA.– Tu dois me ramener, moi, à la maison ?

LES AUTRES.– Anna doit nous quitter ?

KARL.– Effectivement, ma cousine va nous accompagner, sur ordre exprès de sa maman. — Et ne serait-ce pas... ?

ANNA.– *(présentant)* Mon amie Ricarda Russ, que tu as sortie de l'eau il y a cinq ans, au patinage.

KARL.– C'était pour moi une chance qu'au fond il m'appartient encore de mériter.

ANNA.– Que maman ne m'écrive pas même une syllabe !

KARL.– Ta maman a écrit à madame Pansegrau. Cette mission n'arrangeait pas vraiment non plus mes affaires. C'est que je comptais fermement sur toi ici pour... Ah, c'est vrai, tu n'es pas du tout au courant. C'est que j'amène ma sœur avec moi.

ANNA.– Marguerite est là ?

KARL.– Nous l'avons amenée.

ANNA.– Où est-elle, ma Marguerite ?

*Elle veut partir.*

KARL.– Elle va venir tout de suite. Ses futures camarades de classe l'ont amenée en haut — Je suis allé trouver ta mère avant-hier soir pour l'en entretenir une dernière fois. Je voulais recueillir encore quelques renseignements pour Marguerite. Voilà ta maman qui me reçoit avec ces mots : « C'est bien que tu ailles au pensionnat, tu pourras ramener Anna par la même occasion. »

LES FILLES.– *(murmurent entre elles)* Le Kürschner *in-quarto* !

KARL.– Comment ? — Qu'est-ce que c'est ? — — Elle m'a dit que tu commençais à être trop vieille pour les bancs de l'école. — Mais ma tante chérie, ma tante préférée, lui dis-je, notre chère Anna ne sera pas tout de suite prête à voyager. — Bon, dit-elle, alors elle viendra dans quelques jours. Mais cela me ferait plaisir que tu la ramènes avec toi, parce que j'aimerais bien qu'elle participe à la garden-party de la Société Dramatique. — À la bonne heure*, dis-je, tant mieux ! Et maintenant, ma chère Anna, nous te demandons, mon ami Meier et moi, de te préparer et de nous raccompagner. Mme la directrice va faire chercher elle-même ton paquetage.

ANNA.– Ça ne va pas.

KARL.– Qu'est-ce qui ne va pas ?

ERNA.– On va t'envier, Anna.

ANNA.– Dis à maman que j'arrive dans trois jours.

ERNA, LENI.– Mais Anna !

KARL.– Je t'assure, tu vas follement t'amuser. L'après-midi, on donnera un drame d'amour byzantin en pentamètres ïambiques de notre ami Meier. Puis on soupera en plein air, le tout en costumes, et pour finir on dansera jusqu'à l'aube. Tout le parc sera illuminé à l'électricité.

ALMA.– Mais enfin, si notre consœur renonce ?

KARL.– Renonce ? — Renonce à qui ? — Que voulez-vous dire par là ? — Je ne vois pas très bien ce que vous auriez à y gagner ?

ANNA.– Dans trois jours, je serais auprès de Maman à la maison.

KARL.– Qu'est-ce qu'il t'arrive, ma chère petite Anna ? — *(aux autres)* Pour pouvoir véritablement renoncer avec profit, mesdemoiselles, il vous faut commencer par faire connaissance avec le monde. Mais en faisant connaissance avec lui, vous renoncez déjà à une telle infinité de choses, qu'il est presque impossible de renoncer à quoi que ce soit après.

ANNA.– *(enflammée)* Nous connaissons le monde !

KARL.– Mon Dieu — ma petite Hypatie ! — Mais quel curieux esprit règne ici ! Si j'avais su — où est donc Marguerite ? Je t'en prie, Anna,

* n.d.t. : en français dans le texte.

réfléchis bien. — Essayez de la convaincre, mesdemoiselles. — Que dirait de ça ta maman ! — Voilà Marguerite. — Il serait quand même bon que j'aille parler encore une fois à la directrice.

*Il sort.*

## Scène 11

*Marguerite, conduite par Else, Gertrud et Hedwig. Les précédents sans Karl.*

MARGUERITE.– *(quinze ans, à ses accompagnatrices)* Mais je vais tout de suite le dire à M. Meier… *(se précipitant vers Anna)* Anna ! Anna !

ANNA.– *(la prend dans ses bras)* Marguerite, ma chérie !

MARGUERITE.– *(elle lui tend un paquet)* Voici toutes sortes de choses de la part de ta mère. Elle voudrait que tu viennes à la maison tout de suite et t'avoir à nouveau près d'elle, et que tu veilles bien à ce que personne ne s'assoit là-dessus.

ANNA.– *(l'examinant)* Tu es vraiment devenue une jeune fille.

MARGUERITE.– Et toi, Anna, tu fondes ici une association contre le mariage ?! — Sais-tu bien ce que tu fais ?!

ANNA.– Mais Marguerite !

MARGUERITE.– Attends un peu, je vais tout de suite dire ça à M. Meier !

ANNA.– Je t'en conjure… !

MARGUERITE.– Monsieur Meier !

*Meier : un jeune homme au visage imberbe, à la chevelure abondante, en tenue de chasse traditionnelle durant toute la pièce qui pendant toute la scène s'était tenu appuyé contre le banc le plus à l'avant-scène, plongé dans ses pensées. Il adresse à Marguerite un regard sombre et interrogateur.*

LES FILLES.– *(encerclant Marguerite)* Mais Marguerite, qu'est-ce qu'il te prend ?

MARGUERITE.– Si, si ! Je vais dire ça à monsieur Meier, il faut qu'il sache ! — Pensez donc, M. Meier, celles-là font toutes le serment de ne pas se marier ! Moi aussi, elles veulent m'entraîner là-dedans ! Qu'est-ce que vous en dites ?

MEIER.– Je ne l'espère pas, mesdemoiselles ! — Excusez-moi de prendre la parole. Le poète, mesdemoiselles, n'a pas le pouvoir de se taire, et quand bien même je ne me considère pas comme l'un d'eux, mes amis me considèrent d'autant plus comme tel, ce qui parfois ne signifie pas moins que cette voix intérieure, qui nous le dit avec une force de persuasion inébranlable…

GERTRUD.– Avez-vous déjà fait imprimer vos poèmes ?

MARGUERITE.– Chut !!

MEIER.– J'ai eu cette faiblesse, mademoiselle. — Mais restons-en au poète. Incompris de ses meilleurs amis, méprisé et condamné par sa famille, ignoré par son temps, il va, tel un étranger parmi les étrangers, dans la solitude — vous excuserez mon attendrissement, mesdemoiselles. Mais voilà ce que je voulais dire : si la femme, dis-je, à un métier à exercer, alors c'est le métier d'aider l'homme à se tenir debout face à sa sainte souffrance — sans quoi, jusqu'à un certain point, elle serait bien inutile !

ALMA.– Si elle devient professeur de piano…

MEIER.– Là, elle est une calamité !

ALMA.– Mon Dieu — elle peut aussi se former pour devenir écrivain.

MEIER.– Tous les exemples prouvent le contraire ! — À y regarder de près, elle n'est même pas bonne à être un public.
*Alma va chercher un tabouret et s'assied à la tête du banc contre lequel est appuyé Meier, de telle sorte qu'elle est assise derrière lui et en biais.*
Laissez-moi terminer. — Je vous en prie, ne m'interrompez pas. — D'une manière ou d'une autre, mesdemoiselles, et plus encore en tant qu'écrivain qu'en tant que professeur de piano, au lieu de prodiguer à un élu la félicité la plus haute, vous allez entraver d'innombrables innocents dans la jouissance de leur bonheur terrestre. La nature compatissante, mesdemoiselles, vous a destinées à l'homme en dédommagement de sa lutte désespérée avec le temps et les éléments. C'est là la justification de votre existence. Sachez vous montrer dignes,

mesdemoiselles, de la profusion de grâce dont la nature bienveillante vous a pourvues pour vous acquitter de votre charge. Personne ne vous en demande plus ; tout ce qu'on dit de plus vient du Malin[11]. Nous sommes les combattants nés, notre terre de conquête est la création, notre salaire nous vient de l'autre monde. Vous, mesdemoiselles, êtes l'oasis de notre traversée du désert, à l'ombre de laquelle jaillissent des sources d'une clarté cristalline pour notre rafraîchissement.

ALMA.– *(sort son album de dessous son tablier et le tend à Meier)* Pourriez-vous m'écrire ce vers dans mon album de poésie ?

MEIER.– Donnez. *(écrivant)* Vous, mesdemoiselles, êtes l'oasis de notre traversée du désert — je rougis — à l'ombre de laquelle jaillissent des sources d'une clarté...

ALMA.– Je vais coller une lyre dorée à côté.

GERTRUD, ELSE, HEDWIG.– *(chacune avec son album)* Moi aussi, monsieur Meier, s'il vous plaît, moi aussi, moi aussi !

RICARDA.– *(à l'avant-scène gauche, à Anna et Erna)* Cette schopenhauerienne !

ERNA.– Toutes les trois, nous resterons d'autant plus fidèles à notre devise et à notre serment !

RICARDA.– *(à Anna)* À ta place, je ne me laisserais pas priver du plaisir de voyager avec ton cousin à cause de ces bécasses.

ERNA.– Non, Anna chérie, il ne le faut pas !

RICARDA.– Si seulement tu nous promets que ton cœur restera éternellement et sans partage fidèle à notre cause.

ANNA.– Je vous le promets !

LENI.– *(les rejoignant)* Eh bien. — Je serais curieuse de voir les annonces de vos fiançailles.

MARGUERITE.– *(à Meier, qui écrit encore)* Mon frère, monsieur Meier, mon Dieu...

MEIER.– *(rendant son album à Gertrud)* Prenez, je vous en prie, prenez ! *(déclinant ses remerciements)* Oh, je vous en prie, mademoiselle.

MARGUERITE.– *(passant son bras sous celui d'Else)* Mon frère risquerait de le gronder, parce qu'une fois de plus il s'est enflammé.

ALMA.– *(embrassant son album)* Pauvre poète !

## Scène 12

*La directrice Pansegrau, le professeur Ilsebein, Karl, les précédents.*

LA DIRECTRICE.– *(tendant la main à Marguerite)* Eh bien, mon cher enfant, vous ne vous plairez pas mal ici, je le sais. — Et Mlle Anna ? Où est-elle ? *(à Anna)* Vous avez donc vraiment l'intention de nous quitter ?*

ANNA.– Mais, si madame le permet. Ça me sera un grand plaisir, d'accompagner mon cher cousin.*

KARL.– Voilà qui est bien, ma chère petite Hypatie. Comme ça, je te reconnais. *(à la directrice)* C'est qu'autrefois, je lui ai donné ses premières bases de latin.

ILSEBEIN.– *(qui fouinait partout, à Erna, qui glisse le procès-verbal sous le banc)* Erna, Erna — que cachez-vous là ?!

ERNA.– Ce n'est rien.

ILSEBEIN.– Oh, je vous connais, Erna ! Quand vous dites que ce n'est rien, c'est quelque chose et quand vous dites que c'est quelque chose, ce n'est rien.

LA DIRECTRICE.– *(à Erna)* Voyons, ma chère, dites moi, qu'est-ce que vous avez à cacher là ?*

ERNA.– Mais ce n'est rien, madame !*

LA DIRECTRICE.– Faites donc voir !*

ERNA.– *(avec le procès-verbal)* Maintenant ! Un tremblement de terre ! —

LA DIRECTRICE.– *(elle recule en vacillant)* Horreur ! — *(faisant signe à Ilsebein)* Monsieur… !*

ILSEBEIN.– *(prenant réception du livre)* D'une épaisseur jamais atteinte ! — Où avez-vous déniché ce bouquin !

ERNA.– Dans le débarras.

LA DIRECTRICE.– Mademoiselle Erna ! Qu'est-ce que vous aviez à faire avec ce bouquin ?!*

ERNA.– Je — j'en ai lu des passages aux autres.

LA DIRECTRICE.– *(à Ilsebein)* Lisez !*

ILSEBEIN.– Tout haut ?

LA DIRECTRICE.– Soit donc !*

ILSEBEIN.– *(lit)* « Une livre de fromage blanc trente-six kreutzers[12]. — Un quart de livre de fromage blanc… »

LA DIRECTRICE.– Non, non, fermez ça, je vous en prie. C'est trop stupide. Cherchez une autre page.*

ILSEBEIN.– *(comprime fortement le livre et le laisse s'ouvrir tout seul dans sa main grande ouverte)* « Deux livres et demi de fromage blanc, une guinée… »

KARL.– Le fromage est une valeur en hausse.

LA DIRECTRICE.– *(à Erna)* Ramenez ce livre où vous l'avez pris ! —

*Le rideau tombe.*

---

* n.d.t. : les répliques suivies d'un astérisque sont en français dans le texte.

# PERSONNAGES DE LA PIÈCE

THEODOR HOLBERG, *substitut de justice*

MARGUERITE, *sa femme*

KARL RAPPART, *frère de Marguerite*

EMIL MEIER, *fabricant de savon*

FRANZ LUDWIG MEIER, *son frère*

ALMA WALLBRECHT, *fiancée de Franz Ludwig Meier*

OSKAR VON KLENKE, *docteur en médecine*

ANNA LAUNHART, *étudiante en médecine*

RICARDA RUSS

ERNA BRÜCHMANN

MARIE
ROSA } *femmes de chambre*

# ACTE I

*Chambre meublée confortablement. Sur le mur du fond, à gauche*, la porte d'entrée ; à droite, une porte donnant sur le jardin. À droite, au milieu, une porte latérale ; à gauche, une cheminée avec une glace. À gauche, devant, un divan ; derrière, une petite table ; à droite, des fauteuils.*

## Scène 1

*Marguerite, introduisant Alma par la porte d'entrée.*

ALMA.– Ah non, Marguerite, l'époque que nous vivons !

MARGUERITE.– Pas si fort.

ALMA.– Excuse-moi, ma chérie. Mais tu lui as bien écrit ?

MARGUERITE.– Qu'à deux heures piles, chez moi, il pourrait parler à sa chère Alma.

ALMA.– Pauvre de moi !

MARGUERITE.– Ses blessures ne seront quand même pas si graves.

ALMA.– Quand je l'ai entendu s'étaler par terre — je me suis trouvée mal.

MARGUERITE.– Et certainement, tu n'as pas fermé l'œil de la nuit. Fais comme chez toi, ma bonne — *(toutes les deux s'assoient en hochant la tête)* Quand même, c'est incompréhensible !

---

* La droite et la gauche sont toujours pensées depuis le public. (Note de Wedekind).

ALMA.– Pourtant je l'avais prévenu avant. Il m'avait si souvent parlé de ses projets et demandé si l'on pouvait y intéresser papa.

MARGUERITE.– Et il ne connaît même pas ton papa.

ALMA.– Il ne l'a jamais vu. Il disait que l'impression en serait d'autant plus grandiose. — Tout d'un coup, j'entends sa voix dans la pièce à côté.

MARGUERITE.– Alors que ton Papa se fiche éperdument des revues littéraires.

ALMA.– Il a de l'asthme, dès qu'il entend une rime. — Voilà que j'entends Meier commencer avec la vague grondante qui déferle du lointain.

MARGUERITE.– Ne recommence pas à t'énerver. Il n'est pas encore dit qu'il soit sérieusement touché.

ALMA.– Il y avait une bicyclette en bas dans le couloir. Il paraît qu'une des roues est endommagée.

MARGUERITE.– Mais, grand Dieu, que va-t-il se passer si un jour il vient demander ta main ?

ALMA.– *(en larmes)* Marguerite ! Marguerite !

MARGUERITE.– Pas si fort, ma fille !

ALMA.– *(séchant ses larmes)* Je ne pense jamais qu'à moi. — il doit être en train de dormir ?

MARGUERITE.– Il fait sa petite sieste.

ALMA.– Comme tu es heureuse !

MARGUERITE.– Je me sens bien — surtout depuis que Theodor m'a donné ordre de ne jamais réfléchir à rien.

ALMA.– Tu n'as pas lu *Maison de poupée*[13] ?

MARGUERITE.– Nous ne lisons pas du tout. Il dit que je dois surtout bien aller me baigner et bien nager. Si une lubie me passe par la tête, je n'ai qu'à lui dire.

ALMA.– Et alors ?

MARGUERITE.– Fwit !

*Elle siffle en s'accompagnant d'un geste.*

ALMA.– Pour l'instant.

MARGUERITE.– Tu crois ? — Il dit que c'est la seule méthode pour me maintenir longtemps jeune et mince.

ALMA.– Et le jour où Theodor en rencontre une plus jeune…

MARGUERITE.– Prophétesse de malheur, là, je lui ai déjà dit, ce que je ferais.

ALMA.– Tu quitterais la maison ?

MARGUERITE.– Il m'aurait presque étouffée sous les baisers.

ALMA.– Tu te forgerais une situation par toi-même ?

MARGUERITE.– Lui, et moi, et *(désignant la porte à droite)* — tout faire sauter.
*Alma pousse un cri.*
*(sursautant)* Ne t'avais-je pas demandé ! —

*Elle va à la porte à droite.*

ALMA.– Je n'ai pas pu me retenir.

MARGUERITE.– *(tendant l'oreille)* Il a un bon sommeil.

ALMA.– Tu l'entends ?

MARGUERITE.– Ronfler.

ALMA.– *(s'approche)* Il ronfle déjà ?

MARGUERITE.– Il tient ça de son papa.

ALMA.– Si tu savais comme je t'envie, Marguerite !

MARGUERITE.– Prends donc patience, ma fille.

ALMA.– Meier dit qu'il devient fou dès qu'il entend des cris d'enfants.

MARGUERITE.– Le monstre !

ALMA.– Je ne pourrais pas le voir ?

MARGUERITE.– *(ouvrant la porte)* Si tu est capable de te tenir tranquille.
*Alma regarde dans la chambre et referme la porte.*
Entre donc.

ALMA.– Passe devant.

MARGUERITE.– Ce garnement a encore défait ses draps avec les pieds ?

ALMA.– Non, s'il te plaît, laisse-moi le remettre bien.

*Elle entre dans la chambre.*

MARGUERITE.– Ne l'embrasse pas ! —

## Scène 2

*Ludwig Meier, les précédentes.*

MEIER.– *(venant de la gauche)* Chère madame…

MARGUERITE.– Monsieur Meier. Un instant. *(vers la droite)* Meier est là. *(vers la gauche)* Prenez place, monsieur Meier.

MEIER.– Ma fiancée n'est pas encore là ?

MARGUERITE.– Soyez donc un peu patient.

ALMA.– *(de la droite)* Mon Ludwig.

MEIER.– *(la prenant dans ses bras)* Alma, Alma ! *(Marguerite ferme la porte)* Laisse-moi me guérir *(il l'embrasse)* — me guérir de ce sentiment de nausée qui me noue la gorge depuis vingt-quatre heures ! — *(il l'embrasse)* Je suis à nouveau moi-même. Il est impossible que cet homme *(il l'embrasse)* soit ton père.

MARGUERITE.– Monsieur Meier !

MEIER.– Je veux dire spirituellement parlant. *(à Alma)* Ta mère devait avoir la douceur de sainte Geneviève.

ALMA.– Comme j'ai tremblé pour toi !

MEIER.– Parce que je ne sais pas faire des courbettes ! — Et ce paillasson qui dérape sous mon pied au moment de partir ! — Hm, il faut s'y prendre autrement. *(à Marguerite)* Et Karl, en vadrouille bien sûr ?

MARGUERITE.– Anna et Karl ont entrepris une excursion scientifique.

MEIER.– Hm — scientifique !

MARGUERITE.– Si, hélas !

MEIER.– Si votre frère vous entendait, il se sentirait blessé dans son honneur d'hédoniste.

MARGUERITE.– Si ma cousine vous entendait, elle se sentirait blessée dans son honneur d'intellectuelle.

MEIER.– *(prenant place dans le divan et croisant les jambes)* Cela valait bien la peine qu'une jeune fille étudie la médecine !

ALMA.– *(s'asseyant à côté de lui)* Et qu'elle veuille partir pour les Indes, pour attaquer le choléra à la racine.

MARGUERITE.– Consolez-vous avec moi !

MEIER.– Bien sûr, on doit se moquer aussi de vous ?

MARGUERITE.– En latin ! on me le fait sentir à chaque instant, que je n'ai pas fait mes humanités.

MEIER.– Ah, d'où la grande amitié entre Mlle Anna et votre frère Karl.

MARGUERITE.– Bien entendu ! Quand il n'ont plus de cobaye à disséquer, ils livrent au scalpel leur entourage. Ces adorateurs de la raison ne savent pas ce que c'est que de vivre en paix les uns auprès des autres.

MEIER.– Karl a encore ses instants de lucidité. Je ne désespère pas encore complètement de votre frère Karl. — — Et si seulement je parviens encore à déterminer Karl à soutenir mon entreprise, alors mon frère Emil pourrait bien abandonner ses scrupules de philistin. Trembloter comme ça pour le moindre denier — tout simplement horripilant !

MARGUERITE.– Que fait monsieur votre frère ?

MEIER.– Il est dans le savon de toilette.

MARGUERITE.– Ça, nous le savons. Le meilleur du monde.

MEIER.– Il s'est fiancé.

ALMA.– Ça alors ! Emil s'est fiancé ?

MARGUERITE.– *(ensemble)* Ça alors !

MEIER.– Il a une fabrique de savons, cet opportuniste ! Si tout le monde raisonnait comme ça — lui-même m'a déjà proposé six mille marks par an si je lui compose des vers sur sa marchandise. Dans ces conditions, on n'a même plus besoin de créer une revue littéraire pour asseoir les fondations de son foyer.

*Alma soupire.*

MEIER.– Et pourtant, malgré les revenus insuffisants, malgré le veto paternel — Alma, Alma, n'est-ce pas comme si nous étions déjà mariés depuis longtemps ?

MARGUERITE.– Vous voulez dire spirituellement parlant ?

MEIER.– *(tenant Alma serrée dans ses bras)* Quelle tristesse qu'il faille encore qu'on vous le rappelle avec insistance ! Notre union, chère madame, repose sur l'accord parfait de nos âmes. Ceci est le fondement. Ceci est l'essentiel. — N'ai-je pas raison, Alma ?

ALMA.– — À qui Emil s'est-il fiancé ?

MEIER.– À Mlle Brüchmann.

ALMA et MARGUERITE.– *(se levant ensemble)* À Erna ?? —

MEIER.– *(à Marguerite)* Voilà une chose que votre philosophie de simple mortel n'aurait pas rêvée[14] !

ALMA et MARGUERITE.– À Erna Brüchmann ??

MEIER.– Il est probable que l'on vienne se présenter à vous dès le courant de la matinée.

ALMA.– Il se passe de ces choses ! C'est absolument incroyable !

MEIER.– Franchement, je suis moi aussi tombé des nues.

MARGUERITE.– *(faisant des allées et venues)* Cette Erna !

MEIER.– On n'a pas voulu me mettre dans la confidence, parce qu'on dit avoir redouté que je n'en fasse une nouvelle naturaliste avant même le mariage[15].

ALMA.– Quand Anna Launhart va entendre ça ! — Erna va recevoir un joli savon !

MARGUERITE.– Et Rica ! Maintenant, Rica va devoir capituler à son tour.

ALMA.– Rica, elle est totalement imprenable !

MEIER.– Cette fille ne mérite pas du tout d'être prise.

ALMA.– En tout cas pas par un chevalier servant comme le docteur von Klenke.

MEIER.– Un idéaliste à cent pour cent, des pieds à la tête !

ALMA.– Il m'a soigné pendant ma chlorose.

MEIER.– Il commence déjà à délaisser son cabinet.

ALMA.– *(à Marguerite)* Tu as observé ses yeux l'autre jour ?

MARGUERITE.– Fantomatiques !

LA VOIX DE RICARDA.– *(dans le couloir)* Peut-on voir madame ?

ALMA et MARGUERITE.– Rica ! La voilà !

*Marguerite va à sa rencontre.*

## Scène 3

*Ricarda, les précédents. Plus tard, Marie.*

RICARDA.– *(venant à l'avant-scène droit avec Marguerite)* Je reste chez toi aujourd'hui, Marguerite.

MEIER.– *(encore sur le divan)* Bien entendu, à nouveau en pleine extase !

MARGUERITE.– Il a dû se passer quelque chose chez vous…

RICARDA.– Hier il m'écrit que ça ne peut plus durer comme ça, et qu'il veut savoir si je le recevrai aujourd'hui. Pour la dixième fois, je lui écris quelle est ma décision, et le conjure de ne pas venir…

MARGUERITE.– Bien sûr, il n'en vient que d'autant plus…

RICARDA.– Il marque un temps d'arrêt devant la porte du jardin, — il observe l'interdiction faite à la mendicité…

ALMA.– Évidemment, tu es sortie.

RICARDA.– Il aurait perquisitionné.

MARGUERITE.– Tu crois ?

RICARDA.– C'est pourquoi je me cache derrière la porte d'entrée. L'instant d'après il passe en trombe devant moi. — — J'ai fait un détour par le parc, pour — pour commencer par me calmer un petit peu.

*Elle marche de long en large.*

MARGUERITE.– Une manière douteuse de faire la cour.

RICARDA.– Une impudence contre laquelle je vais faire appel à la police !

MARGUERITE.– Il t'aime !

RICARDA.– Est-ce que c'est de ma faute ?

MARGUERITE.– Il t'aime à un point, ma fille !

RICARDA.– Donc, il en ressort pour moi l'obligation de l'épouser ?

MEIER.– Il en ressort pour vous le devoir sacré qu'a l'être humain…

RICARDA.– Mêlez-vous de vos affaires avec vos phrases !

MEIER.– Des phrases, mademoiselle ? — Pendant que nous sommes ici, assis confortablement, le brave garçon peut commettre un acte irréfléchi. Un jeune Esculape n'a pas besoin d'en chercher trop longtemps les moyens !

RICARDA.– Si vous craignez cela, alors courez vite et amenez donc votre ami dans un asile privé !

MEIER.– Mais j'espère que du moins sa fierté masculine l'en préservera.

RICARDA.– Ainsi que son égoïsme sans borne, qui ne respecte rien d'autre que son illustre Moi ! Ainsi que sa vanité et sa frivolité ! Un cerveau brûlé, qui affecte le délire avec le plus grand sang-froid ! Des accents du cœur étudiés chez ses malades atteints de mélancolie ! Si au moins son outrecuidance était sincère ! — — Stratégies, pantalonnades ! Un Asra[16] qui se maquille les yeux ! Vraiment, merci ! Me vautrer dans la boue devant lui, pour qu'il fasse ses grimaces derrière son masque…

MEIER.– *(se lève, agité)* Attendez un peu que j'écrive mon drame moderne sur les mœurs d'aujourd'hui ! Vous me servirez de modèle !

ALMA.– *(conciliante)* Enfin Ludwig !

RICARDA.– Ces hommes souffrent tous autant qu'ils sont de mégalomanie !

MEIER.– Le revolver à six coups dans la main droite, un gallon de vitriol dans la gauche…

ALMA.– Je t'en prie, Ludwig…

RICARDA.– Je vais finir par ramener cette tête brûlée à la raison !

MEIER.– Vous allez la lui faire perdre, à ce malheureux...
*Venant de la droite, on entend les pleurs d'un nourrisson, il se bouche les oreilles.*
Bonté du ciel !

MARGUERITE.– *(elle court vers la porte)* Voilà à quoi vous êtes arrivés !

MEIER.– Maintenant, ça n'est plus tenable pour un homme moderne, ici !

MARIE.– *(à travers la porte d'entrée)* Monsieur le docteur von Klenke.

MEIER.– Il ne manquait plus que lui !

ALMA.– Quel invraisemblable toupet !

MARGUERITE.– Personne à la maison. *(Ouvrant la porte de droite à Ricarda)* Entre ici, Rica, je vais l'expédier plus loin.

RICARDA.– *(à Marie)* Faites entrer.

ALMA et MARGUERITE.– *(avec un brusque mouvement de recul)* Rica !

RICARDA.– Je ne le crains pas. Je saurai bien le recevoir moi-même.

*Marie sort.*

MEIER.– *(à Alma)* Viens, mon enfant. Voilà qui nous promet une pastorale idyllique !

*Tous deux sortent vers le jardin ; Marguerite sort à droite.*

## Scène 4

*Docteur Oskar von Klenke, Ricarda.*

OSKAR.– *(entrant au fond et à gauche)* Mademoiselle...

RICARDA.– Docteur...

OSKAR.– Vous vous déclarez convaincue — *(il l'invite à prendre place et s'assied en face d'elle)*, dans votre lettre fort appréciée, que l'entretien que je vous demande depuis quatorze mois serait sans succès...

RICARDA.– Bien sûr, vous ne partagez pas ma conviction.

OSKAR.– Parce que je suis convaincu que vous-même, en premier lieu, ne partagez pas votre conviction.

RICARDA.– Vous m'accusez de trahir sciemment la vérité.

OSKAR.– Vous vous accusez, chère demoiselle !

RICARDA.– Mais bien sûr ! Comment ai-je seulement pu en douter !

OSKAR.– En redoutant cet entretien comme votre damnation.

RICARDA.– Et c'est sur cette opinion que vous fondez...

OSKAR.– Juste le devoir de vous éclairer sur votre erreur.

RICARDA.– Le droit de poursuivre une jeune fille convenable jusque dans son appartement !

OSKAR.– En tout cas, vous n'en attendez pas moins de ma part et vous quittez la place juste à temps.

RICARDA.– Vous continuez votre persécution.

OSKAR.– Si j'avais su où aller. Après avoir pris congé de monsieur votre père, je viens ici pour parler avec mon ami Karl Rappart. Votre résistance contre nature a atteint entre-temps son point culminant. La crise est surmontée. Vous êtes sur la voie de l'amélioration. J'arrive à peine quand on me fait savoir que mademoiselle demande que l'on fasse entrer.

RICARDA.– — J'espère du moins que la conversation de mon père vous fut agréable.

OSKAR.– J'ai demandé votre main à monsieur votre père.

*Ricarda se lève, marche de long en large.*

OSKAR.– Cet homme vénérable m'a demandé en quoi il pouvait m'être utile...

RICARDA.– Et que vous a répondu mon père ?

OSKAR.– Pour être tout à fait franc, il s'est réjoui du choix qu'avait arrêté sa fille.

RICARDA.– Et vous lui avez laissé sa joie ?

OSKAR.– Je laisse à chacun sa joie. Je me suis réjoui avec lui. Je l'ai fait dans la certitude absolue que vous n'aurez pas le cœur de nous dérober notre joie.

RICARDA.– Je dois hélas le faire.

OSKAR.– Vous ne le ferez pas. Vous n'avez aucunement le droit de jouer de façon aussi criminelle avec le bonheur de vos semblables.

RICARDA.– Choisissez vos expressions, s'il vous plaît ! Suite à vos premières avances, je vous ai expliqué qu'il était contraire à ma conscience…

OSKAR.– Vous pourriez peut-être enfin m'honorer d'un prétexte plus sérieux que ce romantisme tragi-comique du temps de votre pensionnat !

RICARDA.– Notre but ne me semble nullement moins digne d'être poursuivi aujourd'hui qu'il ne l'était au pensionnat. Tout ce dont Anna Launhart était alors habitée se révèle pleinement à ma conscience à présent, face à vous.

OSKAR.– Est-il permis de demander ce que vous avez fait pour atteindre vos objectifs ?

RICARDA.– Rien. Justement ! Nous avons envoyé des circulaires. Nous avons épluché des livres d'économie politique dans lesquels il nous fallait rechercher le sens de la moitié des mots. Que faire d'autre ? Pendant ce temps-là, Anna étudiait à Vienne, à Zurich, à Paris, d'où elle se contentait de nous exhorter sans cesse à persévérer.

OSKAR.– Et vous fondiez ici l'association pour l'élévation de la morale dans les classes sociales inférieures. Vous avez toute ma considération. Fondez ce que vous voulez. Mais vous ne devez pas croire que vous allez apaiser votre soif d'activité par les associations. Vous la dernière. Vous êtes accrochée à la vie. Vous recherchez une satisfaction personnelle, et vous ne la trouverez pas avant d'avoir appris à oublier une bonne fois votre petit Moi exigeant. — Personne ne s'est encore hasardé impunément à vouloir corriger les lois éternelles de la nature. Fasse le ciel que vous soyez préservée de Sa terrible vengeance !

RICARDA.– *(assise à gauche)* Je m'étonne de voir tout ce que l'on peut employer comme moyens pour parvenir à ses fins. — — — Et si, à l'occasion, la proie de l'une de ces lois éternelles, mourante et aux abois, venait à se jeter à vos pieds, vous vous draperiez probablement dans votre dignité morale ?

OSKAR.– *(à l'avant-scène droit, détourné d'elle)* Vous vous égarez là sur un terrain impraticable.

RICARDA.– Le terrain vous était jusqu'ici suffisamment praticable pour m'y épater. Je n'aurais pas cru vous voir si vite aux bornes de votre esprit.

OSKAR.– *(s'assied à gauche)* Vous avez beau dire, mademoiselle. Quand vous parlez de « se jeter aux pieds », c'est un sujet qui vous touche actuellement de près. Vous espérez ainsi apporter la preuve que vous n'êtes plus une écolière. — Reprenons donc notre esprit, là où ma pesanteur de philistin l'a arrêté. Vous avez tout à fait raison. Il faut savoir lire un livre sérieux même avec des enfants. Peut-être les sentiments qu'éveille le livre chez un adulte ne m'ont-ils pas permis à l'instant d'employer le bon registre.

RICARDA.– Si j'étais vraiment celle pour qui vous me prenez dans votre naïve supériorité, je devrais me sentir mortellement *offensée* par vos qualificatifs.

OSKAR.– Pensez-vous pouvoir masquer ainsi que vous l'êtes ?

RICARDA.– Je le suis, docteur. Je le suis. Vous m'appelez une enfant, et vous blessez ma fierté plus douloureusement que si vous me traitiez de courtisane.

OSKAR.– Je vous assure que, malgré vos assurances les plus sacrées, je n'ai pas de doute là-dessus — à côté de quoi je suis rempli d'une admiration frôlant l'épouvante quant à vos dons d'actrice. — Ne froncez pas les sourcils, Ricarda. Seule la mort est gratuite. Sans sacrifice, vous n'atteindrez pas non plus le misérable bonheur qui, aujourd'hui encore, vous paraît un idéal. Votre appétit déborde les frontières de la création et ce que vous cherchez disparaît devant vous dans un lointain nébuleux. *(il l'assied d'autorité sur le divan)* Il n'est pas très avisé de ma part d'essayer encore de vous *convaincre*, alors que vos propres sentiments m'imposent ce droit de *régner*.

RICARDA.– *(à moitié pour elle-même)* Si vraiment je suis en votre pouvoir, à quoi bon encore tant de mots ? Si je n'ai plus de volonté propre, pourquoi m'accordez-vous encore l'honneur d'un entretien ?

OSKAR.– *(s'assied à côté d'elle, la prenant par la main)* C'est ainsi que l'adieu aux songes fiévreux de la nuit finissante déchire les cœurs ! Du calme, du calme. Ce combat suicidaire vous a déjà suffisamment sollicitée. D'où votre fragilité neurasthénique. Vous voyez des chaînes, là où il s'agit de votre propre libération, de votre délivrance du dédale tropical dans lequel chacun d'entre nous a déjà été égaré par son imagination — là où il s'agit de l'épanouissement sans entrave de votre nature profonde. Imaginez-vous cette gaieté, cette paix, telles qu'elles colorent les souvenirs de votre plus tendre enfance... Imaginez-vous l'éclat doux et chaud du soleil couchant sur un paysage d'été. Vous êtes étendue sur une pente verte, loin au-dessus de la ville. Vous respirez profondément, pour accueillir en vous la paix qui emplit la nature. Elle vous submerge comme une douce tristesse et vous vous dites : si tu pouvais te liquéfier, te dissoudre avec tout le tourment de tes sensations, avec ton ambition, ta vanité mesquine, ta fierté, ton amour-propre, avec tout ton Moi, dans cette paix silencieuse, jusqu'à ce que toute trace de toi-même soit effacée — *(il lâche sa main, regarde par terre)*. Peut-être pourrais-je encore influer d'une manière différente sur votre combat intérieur ? — Peut-être à l'aide d'une sucrerie ? — Vous devez être friande de pralines ?
*Il sort un sachet de pralines de sa poche et le propose, ouvert, à Ricarda. Ricarda prend un bonbon, fait croquer Oskar et mange l'autre moitié. Ils se regardent. — Tous deux sourient.*
*(se lève)* Permettez-moi à présent d'échanger deux mots avec Karl Rappart.

RICARDA.– *(le regard baissé)* Restez.

OSKAR.– J'aimerais m'assurer contre le fait de devoir mon bonheur à un manque de réflexion. Essayez de mettre de l'ordre dans vos sentiments. Peut-être me permettrez-vous ensuite de vous raccompagner à la maison.

*Il sort au fond à gauche.*

## Scène 5

*Ricarda.*

*À gauche sur le divan, elle prend un bonbon du sachet qu'Oskar a laissé ouvert à côté d'elle, se lève, marche de long en large, prend son chapeau et son ombrelle.*

## Scène 6

*Anna, Ricarda.*

RICARDA.– *(pose son chapeau et son ombrelle)* Il aurait au moins pu m'épargner ça.

*Anna vient du fond à gauche, elle est habillée avec une simplicité recherchée, elle porte une boîte de botaniste.*

ANNA.– Bonjour, Rica.

RICARDA.– Tu as dû le croiser.

ANNA.– *(se débarrassant de la boite de botaniste)* Il s'allumait une cigarette.

RICARDA.– Il n'a qu'à la fumer tranquillement jusqu'au bout. Il était temps que tu arrives.

ANNA.– *(prend le sachet sur le divan et se sert copieusement pendant qu'elle parle)* Vois-tu, Rica, c'est la raison pour laquelle je pars en Inde. Et si sérieusement tu veux mettre un terme à ta situation en porte-à-faux, ne réfléchis pas plus longtemps et viens avec moi. Il règne ici une atmosphère tellement lourde, de toute la journée on n'entend parler que de fiançailles, de mariage et de baptême... En Inde, quarante mille femmes nous attendent, à qui il n'est pas permis de se faire soigner par des médecins masculins. Je t'emmène comme assistante. — Les affaires de notre association sont en de bonnes mains avec Erna. — Tu n'as pas d'occupation sérieuse, ici, tout au plus les soucis d'une ménagère ou d'une infirmière auprès de ton père. — Qui ne finirait par se fiancer, dans ces conditions !

## Scène 7

*Karl et Oskar à travers la porte d'entrée. Les précédentes.*

OSKAR.– Nom d'un chien ! *(à Karl)* Voyez-vous, je n'avais pas compté sur *celle-là*.

KARL.– *(prend place à la petite table derrière le divan, et hume les plantes dans la boîte de botaniste)* N'hésitez surtout pas à remettre un peu les idées en place à ces dames. Pour ce qui est de moi, on hausse tout juste les épaules si par hasard je dis quelque chose.

*Il attise de son mieux la vive discussion qui éclate en soufflant des deux côtés.*

OSKAR.– *(à Anna)* Je saurais à l'avenir prendre les mesures qui conviennent pour éviter que des indésirables ne se mêlent de mes affaires privées.

KARL.– Parfaitement ! Excellent !

ANNA.– *(à Oskar)* Vous ne m'hypnotiserez pas si facilement.

KARL.– Elle est absolument inhypnotisable. J'ai déjà essayé une centaine de fois.

OSKAR.– Si vous, vous ne vous sentez pas de vocation d'épouse et de mère, c'est votre affaire…

KARL.– Je lui ai déjà dit ça une centaine de fois.

ANNA.– *(à Oskar)* Mais si vous vous sentez une vocation de patriarche…

OSKAR.– C'est mon affaire !

ANNA.– Et si l'on vous méconnaît en cela de façon si criante…

OSKAR.– C'est mon affaire !

KARL.– Portez votre croix avec dignité, docteur !

OSKAR.– *(à Anna)* Je vais obtenir la reconnaissance qui me revient, ne serait-ce que parce qu'au fond, il ne s'agit que de démontrer l'absurdité de vos théories contre-nature.

KARL.– Voilà qui vous donne déjà de quoi faire pendant une bonne dizaine d'années.

ANNA.– *(à Oskar)* Puis-je vous proposer une praline pour vous calmer ?

OSKAR.– Je vous remercie. Je n'ai pas la moindre envie de me calmer.

ANNA.– En tant que médecin, vous devriez savoir que mes théories sont le résultat de la conjoncture qui est la nôtre !

OSKAR.– En tant que médecin, vous devriez savoir que c'est montrer du mépris pour tout sentiment humain, et être barbare que de dégrader la femme au rang de travailleuse.

KARL.– Parfaitement ! La femme est un produit de luxe.

RICARDA.– Taisez-vous donc !

ANNA.– *(à Oskar)* Surtout quand la femme est mariée, quand la femme contribue à nourrir sa famille, alors la femme est un produit de luxe. Quand, en dépit de tout cela, elle est aussi dépourvue de droits que l'enfant qu'elle porte dans les bras !

OSKAR.– Il est déjà assez triste que le monde soit plein de misère. Est-ce une raison pour le réduire définitivement au chaos et pour en chasser honteusement le dernier reste de dignité humaine, de distinction et d'idéalisme ?

ANNA.– Qui a fait les lois, docteur ? — Tout esclave nègre fugitif peut rivaliser avec vous pour la possession des biens de cette terre, où et quand il veut. Votre propre sœur ne le peut pas.

OSKAR.– Ma sœur possède en échange un droit inaliénable à ma protection chevaleresque.

KARL.– Du moins dans le tramway !

ANNA.– Pour ce qui est du reste, et pour plus de sécurité, nous nous en tiendrons au code civil.

OSKAR.– Alors, que voulez-vous de plus ?

ANNA.– Les droits de l'homme !

KARL.– *(comme on frappe à la porte)* Entrez. *(il se lève et ouvre la porte)* Dieu merci !

## Scène 8

*Emil Meier, en tenue de soirée, par la porte d'entrée. Les précédents.*

KARL.– *(lui tendant la main)* Monsieur Meier. *(fermant la porte derrière lui)* Vous apparaissez ici comme un ange de paix, monsieur Meier.

ANNA.– *(tendant la main à Meier)* Monsieur Meier — quel air solennel !

RICARDA.– *(tendant la main à Meier)* Monsieur Meier.

KARL.– *(présentant)* Monsieur Emil Meier, fabricant de savon, le frère de notre poète — le docteur von Klenke.

ANNA.– Prenez place, monsieur Meier.

EMIL.– Je suis venu… *(à Anna)* Mais il ne faudra pas vous fâcher.

ANNA.– Moi ? — Pourquoi devrais-je me fâcher ?

EMIL.– *(après s'être assis)* Je suis venu… *(à Ricarda)* Et vous non plus !

KARL.– Vous nous mettez au supplice.

EMIL.– Je viens vous présenter ma fiancée.

TOUS.– Très aimable. — Très aimable. — Toutes nos félicitations.

*Anna et Karl s'assoient.*

KARL.– *(comme Emil ne bouge pas)* Je vous en prie — faites.

RICARDA.– Peut-être n'avez-vous pas encore trouvé la bonne.

EMIL.– Si — Dieu merci.

RICARDA.– Mais, par mégarde, vous l'avez oubliée à la maison ?

EMIL.– Non, mesdames, je l'ai emmenée. Mais elle n'ose pas se montrer devant vous, et je devais vous préparer à sa venue.

## Scène 9

*Marguerite, Alma, Franz Ludwig Meier, conduisant Erna, entrent par le jardin. Les précédents.*

MEIER.– La voici !

ANNA et RICARDA.– *(s'exclament de frayeur)* Erna !

KARL et OSKAR.– *(serrant la main d'Emil)* Félicitations, monsieur Meier.

ERNA.– Me voici. Mon Emil m'a dit que notre *Eppur si muove* portait non pas tant sur le changement des temps et des mœurs, que sur les battements de mon cœur.

KARL.– *(à Emil)* Vous avez dit ça ?

EMIL.– *(se frottant les mains)* J'ai eu cette audace.

ERNA.– Que plus on essayait de le réprimer, plus le cœur battait fort, jusqu'à ce qu'enfin il explose, comme sa chaudière à vapeur il y a deux ans, quand le chauffeur avait suspendu son habit d'hiver à la soupape de sécurité.

KARL.– *(à Emil)* Vous avez dit ça ?

EMIL.– *(se frottant les mains)* J'ai eu cette audace.

MARGUERITE.– Eh bien, Rica, voici pour toi le moment crucial ! Sois toi aussi fidèle à votre fameuse devise. Prends exemple sur Erna Brüchmann et laisse-toi enfin mouvoir ! Crois-moi, c'est ce que nous les femmes avons à faire de plus raisonnable. C'est un mouvement bien plus raisonnable que le mouvement féministe !

ANNA.– Alors, le mieux serait sans doute que je prenne congé, discrètement si possible. Adieu, Ricarda !

RICARDA.– Mais, Anna, qu'est-ce qu'il te prend ! C'est maintenant que tu veux m'abandonner ? *(prenant Anna par le bras)* Je t'accompagne bien sûr, où que tu ailles !

ALMA.– *(prenant Ricarda par le bras)* Non, Rica, tu ne nous échapperas pas comme ça. *(à Oskar)* Faites-nous confiance, docteur ! Nous vous ramènerons Mlle Ricarda comme fiancée aujourd'hui même, faute de quoi vous ne nous reverrez plus dans ce monde-ci. *(prenant Erna par la main)* Erna, comment peux-tu être si tiède, au moment où il s'agit de livrer notre bataille décisive ! — Viens, Marguerite ! Tu es la seule parmi nous qui peut parler d'expérience. Ton aide nous est la plus indispensable !

MARGUERITE.– Je suis avec vous de toute mon âme ! J'arriverai bien à faire venir l'eau à la bouche à cette jeune fille.

*Les dames sortent dans le jardin.*

## Scène 10

*Meier, Karl, Oskar et Emil.*

MEIER.– *(qui a parlé à Karl avec empressement, le sachet de pralines dans la main, y piochant copieusement)* Et maintenant, les enfants, donnez-vous la main pour faire une belle œuvre de réconciliation ! Parle, Emil ! Dis à ces messieurs ce qui te tient à cœur !

EMIL.– Ce qui me tient à cœur ? Je croyais que c'était à toi que la création de la nouvelle revue tenait à cœur. *(à Karl)* Vous, monsieur Rappart, vous vous y connaissez sans doute mieux que moi en littérature moderne.

KARL.– Si un homme d'affaires avisé comme vous l'êtes, monsieur Meier, place sa confiance dans l'entreprise, nous autres n'avons plus besoin de réfléchir longuement.

MEIER.– *(tapant sur l'épaule à Oskar)* Parlez-moi de votre confiance inébranlable !

OSKAR.– *(comme s'il sortait d'un rêve)* Bien entendu ! — C'est évident ! — Naturellement !

KARL.– *(à Oskar)* Vous allez donc aussi y prendre part, docteur ?

MEIER.– Mais c'est évident ! *(à Oskar)* Puis-je éventuellement vous proposer une praline, docteur ?

OSKAR.– Je vous remercie, monsieur Meier. De quoi parlons-nous ici au juste ?

MEIER.– *(présentant le sachet de pralines à Emil)* Et maintenant, cher Emil, sans peur et sans reproche ! Parle sans détour ! Tu veux peut-être prendre une praline auparavant ?

EMIL.– Je te remercie. *(bégayant)* Pour parler ouvertement, il s'agit de — je ne sais pas si je m'exprime correctement — de la création d'une nouvelle revue littéraire...

MEIER.– *(intervenant)* D'un organe pour le développement d'une poésie virile, pour la sauvegarde de nos idéaux, pour la lutte contre un arrivisme littéraire qui gagne de plus en plus de terrain. Je prends en charge la rédaction de la revue et ces messieurs constituent ensemble une société anonyme pour la levée du capital d'entreprise nécessaire. *(à Oskar)* Combien d'actions voulez-vous souscrire, docteur ?

OSKAR.– Autant que vous voulez ! Ça m'est complètement égal.

EMIL.– Pour l'amour de Dieu, docteur, vous perdez la tête !

MEIER.– Pourquoi le docteur von Klenke ne perdrait-il pas la tête ! Puisque de toute façon il n'a rien dedans !

KARL.– Et quel titre comptes-tu donner à notre nouvelle revue pour le développement d'une poésie virile ?

MEIER.– *Le Soleil* — Cahiers mensuels de poésie naturaliste, publiés par Franz Ludwig Meier. — Notre assemblée générale se tiendra lundi soir, messieurs. Je vous invite instamment à vous y rendre au complet. *(il prend Emil par le bras et se dirige avec lui vers le jardin)* Pour te remercier de ton intervention, je vais composer, pour la fête de tes fiançailles avec mademoiselle Erna Brüchmann, un poème de fiançailles enthousiaste. Ma chère Alma va alors réciter le poème, dans une longue robe ondoyante, devant l'assemblée des invités.

*Meier et Emil sortent dans le jardin.*

## Scène 11

*Karl, Oskar.*

KARL.– Eh bien, docteur, vous aussi, nous pourrons bientôt vous féliciter. Avec des camarades d'association aussi combatives que celles que vous avez à vos côtés, l'heureuse issue ne devrait plus se faire attendre trop longtemps.

OSKAR.– *(a pris sa canne et son chapeau)* Expliquez-moi, s'il vous plaît — *(prend le sachet que Meier a laissé sur la table, voit qu'il est vide, le chiffonne et le jette)* Voilà ce qu'on y gagne ! — Expliquez-moi s'il vous plaît, pourquoi un homme ne peut pas se marier avec la fille qu'il aime de tout son cœur sans que la moitié de la terre se croie obligée de devoir s'en mêler.

KARL.– Je comprends parfaitement votre colère. Mlle Ricarda est certainement digne du meilleur homme qui soit sur cette terre. — Si je peux encore vous être d'une quelconque utilité dans cette affaire de fiançailles… ?

OSKAR.– Vous seriez effectivement la seule personne qui pourrait m'être utile dans cette situation contrariante. Vous le pourriez tout simplement en employant tous les moyens dont vous disposez pour faire la cour à votre charmante cousine Anna Launhart. Si cette fastidieuse personne n'intriguait pas sans cesse contre moi avec sa fumisterie émancipatrice, je serais marié depuis longtemps. Quand la fille finira par se rendre compte que vous l'avez menée par le bout du nez, la leçon ne pourra que lui être profitable.

KARL.– Mais si ma cousine Anna exige de moi, pour preuve de mon amour, que je parte avec elle en Inde pour combattre le choléra ?

OSKAR.– Alors vous lui promettez en toute tranquillité de partir avec elle en Inde. Un homme tel que vous n'est pas à un mensonge près quand il s'agit d'un tel divertissement.

KARL.– Vous êtes un homme noble. Et comme ce ne sont que les intentions les plus pures et les plus sincères qui vous poussent à me faire cette demande, je vous rendrai volontiers ce service.

OSKAR.– *(lui tend la main)* Vous me le promettez ?

KARL.– *(topant)* Je vous le promets.

OSKAR.– Votre parole d'honneur ?

KARL.– Si vous l'estimez à ce point — ma parole d'honneur.

OSKAR.– Que vous allez faire la cour à votre cousine Anna Launhart ?

KARL.– Que je vais faire la cour à ma cousine Anna Launhart.

OSKAR.– Et ceci d'une manière telle que votre cousine doive considérer vos sentiments comme parfaitement sincères.

KARL.– D'une manière telle que ma cousine doive considérer mes sentiments comme parfaitement sincères ?

OSKAR.– *(serrant la main de Karl)* Alors il semble que tout compte fait je ne me sois pas trompé sur votre caractère.

KARL.– *(serrant la main d'Oskar)* Comment un fin connaisseur en hommes tel que vous pourrait-il jamais se tromper sur un caractère !

OSKAR.– *(se tournant vers la porte d'entrée)* Qu'il y en ait encore un qui ose venir me dire que vous êtes un membre inutile de la société humaine !

KARL.– N'est-ce pas ?! — Espérons que vous ne lui dévoilerez pas tout de suite le genre de missions pour lesquelles je me laisse employer.

OSKAR.– Vous ne le souhaiteriez vraiment pas ?

KARL.– Je veux dire, dans votre intérêt, docteur.

OSKAR.– Ah bon. Comme vous voudrez.

*Il sort par la porte d'entrée.*

## Scène 12

*Karl, puis Ricarda.*

*Karl met son chapeau et sort par la porte qui mène au jardin. — Après quoi il revient tout de suite par la même porte, conduisant Ricarda qui, les yeux fermés, à peine capable de tenir sur ses pieds, se blottit contre lui. Il l'entraîne vers le divan. Elle se tient en arrière un instant à côté de lui, respirant violemment, puis elle pose sa tête sur son bras. Il l'embrasse à plusieurs reprises, en observant ses traits avec une attention froide et sérieuse.*

KARL.– Pauvre enfant— c'est chez moi que tu cherches refuge ?
*Ricarda passe son bras autour de son cou et l'embrasse.*
N'es-tu pas en train de te jeter à l'eau par peur de la pluie ?
*Ricarda l'embrasse avec plus de fougue.*
Il est vrai que je t'ai déjà tiré de l'eau une fois comme enfant...

*Ricarda couvre son visage de baisers enflammés.*

*LE RIDEAU TOMBE.*

# ACTE II

*Une clairière dans un parc, entourée par de hauts arbres. À l'arrière-plan, on aperçoit au lointain un bâtiment clair : une fabrique. Devant et à droite, un talus recouvert de gazon, d'à peu près deux pieds de haut, s'étend depuis la coulisse vers la scène, la coulisse étant masquée par des buissons de la hauteur d'un homme. Sur la gauche, en face, un large banc de pierre avec un dossier. Devant et à gauche, ainsi qu'à l'arrière-plan, des bancs de gazon.*

## Scène 1

*Karl, en tenue d'été claire, fumant une courte pipe, et Anna devant et à droite, aux pieds des buissons, reposant sur un plaid étendu sur l'herbe. — Emil et Erna arrivent du fond à gauche bras dessus bras dessous.*

ANNA.– Les fiancés recherchent la solitude. Viens, partons. Ils se croient ici à l'abri des oreilles indiscrètes.

KARL.– Raison de plus pour rester là.

ANNA.– Tu ne respectes absolument rien.

KARL.– Tu pourras te livrer à tes observations. En tant que naturaliste, tu devrais avoir le plus vif intérêt pour cela.

ANNA.– Silence.

ERNA.– *(à Emil)* Dieu merci, nous sommes enfin seuls. Quelle compagnie assommante ! Ô Emil, Emil, si tu savais comme je me sens heureuse aujourd'hui !

EMIL.– N'était-ce pas mieux vraiment que tu abandonnes la couronne du martyre pour porter la modeste croix de l'amour ?

ERNA.– Laisse-moi donc tranquille avec ces bêtises. Nous aurions toutes mérité que les fauves nous mangent toutes crues. D'ailleurs les autres ne vont pas tarder à revenir à la raison. Ricarda est déjà pratiquement fiancée. *(se retournant)* Regarde, là-bas, la voilà qui suit le sentier du coteau avec le docteur Klenke.

EMIL.– Ils vont vers la tonnelle d'ifs.

ERNA.– Je crois qu'ils vont vers la tonnelle d'ifs. — Il n'y a malheureusement aucun espoir pour notre Annette chérie. Il faut dire que le bon ne s'est pas encore présenté. Si Anna savait l'immense bonheur qu'il y a dans l'amour, elle n'attendrait pas un jour de plus pour se fiancer.

ANNA.– Amphibienne !

EMIL.– *(prend Erna dans ses bras et veut l'embrasser)* Ce silence de la nature ! On ne ressent vraiment son bonheur que dans la solitude.

ERNA.– *(se défendant)* Non, non. Ça sent le phénol par ici.

*Tous deux sortent par la droite.*

KARL.– N'était-ce pas intéressant à observer ?

ANNA.– Un odorat extraordinairement développé.

KARL.– La fête de fiançailles n'éveille en toi aucun autre sentiment ?

ANNA.– En toi, il semble effectivement qu'elle réveille encore autre chose. Je ne comprends pas sinon quelle mouche te pique depuis trois jours.

## Scène 2

*Le substitut Holberg, poussant un landau, et Franz Ludwig Meier venant du fond à gauche — les précédents.*

HOLBERG.– Tout ce que vous voudrez, cher monsieur Meier, tout ce que vous voudrez. Mais fichez-moi la paix avec vos revues littéraires.

MEIER.– *Le Soleil*, monsieur, ne sera pas une revue littéraire au sens banal du terme.

HOLBERG.– C'est encore pire. Je n'ai pas besoin de votre soleil. *(désignant Marguerite)* Mon soleil, le voici.

MEIER.– C'est tout à fait ce que je dis, monsieur. Si vous-même ne trouvez aucune satisfaction dans la poésie, vous ne voudrez pas pour autant empêcher madame votre épouse de jouir de ce plaisir.

HOLBERG.– Je le voudrai, et je le ferai. Un homme sain recherche sa satisfaction dans la vie et non pas dans la poésie. Un homme sain rougira toujours d'avoir fait un poème.

MARGUERITE.– M. Meier rougit même quand il n'a pas fait de poème.

MEIER.– Mais je vous en prie, monsieur, votre beau-frère a souscrit vingt actions, mon frère a souscrit vingt actions, le docteur Klenke a souscrit vingt actions…

HOLBERG.– Ah bon, bon ! Alors souscrivez aussi vingt actions pour moi. Mais que votre revue ne franchisse pas le seuil de ma maison !

MEIER.– Vous pouvez être tranquille. Comment dit-on déjà dans la *Bible* ? Il ne faut pas jeter ses perles aux pourceaux[17].

MARGUERITE.– Mais, monsieur Meier !

MEIER.– Ah, madame, pouvez-vous imaginer un lieu plus chargé d'atmosphère pour la récitation de mon poème de fiançailles ? — *(désignant le talus)* Mon Alma va se tenir ici en Psyché, dans une longue robe ondoyante et déclamer le poème. *(désignant le banc de pierre)* Les fiancés prendront place ici, et ici *(désignant les bancs de gazon)* les autres couples.

HOLBERG.– Mais d'où vous sort cette idée de la faire apparaître en Psyché ?

MEIER.– Oui, bien sûr, vous ne comprenez pas !

HOLBERG.– Non.

MARGUERITE.– Moi aussi, je trouve ça dommage pour votre pauvre Alma, dans cette longue robe ondoyante.

MEIER.– Écoutez bien le poème, monsieur ; cela ne peut pas vous faire de mal. Alors, vous m'aurez compris !

*Tous les trois sortent à droite.*

## Scène 3

*Karl, Anna, plus tard Meier.*

KARL.– Anna !

ANNA.– L'une est aussi aveuglée que l'autre. Elle a de la peine pour la pauvre Alma, et moi je plains Marguerite de tout mon cœur.

KARL.– Et toi, tu me fais de la peine.

ANNA.– Et toi à moi.

KARL.– Anna...

ANNA.– Que veux-tu ?

KARL.– Si déjà nous avons de la peine l'un pour l'autre...

ANNA.– Tu me fais vraiment du mal, plus que tu ne l'imagines. Je ne me suis jamais érigée en juge de ta manière de vivre. En quoi cela me regardait-il ? Tu as été mon professeur quand j'étais une fillette de huit ans et tu l'es resté pour beaucoup de choses jusqu'aujourd'hui. Tu m'as enseigné le latin et le grec et tu as toujours été mon ami. C'était là à peu près la seule chose de beau que me proposait la vie : l'amitié avec toi. Je ne comprends pas comment tu peux ne pas avoir au moins du respect pour cela, comment tu peux remettre tout cela en jeu pour trois fois rien.

KARL.– Est-ce que l'on comprend jamais une chose pareille ?

ANNA.– Si encore j'étais une fille qui prête à cela. Il suffit que je me regarde dans la glace pour savoir que tu te moques de moi.

KARL.– Il faut croire que tu me connais tout aussi peu que tous les autres ici. Certes, tu m'appelles ton ami, mais au fond, tu me prends toi aussi uniquement pour un membre inutile de la société.

ANNA.– Pourquoi gaspilles-tu tes plus belles années ? Pourquoi n'emploies-tu pas tes connaissances à quelque cause utile?

KARL.– À quelque cause utile ? Nomme-moi une cause utile. Je ne peux malheureusement plus croire à une cause utile.

ANNA.– Tu es un pauvre homme.

KARL.– Tout le monde le devient, quand il devient raisonnable. Ne peut-on se sentir suffisamment ridicule, quand on prend conscience d'avoir été le plus grand des imbéciles, précisément dans ses sentiments les plus sacrés ? — Tu sais pourquoi, jeune étudiant, j'ai vécu réprouvé pendant deux ans, en fils prodigue parti de par le monde, pourquoi je gardais les cochons et je me nourrissais de marc[18] ?

ANNA.– Tu t'étais marié ?

KARL.– Tu sais aussi avec qui ?

ANNA.– Avec une cousette.

KARL.– — Et qu'est-ce qui, d'après toi, m'a poussé à l'épouser ?

ANNA.– Tu l'aimais ?

KARL.– Tu m'en crois donc tout de même capable ? Mais ce n'était pas tout. J'étais *quelqu'un de moderne,* à peu près comme toi maintenant, peut-être encore plus tordu. Je voulais prouver par les actes à mes camarades, qui n'avaient que des grands mots à la bouche et déclamaient des poèmes, ce que signifiait sentir avec le peuple. J'avalais avec délice les foudres et les malédictions de mon père, dont j'avais trahi les plus beaux rêves. Je partis à Zurich avec la fille, j'étudiai bien sûr l'économie politique et travaillai parallèlement comme esclave journalier pour gagner notre vie.

ANNA.– Mais elle t'aimait ?

KARL.– Elle m'aimait comme je l'aimais. Comme on aime à vingt ans. On a sa fierté immature, son énorme présomption et l'on prend tout ça pour de l'amour. — Je voulais l'éduquer. Je m'imaginais que j'allais pouvoir l'amener à se sentir chez elle dans notre milieu. Sais-tu quel en a été le résultat ?

ANNA.– Elle ne t'a pas compris ?

KARL.– J'aurais attendu cela avec joie. Pouvoir exercer une patience angélique devait être l'un des principaux attraits de mon jeune bonheur conjugal. Mais elle commença à me haïr. Plus je me montrais délicat pour surmonter le fossé entre nous, plus elle le soulignait avec rudesse. Elle s'était expliquée notre mariage en pensant que je ne me sentais pas à l'aise dans mon monde. Du moment où elle fut persuadée que je prenais mes idéaux au sérieux, je ne fus plus pour elle que son souffre-douleur, sur lequel elle pouvait se venger de l'infériorité de ses origines. — Et un beau matin elle partit sans laisser un mot.

ANNA.– Chez ses parents ?

KARL.– Hum — chez un quelconque artisan qui la régalait de coups de tire-pied. Je me retrouvais là, ridiculisé à mes propres yeux. Je n'aurais pas eu le cœur de rentrer à la maison et de réciter *Pater peccavi*[19]. Tout ce que je possédais alors à Zurich était un ami, un ami cher et fidèle, auprès de qui je pouvais m'épancher, même s'il ne savait trop quoi répondre. Et cet ami était — cet ami était — je crois qu'il arrive…

MEIER.– *(il vient sur le talus depuis la coulisse à droite, essaie l'endroit où Alma va devoir réciter en frappant des pieds, puis s'accompagnant de gestes)*
Depuis l'azur bleuté, la plus belle lumière,
Ruisselle sur vous deux, couple béni des Dieux…
*Il descend du talus en sautant, vers la gauche.*
Pourvu qu'il n'y ait pas d'averse ! — Elle arrive à chaque fois que je fais réciter un de mes poèmes en plein air. —

*Il sort par la gauche.*

KARL.– Il a vraiment été d'une grande consolation alors, un ange de la paix dans mon profond désaccord avec moi-même.

ANNA.– Je n'aurais jamais cru ce poète capable d'un sentiment humain.

KARL.– Il vit les sentiments des autres. Il venait chaque soir, frais comme une jeune rose, radieux, tel l'incarnation du bonheur de vivre et me donnait la possibilité de m'épancher ; dans les premiers jours, même, de vider mes larmes. J'avais fait mon labeur quotidien, lui ne faisait rien par principe, et nous nous asseyions ensemble sur la rive du lac, nous regardions le soleil se coucher, nous regardions les Alpes s'embraser et les Anglais promener leurs tenues ahurissantes. Je n'oublierais jamais ce que Meier a été pour moi à ce moment-là. — Je t'ai uniquement raconté cette histoire, chère Anna, parce que je ne voudrais pas que toi, en particulier, me comprennes de travers. Ce que les autres pensent de moi m'est complètement indifférent.

ANNA.– Autrefois tu t'occupais aussi peu de mon jugement que de celui des autres gens.

KARL.– Tu vois qu'en cela j'ai profondément changé... Voilà toute la compagnie des fiançailles. *(se levant)* Déplaçons-nous un peu vers la tonnelle de vigne.

ANNA.– Non, Karl, je n'aime pas être seul avec toi. J'ai peur de toi.

KARL.– *(la tirant derrière soi par la main)* Viens ! Je vais te raconter encore d'autres histoires sur moi.

*Tous deux sortent par la coulisse à droite.*

## Scène 4

*Emil Meier, Erna, monsieur Holberg, Marguerite avec un landau viennent de la droite. Franz Ludwig Meier de la gauche. Plus tard Rosa, Karl, Anna, Ricarda, Oskar, Alma.*

MEIER.– Mesdames, messieurs, je crois que c'est la fin du monde.

HOLBERG.– Qu'est-ce qu'il vous arrive, encore, cher ami ? Vous avez vu un fantôme ?

MEIER.– Ce que j'ai vu ? Venez un peu par ici, s'il vous plaît. *(il conduit Holberg vers la gauche et lui montre la coulisse)* Regardez à travers les buissons. Vous allez voir ce que j'ai vu. Vous voyez quelque chose ?

HOLBERG.– Non.

MEIER.– Il faut que vous enleviez votre pince-nez. — Vous le voyez, maintenant ? Entre les feuilles, dans la tonnelle d'ifs ?

HOLBERG.– Oui, maintenant, je le vois.

MEIER.– Viens voir, Emil, tu peux regarder toi aussi. *(à Holberg)* Alors, que voyez-vous ?

HOLBERG.– Je vois — le docteur von Klenke...

MEIER.– Le docteur von Klenke — et — vous ne voyez rien d'autre ?

HOLBERG.– Et Mlle Ricarda...

MEIER.– Et que font-ils comme ça, le docteur von Klenke et Mlle Ricarda ?

HOLBERG.– Attendez un peu. Je ne vois vraiment pas très bien.

MEIER.– Alors, remettez votre pince-nez.

HOLBERG.– Je crois — qu'ils — qu'ils s'embrassent...

MARGUERITE.– Ils s'embrassent ? Ce n'est pas possible ! Il faut que je voie ça aussi.

ERNA.– Moi aussi, moi aussi. — Déjà à table, ils étaient singulièrement pacifiques l'un envers l'autre.

MARGUERITE.– Ça n'est même pas vrai, qu'ils s'embrassent.

MEIER.– En tout cas, il s'en faut de peu. Ils ne se sont pas encore laissé emporter. Mais à vue d'œil, ils sont en bonne voie.

ERNA.– *(battant des mains)* Ça va être une de ces fêtes, s'ils se fiancent aujourd'hui même !

MEIER.– Ne les dérangeons pas. Et maintenant, venez donc par ici. — *(il conduit Holberg vers la droite et lui montre la coulisse)* Que voyez-vous là — au travers des buissons, sous la tonnelle de vigne ?

HOLBERG.– Mais c'est notre doctoresse, Anna Launhart, si je ne me trompe.

MEIER.– Et qui d'autre ?

HOLBERG.– Et Karl Rappart à ses côtés.

MARGUERITE.– Ça ne veut hélas encore rien dire. C'est purement scientifique.

MEIER.– Tant mieux, si c'est scientifique. Croyez-vous donc que l'amour ne soit pas une science ?

MARGUERITE.– Mais enfin elle a une plante à la main.

MEIER.– Bien sûr qu'elle a une plante à la main. Et quelle plante ! Regardez-y seulement de plus près. Une marguerite. *(gestes)* Il m'aime, beaucoup, passionnément, un peu...

MARGUERITE.– Ou pas du tout. — Là, je fais tout de même encore plus confiance à la tonnelle d'ifs là-bas. Si mon frère se marie une nouvelle fois, en tout cas, il épousera tout plutôt qu'une étudiante en médecine.

MEIER.– Je ne pourrais pas non plus lui en vouloir. Je connais moi aussi son expérience. Dites-moi — où donc est passée mon Alma ?

MARGUERITE.– Alma met son costume pour le poème de fiançailles. Elle passe la longue robe ondoyante.

MEIER.– Mon Dieu, pourvu qu'elle ne reste pas coincée !

MARGUERITE.– Elle ne restera pas coincée dedans, monsieur Meier. Je vais m'en occuper. Il va bien falloir que je l'aide à s'habiller.

MEIER.– Oui, aidez-la, je vous en prie. C'est la première fois qu'elle va porter un costume classique. Et puis, sérieusement, madame, encore deux mots.

*Il la conduit à l'avant-scène gauche.*

MARGUERITE.– Qu'est-ce qu'il vous arrive... ?

MEIER.– Oui, voyez-vous — monsieur votre époux me battrait tout simplement à mort s'il m'entendait.

MARGUERITE.– *(veut s'en aller)* Monsieur Meier...

MEIER.– Non, je vous prie, ne craignez rien de moi. — *(désignant le landau)* Je vous assure, je suis le plus grand ami des enfants que vous puissiez imaginer. J'aspire moi-même de tout mon cœur à avoir des enfants. Mais... Je sais, je sais bien, les enfants font pour nous de l'hiver un printemps. Les enfants nous éduquent, quand nous nous figurons que nous devons les éduquer...

MARGUERITE.– Soyez tout à fait rassuré, monsieur Meier. Je vais rentrer à l'intérieur avant avec le petit.

MEIER.– Il ne va pas crier, je le sais bien. Mais on est comme ça quand on s'inquiète pour un enfant de sa muse. On tremble pour des malheurs qui n'ont aucune chance de se produire. Donc... *(lui baisant la main)* mes chaleureux remerciements. Et si prochainement vous avez à nouveau besoin d'un poème de baptême...

MARGUERITE.– Monsieur Meier !

MEIER.– Ô mon Dieu, mais je comprends, du tout au tout ! — À présent, deux mots aux jeunes fiancés. Erna, Emil... *(entre eux deux, leur tendant les mains)* Écoutez, mes chers enfants...

ROSA.– *(du fond à gauche)* Si madame voulait bien avoir l'amabilité de venir à l'intérieur. Ça serait juste à cause de la longue robe ondoyante.

*Anna et Karl entrent par le fond à droite.*

MARGUERITE.– J'arrive.

*Rosa et Marguerite sortent avec le landau au fond à gauche.*

MEIER.– *(respirant à nouveau)* Dieu soit loué ! *(à Erna et Emil)* Voyez, mes chers enfants — se fiancer est à la portée de tout le monde. Cela ne requiert ni *(à Emil)* maturité spirituelle, ni *(à Erna)* connaissance du monde particulière, ni *(aux autres)* études psychologiques approfondies. On se fiance, parce qu'on ne sait rien faire de mieux sur terre. Mais la garantie d'une véritable collaboration, d'une ambition commune fondée sur un socle moral, qui dure toute une vie, n'est pas donnée pour autant, pas le moins du monde. Et voilà que les conséquences inévitables apparaissent déjà après quelques années, sous la forme d'une aversion insurmontable et, pour finir, d'une implacable séparation. Pour prévenir cela, mes chers enfants, commencez dès maintenant et avant votre mariage par vous féconder *spirituellement*.

HOLBERG.– Cet homme est abominable !

ANNA.– Une remarque, monsieur Meier. Dans cinquante pour cent des cas, on se fiance par pur désespoir, du moins en ce qui concerne la jeune fille, parce qu'elle n'a rien appris d'autre que se fiancer. Le bonheur se transforme alors pour elle en une nécessité glauque, en un asile maussade. Elle n'apprend plus qu'à renoncer, qu'à dire oui oui, qu'à se soumettre et à nier sa spécificité. Laissez l'Etat éduquer les enfants, dirigeant chacun vers un métier qui lui convient, comme cela se pratique en Amérique dans de nombreuses communautés ; délivrez l'homme de sa surcharge de responsabilités et la femme de ses chaînes, et on en finira avec toute cette misère familiale.

MEIER.– On en finira avec la famille tout court !

EMIL.– On ne pourra plus fêter de fiançailles.

KARL.– Et on ne pourra plus non plus réciter de poèmes de fiançailles.

HOLBERG.– C'est la même chose, chère mademoiselle, que si quelqu'un venait chez vous avec une rage de dents, et que vous lui envoyiez une balle à travers la tête. On en finirait avec sa rage de dents.

MEIER.– D'ailleurs, ma chère Alma va tout de suite vous répondre à tout ceci point par point.

HOLBERG.– Dans une longue robe ondoyante ?

MEIER.– Oui, dans une longue robe ondoyante. Son apparition va vous remettre en mémoire sur quelles bases doit être fondée une famille, non seulement pour être heureuse, mais pour être la plus durable qui soit.

EMIL.– Nous n'avons sans doute pas le droit de savoir à l'avance comment ta fiancée va nous faire son apparition pour réciter le poème?

MEIER.– En Psyché.

ANNA.– En Psyché ?

HOLBERG.– En Psyché ?

KARL.– En *(éternuant)* Psyché ?

MEIER.– *(à Karl)* Si tu as l'intention d'en faire un scandale, épargne-nous plutôt ta présence.

KARL.– Pourquoi ne fais-tu pas plutôt apparaître ta femme en Reine de Saba ?

MEIER.– Alma va aujourd'hui s'adresser à vous en Psyché, parce que la collaboration d'aujourd'hui entre moi et ma femme est à mes yeux un présage pour l'existence. *(à Erna et Emil)* Prenez exemple sur Alma et moi. Apprenez-vous l'un l'autre à devenir les membres d'une union non seulement physique, mais qui satisfasse les exigences de vos deux âmes. Pour inscrire cela dans votre cœur, j'ai fait s'adresser à vous mon Alma en Psyché, en personnification du principe spirituel. *(à Marguerite, qui arrive à l'instant par la gauche)* Vous voici déjà, madame ! L'habillage est-il terminé ? Il ne s'est pas présenté un quelconque obstacle à la dernière minute, au moins ?

MARGUERITE.– À quoi pensez-vous, monsieur Meier ! Tout est parfaitement en ordre. Votre fiancée va nous apparaître dans l'instant qui suit en longue robe ondoyante.

MEIER.– J'invite alors ces dames et ces messieurs à prendre place pour tendre l'oreille à la déclamation de notre Psyché avec tout le sérieux qui convient à sa divine mission. Pour moi aussi, le jour d'aujourd'hui à une valeur solennelle. Les unes après les autres, j'ai surmonté victorieusement les énormes difficultés qui se sont amassées à l'encontre de la création d'une revue littéraire moderne d'une haute tenue. D'une certaine manière, *Le Soleil* ne guette plus qu'un signe de ma part pour se lever. Si demain, le père de ma fiancée me jette à nouveau au bas de l'escalier, son enfant m'y accueillera les bras ouverts et suivra son bienfaiteur dans un foyer solide.

MARGUERITE.– *(prend Meier à part)* Juste une chose encore, monsieur Meier. Alma craint que si vous la regardez pendant la déclamation, elle ne se déconcentre et ne perde le fil. Si vous pouviez donc avoir la gentillesse de vous asseoir de manière à lui tourner le dos pendant sa déclamation.

MEIER.– Je le ferai. Je trouve cela parfaitement compréhensible de la part d'Alma. Moi-même, je m'embrouille lorsque je récite mes poèmes devant la glace. Je lui tournerai le dos.

*Meier s'assied sur le tabouret de jardin au centre de la scène, tournant le dos au talus, de sorte qu'il ne peut pas voir Alma entrer sur scène, et sort un manuscrit de sa poche. Karl et Anna sur un banc de gazon à l'arrière-plan. Marguerite, Holberg, Erna et Emil sur le banc de pierre à gauche. Oskar et Ricarda viennent de la coulisse au premier plan et à gauche et prennent place sur un banc se trouvant à cet endroit.*

OSKAR.– *(agité, à Ricarda)* Je ne peux pas me laisser convaincre par vos arguments. Je serai bref — aussi bref que possible : *je ne peux plus vivre sans vous !*

RICARDA.– Vous ne pouvez pas non plus vivre avec moi. Nous ne nous supporterions pas pendant une heure. C'est une chance pour nous deux que je sois revenue à la raison.

OSKAR.– Mon comportement exubérant était affecté. Je voulais vous amener à venir me voir de vous-même et à me dire : pitié ! — À présent, c'est moi qui viens vers vous et je dis : ayez pitié !

MEIER.– Tenez-vous tranquille maintenant, docteur. Cela ne peut pas vous faire de mal d'écouter cette déclamation avec attention.

*Marguerite tape dans ses mains, sur quoi Alma fait son entrée sur le promontoire de gazon, sortant de la coulisse au premier plan et à droite, non pas en Psyché, mais en costume de Cupidon, taillé avec goût, très court, avec des ailes de papillon, un arc et des flèches.*

TOUS.– *(dans un brouhaha)* Bravo, bravo, monsieur Meier ! Tu es une perle, Meier ! Voilà ce qui s'appelle une surprise ! Bravo ! Bravo !

OSKAR.– *(à Ricarda)* Ayez pitié !

ALMA.–
Je suis la créature…

*Un tonnerre d'applaudissements éclate à nouveau.*

KARL.– Voilà ce que j'appelle une longue robe ondoyante ?!

MEIER.– N'est-ce pas ? Le costume vous plaît ?

TOUS.– Ravissant ! Charmant !

MEIER.– Je l'ai dessiné moi-même.

KARL.– Tu es une perle, Meier !

MEIER.– Et maintenant, attendez qu'elle parle !

ALMA.–
Je suis la créature qu'on aime à mépriser,
Qu'on jette dans les fers, qu'on retient prisonnière.
Au fin fond d'un cachot, vous tous languissiez,
Jusqu'à ce que je vienne, délivrant cette terre.
J'ai supporté beaucoup, souffert bien davantage
Depuis que dans les cieux, ma mère…

MEIER.– … dans les cieux, mon père ! Mon père !

ALMA.–
Depuis que dans les cieux, mon père trône en roi.
Pourtant de la victoire, j'ai toujours l'apanage
Grâce à ce sortilège, qui loge au fond de moi.

TOUS.– Bravo ! Bravo ! Bravo !

MEIER.– Mais retenez-vous, bon sang ! Le meilleur est à venir ! Épargnez vos compliments pour tout à l'heure !

ALMA.–
Depuis le clair azur, la lumière limpide
Ruisselle sur vous deux, couple béni des dieux ;
La terre offre une rose à vos cheveux humides,
Et le poète en vers vous couvre de ses vœux,
Tandis que l'homme simple en prose fait au mieux.

Modeste moi aussi, je marche sur la route,
Méconnu de tous ceux qui n'ont eu vent de moi,
Pourtant le plus sérieux de vos amis sans doute,
Je porte au cœur un vœu, engageant votre foi :
Quel que soit de la vie, le gigantesque cours,
Où que son flot vous mène, pensez à *moi* — toujours !

*Tous tapent des pieds, applaudissent des mains et lancent des bravos enthousiastes.*

MEIER.– Mesurez-vous, bon sang ! Je n'ai pas douté une minute que le poème aurait un succès retentissant.

MARGUERITE.– Continue, Alma !

ALMA.–
Jugé par tout le monde, outragé par certains,
Je vous exhorte encore : défiez-vous des mots vains !

TOUS.– Très juste ! Écoutez, écoutez ! Bravo !

ALMA.–
Je suis le Dieu…

MEIER.– *(soufflant)* Je suis l'Esprit ! l'Esprit !

ALMA.–
Je suis le Dieu qui broie mensonge et imposture !

MEIER.– *(soufflant)* Je suis l'Esprit… *(il s'est retourné, bondissant sur ses pieds, dans une immense consternation)* Alma !!

KARL.– *(pour lui-même)* Ça n'aurait pas dû arriver !

MARGUERITE.– *(accourt, à Meier)* La tunique avait disparu. Le haut du costume et la tunique. Nous avons cherché partout. Nous avons fait appeler trois costumières…

MEIER.– *(toujours pétrifié et sans voix)* Alma !!

HOLBERG.– Ne soyez donc pas si susceptible pour ces quelques centimètres, cher monsieur Meier.

KARL.– *(à Meier, à mi-voix)* Boucle-la, c'est ce que tu peux faire de plus raisonnable !

MEIER.– *(à Marguerite)* Un vieux rideau, un simple drap aurait pu remplacer cette tunique !

KARL.– Boucle-là, je te dis !

MEIER.– Mais mon poème supporte-t-il un costume de Cupidon ?

ALMA.– Ton poème supporte très bien ce costume. Nous en avons fait une répétition complète tout à l'heure !

MEIER.– *(avec importance)* Il semble que tu aies saisi mon poème en profondeur !

MARGUERITE.– Il n'y avait pas moyen de mettre la main sur un autre costume. En tant que poète, vous posséderez certainement l'imagination nécessaire pour vous représenter votre Psyché sous les traits de ce ravissant Cupidon.

MEIER.– Ai-je écrit le poème pour *moi* ? — Je sais ce que je dois en penser, moi, madame. Mais ces gens, ici ! Ces gens !

HOLBERG.– Le voilà qui cesse de rugir en fin de compte.

MARGUERITE.– *(à Meier)* Je réponds de tous ceux qui sont ici, cher monsieur Meier, nous comprenons tous parfaitement vos intentions. Venez, asseyez-vous. *(elle le reconduit à sa place)* Venez, Theodor, Karl. *(on se rassied comme précédemment)* Reprends à « ...outragé par certains », Alma.

ALMA.– *(pendant que Meier la dévisage fixement)*
Jugé par tout le monde, outragé par certains,
Je vous exhorte encore : défiez-vous des mots vains !

MEIER.– C'est le contraire absolu de ce que je voulais dire !

ALMA.– Si tu ne peux pas te taire, jamais de ma vie je ne déclamerais plus un poème de toi !

MEIER.– Défiez-vous des mots vains ! Je me persifle moi-même avec les expressions les plus raffinées ! Et cet épouvantail !

EMIL.– *(le prend par le bras)* Aujourd'hui, mon cher frère, c'est *moi* qui fête mes fiançailles et non pas toi. Mlle Alma ne nous paraît pas un épouvantail à Erna et à moi, et ton poème nous plaît plus que n'importe lequel de ceux que tu as écrit jusqu'ici.

*Holberg et Emil prennent Meier entre eux sur le banc de pierre.*

MEIER.– *(essaye de se dégager)* Cet épouvantail !

ALMA.– *(éclatant en sanglots)* Si tu avais la moindre étincelle de poésie en toi, tu ne pourrais me traiter d'épouvantail dans ce costume.

Marguerite prétend que pas un seul de mes habits ne me va aussi bien que ce costume de Cupidon. Pourquoi me gâches-tu mon plus beau plaisir ?

MEIER.– *(à Marguerite)* C'est donc à vous, madame, que je dois cette — obscénité ?

MARGUERITE.– Je ne trouve absolument rien d'obscène à ce costume.

ALMA.– C'est joli ! c'est poétique ! C'est toi qui es obscène, si tu ne supportes pas la vue d'une telle chose !

TOUS.– Bravo ! Bravo ! — Tout à fait d'accord ! — Continue, Cupidon ! — La suite !

ALMA.– *(encore en pleurs, se reprenant progressivement)*
Jugé par tout le monde, outragé par certains,
Je vous exhorte encore : défiez-vous des mots vains !
Je suis le Dieu qui broie mensonge et imposture ;
Pour la félicité, je suis un havre sûr.
Seul au creux de mon bras, le bonheur peut éclore,
Lui que vous implorez, perdus, désespérés !

MEIER.– Je sais, chère et honorée madame, qui a volé cette tunique !

TOUS.– Silence ! Silence !

ALMA.– *(avec un enthousiasme grandissant)*
Je suis cet astre clair, ce soleil admiré,
Autour de moi gravite un monde qui m'adore !
Malheur, si dans le temps d'une heure trop tardive
Mes rayons vous parviennent dans un caveau étroit.
Passé le temps des roses, la brûlure est trop vive.
Plus d'un offre un anneau, et a juré sa foi,
Il a pensé à tout, mais n'a pensé *à moi* !

*Tous font éclater un tonnerre d'applaudissements.*

MEIER.– Comme s'il était encore utile de prêcher de tels lieux communs !

HOLBERG.– Aujourd'hui plus que jamais !

MEIER.– *(à Holberg)* Vous, monsieur, vous vous souviendrez de moi un de ces jours, quand il sera trop tard pour vous retourner !

EMIL.– Mais enfin, mon cher frère adoré, nous sommes d'accord avec toi de fond en comble !

MARGUERITE.– Silence ! Silence ! — Continue, Cupidon !

ALMA.–
Mais vous deux, bâtissez sur moi votre bonheur !
Vous tous ici présents, sur moi seul, bâtissez !
Qui emprunte à mon bras la plus rude chaussée,
Qui meurt un jour en moi : voilà le grand Seigneur.
Qui croit en moi est comme un enfant abrité
Par le sein reposant et dévoué de sa mère,
Je soulage vos cœurs du fardeau de la terre.

MEIER.– *(essaye continuellement de se dégager, alors qu'Emil et Holberg le retiennent)* Laissez-moi ! Laissez-moi ! — Je n'y tiens plus. — Je vais la tuer. Je vais tordre le cou à cet épouvantail ! — Ah, je l'ai bien cherché ! Je l'ai bien cherché ! Tas d'arrivistes ! Opportunistes ! Je l'ai bien cherché ! — Tu ne jetteras pas tes perles aux pourceaux !

ALMA.– Maintenant, il a vraiment réussi à complètement me faire perdre le fil !

*Anna sort par la droite en fond de scène, rentre par la coulisse à l'avant-scène droit où elle s'allonge sur le plaid qui est resté étendu là.*

RICARDA.– *(à Oskar, qui lui a sans arrêt adressé la parole)* C'est tout de même curieux de voir un homme, d'habitude plutôt raisonnable, partir tout d'un coup et, sans aucune raison, miser tout son bien précisément sur la plus mauvaise carte…

OSKAR.– *(avec chaleur)* C'est là votre dernier mot, mademoiselle Ricarda ?

MARGUERITE.– *(irritée)* Docteur ! Rica ! Vous ne pouvez donc pas vous taire une minute ! *(à Alma)* Réfléchis bien, Cupidon chéri, mon bon Cupidon ; rassemble tes esprits !

*Karl sort par la droite en fond de scène, rentre par la coulisse à l'avant-scène droit et s'étend sur le plaid à côté d'Anna.*

ANNA.– *(se lève brusquement de colère)* Maintenant, ma patience est vraiment à bout !

MARGUERITE.– Voilà que c'est elle qui se met à râler, maintenant !

ANNA.– *(outrée)* Oui, je commence vraiment à en avoir assez de ces niaiseries. *(à Karl)* Si je présente réellement un intérêt à tes yeux, commence par faire de toi un autre homme ! Viens avec moi en Inde, si tu apprécies ma compagnie !

KARL.– *(qui s'est levé)* Je te remercie, chère Anna. *(à Oskar)* Vous voyez, Docteur, je vous l'avais prédit.

OSKAR.– *(qui s'est levé, à Anna)* Je vous propose un compromis, chère collègue. Emmenez-moi en Inde avec vous. De toute façon, monsieur Rappart ne survivrait pas six semaines à la séparation d'avec la culture européenne. Moi, en revanche, je n'ai plus rien à perdre ici. Mon dernier malade s'est finalement rétabli avec l'aide de Dieu.

ANNA.– Je vous remercie, cher collègue, je ne vais pas en Inde pour jouer les nourrices.

OSKAR.– *(dans une indignation extrême)* Mais vous prétendez y aller pour prêter assistance à l'humanité qui souffre ! Vous me faites bien rire ! Sans votre amical dévouement, il y aurait dans ce cercle deux personnes heureuses de plus ! Dieu ait pitié de tous les couples bienheureux qui dorment tranquillement sur les rives du Gange sans savoir ce qui les attend !

ANNA.– *(très calme)* Pourquoi vous échauffez-vous comme cela ? — Puis-je vous empêcher de partir en Inde, si cela vous fait plaisir ?

*LE RIDEAU TOMBE.*

# ACTE III

*Le décor est celui de l'acte I.*

## Scène 1

*Marguerite arrive en tenue matinale par la porte latérale à droite, une petite fille sur les bras, tenant un petit garçon par la main, qui tire derrière lui un nourrisson dans une petite voiture d'enfant à ridelles ; chacun des enfants avec son instrument de musique. La procession se déplace jusqu'au centre de la scène. — Anna, fraîche et dispose dans une robe en coton simple et de bon goût, arrive du fond à droite.*

ANNA.– Bonjour, Marguerite chérie. *(tendant la main au gamin)* Bonjour Theodor. *(câlinant la petite fille)* Bonjour Annette, ma petite filleule. *(à Marguerite)* Alors, où en est-on ? Ton Othello n'est pas encore là ?

MARGUERITE.– Ne parle pas comme ça, Anna chérie. Sa jalousie n'est vraiment pas si terrible.

ANNA.– En Inde, un homme réfléchirait à deux fois avant de se comporter avec un tel laisser-aller vis-à-vis de sa femme.

MARGUERITE.– Mais je ne me plains pas du tout. Theodor était différent avant, il va redevenir différent. Ma chère Maman a ravalé sa langue plus d'une fois par égard pour moi. — Et puis bon, qu'est-ce qui n'est pas mieux conçu en Inde qu'ici, en Europe ?

ANNA.– Hum — votre Europe a aussi ses côtés attachants.

MARGUERITE.– Attends un peu, cela ne fait que deux jours que tu es de retour ici.

ANNA.– Le confort pépère avec lequel on suit le cours de ses pensées et de ses souvenirs, on réapprend complètement à l'apprécier, et cela dès que l'on prend du large, sur le bateau du retour. — Dis moi, tu vas dans le jardin, Marguerite ?

MARGUERITE.– Il fait si froid dans la maison. Je voulais m'asseoir un peu au soleil.

ANNA.– Si Oskar von Klenke vient, tu entends, ne le laisse pas entrer ici avant que nous n'ayons exactement débattu de tout avec Karl. Je viendrai le chercher après.

MARGUERITE.– Le docteur von Klenke fait-il aussi partie de ce conseil de famille ?

ANNA.– Bien sûr, en tant qu'expert psychiatrique.

MARGUERITE.– Grand Dieu, qu'est-ce que c'est que ça ?

ANNA.– En tant que médecin aliéniste, Marguerite chérie. Meier croit qu'il est devenu fou suite à son mariage. Il faut examiner son cas. Si on lui prouve qu'il est encore parfaitement sensé, il n'aura plus aucune raison de divorcer de son Alma.

MARGUERITE.– Si seulement vous y parvenez. C'est vraiment effrayant la manière dont ces deux personnes vivent ensemble.

ANNA.– Nous y parviendrons ! Sois tranquille. De fait, Meier et Alma sont totalement faits l'un pour l'autre. Seulement, ils ne savent pas eux-mêmes combien ils sont bien assortis.

MARGUERITE.– Mais si le docteur von Klenke et Ricarda se rencontrent à nouveau ici ? — Ricarda et le docteur von Klenke ne se sont pas encore revus depuis votre retour. Nous allons encore assister à une scène d'horreur épouvantable !

ANNA.– Justement, Marguerite. Il faut que le docteur von Klenke revoie Ricarda. Tout au long de ces deux années passées en Inde, il n'a cessé de s'exalter et de me rebattre les oreilles à son sujet.

MARGUERITE.– Ricarda aussi n'a pensé qu'à lui pendant ces deux ans.

ANNA.– Ah ? — Oui, je le crois. Ces deux êtres-là s'aiment bien plus qu'ils ne s'entendent. Quand, le soir, nous prenions notre thé tous les deux, le docteur von Klenke et moi, à Tchitral au pied de l'Himalaya, il devenait plus gai et il était toujours reconnaissant envers moi si j'amenais la conversation sur sa Ricarda. C'est pourquoi il est maintenant indispensable qu'ils se vident leurs cœurs une bonne fois.

MARGUERITE.– Peut-être qu'après une aussi longue séparation, ils finiront tout de même par s'entendre.

ANNA.– N'est-ce pas, Marguerite chérie ? Espérons. Mais voilà pourquoi il ne faut pas que tu le laisses entrer, quand Ricarda sera ici, avant que je ne sorte et que je n'aille le chercher.

MARGUERITE.– *(comme l'enfant dans ses bras dit : Maman, caca !)* Oui, j'arrive !

*Elle sort en musique avec les enfants par le fond à droite.*

## Scène 2

*Karl, Anna.*

KARL.– *(arrive en habit de voyage exotique par le fond à gauche)* Bonjour, chère Anna. *(examinant sa tenue)* Tu t'es déjà complètement européanisée.

ANNA.– *(qui s'est assise devant à droite)* Effectivement. Cela ne durera pas trop longtemps, j'espère. Et toi, tu te promènes encore dans ce trou perdu en voyageur africain ?

KARL.– C'est le costume dans lequel j'ai retrouvé de l'estime pour moi-même, en combattant la chaleur, la faim, la fièvre, les animaux sauvages et les cannibales sur le Kilimandjaro. Par conséquent, j'espère ne pas l'enlever de sitôt. *(s'asseyant)* Par ailleurs, j'arrive à l'instant de chez notre poète.

ANNA.– Pourquoi ne l'as-tu pas amené directement ?

KARL.– Il était encore au lit.

ANNA.– *(regarde sa montre)* Midi moins le quart.

KARL.– Oui, il va très mal.

ANNA.– Crois-tu vraiment à sa folie ?

KARL.– Si quelqu'un se croit fou sans aucune raison valable, alors — il a entièrement raison après tout.

ANNA.– À quoi passait-il son temps depuis mon départ en Inde ?

KARL.– Tu étais encore des nôtres quand nous avons fêté son mariage avec Mlle Alma.

ANNA.– Oui.

KARL.– Ensuite, le malheur n'a pas tardé à faire irruption. Son *Soleil*, organe pour une poésie virile, a commencé à s'obscurcir dès son lever. D'un côté un manque absolu d'abonnés, de l'autre une pléthore de collaborateurs. Pour finir, tous ceux qui voulaient collaborer devaient s'abonner. Celui qui ne trouvait pas immédiatement imprimé, dans le numéro suivant, le commentaire élogieux de son dernier roman, brandissait aussitôt la menace de la résiliation. Ainsi le pauvre garçon gagnait avec peine une existence faite d'angoisse et de peur jusqu'à ce que paraisse son premier drame naturaliste sur les mœurs d'aujourd'hui.

ANNA.– Il a eu du succès avec cette pièce ?

KARL.– Un énorme succès. Le renouveau de la littérature allemande paraissait assuré grâce à Meier. Malheureusement sa pièce ne connut que quelques représentations, car en fait elle n'avait plu à personne ; et on exigea de lui quelque chose de nouveau. — À présent vient son coup de génie.

*Il se lève et fait des allées et venues agitées.*

ANNA.– *(très calme)* Il ne s'est pas plaint de souffrir d'insomnie pendant tout ce temps ?

KARL.– Tu te souviens sans doute des événements qui m'ont incité en leur temps à m'exiler pendant deux ans de par le monde, en fils prodigue ?

ANNA.– Certainement, tu me l'as raconté.

KARL.– À l'époque, j'aurais pu remercier Meier à genoux de trouver en lui au moins une personne à qui je pouvais déverser le trop-plein de mon cœur.

ANNA.– Et alors ? — Ensuite ?

KARL.– Et cet individu s'en va tranquillement donner les épanchements de mon âme en pâture à son public de théâtre, mot pour mot, pour ainsi dire sténographiés, servis comme un morceau de choix réaliste !

ANNA.– Tu avais bien mérité cette punition.

KARL.– Il devait avoir déjà pris les notes les plus précises pendant le déroulement de l'histoire. Je n'oublierais jamais ces jours-là. Je suis assis du matin au soir, seul dans ma mansarde, à plancher sur mes articles de journaux, pour pouvoir égayer le pauvre thé que je bois le soir d'un morceau de saucisson. Vient le soir, vient le saucisson, puis vient Meier qui rentre d'un dîner opulent, s'étend sur le divan, bâille, fait un bon mot sur mon misérable luxe et, au vu de sa félicité, je lui ouvre mon cœur. Pendant que Meier rit dans sa barbe et pense : quel magnifique personnage de théâtre cela va faire !

ANNA.– Quand le réalisme aura fait son temps, ses représentants iront manger leur pain dans la main de la police secrète.

KARL.– Si au moins le réaliste s'en était tenu à la réalité. Mais celle-ci n'était naturellement pas assez réaliste à son goût ! Il y fallait un père que personne ne toucherait avec des gants, une mère que personne ne toucherait avec des gants, et mon ex-femme — elle était une enfant de sa condition, et je l'ai traitée avec une attention bien trop sourcilleuse. Mais la créature que Meier a fait d'elle — Le ciel vous en préserve ! Et je vois tous ces personnages atroces, ces monstres difformes affublés de *mes* mots, des souffrances de *mon* âme, des expériences que *j'ai* vécues et de *mes* sentiments. *(après une pause)* Et maintenant vient le jeu satyrique[20] !

ANNA.– Je trouve cela merveilleux !

KARL.– La pièce est représentée. Je me vois interprété par le jeune premier. Une sensation épouvantable, mais — cela s'arrêta là. Cela n'avait pas plu. Et maintenant, figure-toi, voilà Meier qui vient me voir et qui me rend responsable de son insuccès. Il dit qu'il s'en était tenu exactement à mes confidences ; que, soit je lui avais raconté des mensonges, soit j'étais un être tordu, qui ne savait pas vivre sa vie de façon réalistement correcte. Enfin, je me suis vu ridiculisé pour l'éternité. Bien sûr, les journaux s'emparèrent de l'affaire. Cela alla si loin que les gamins des rues me montraient du doigt. La proposition de l'expédition Schneider à travers nos colonies africaines m'est alors parvenue à point nommé. Je devais trouver quelque part l'occasion d'employer mes forces, de me créer de nouveaux centres d'intérêt et de regagner un peu d'humour sur la vie. J'ai donc fait ma valise, six mois après ton départ et suis parti pour l'Afrique avec l'expédition.

ANNA.– Et Meier ?

KARL.– Lorsque je suis rentré il y a trois semaines, je l'ai trouvé dans un état déplorable. Son frère assure qu'il passe des jours sans ouvrir la bouche. Il est souvent assis du matin au soir sur son lit, les jambes repliées sous lui comme un orang-outan et fixe les murs. Son dernier espoir est une maison de santé. En gros, il ne donne plus signe de vie que si l'on amène le sujet de conversation sur son état de santé mentale. — Sa jeune femme, à ses côtés, s'est montrée au début d'un courage et d'une patience tels qu'il n'aurait pu les rêver. Mais il lui a tant rabâché, et avec une telle insistance, que sa présence était en fait la cause principale de son trouble mental qu'elle a fini par être complètement désemparée et qu'elle se déclare prête à tout. Quand j'y étais à l'instant, je l'ai trouvée en grande conversation avec son avocat.

ANNA.– Mais elle vient ici ?

KARL.– Bien sûr qu'elle vient. Lui vient aussi. Tous deux naturellement par des chemins différents.

ANNA.– J'ai aussi convié le docteur von Klenke.

KARL.– Celui-là, je l'aurais plutôt laissé de côté. Qu'est-ce qu'il viendrait faire dans le conseil de famille ?

ANNA.– En Inde, je n'ai pris de décision sur aucune affaire médicale sans m'en être auparavant entretenu avec lui.

KARL.– Il est parti sur tes traces, non ? — Dis-moi, Mlle Ricarda Russ va sans doute venir ici, elle aussi ?

ANNA.– Bien sûr qu'elle vient.

KARL.– Alors l'asile sera au complet. Il parait que depuis son départ, elle a des crises d'hystérie quand son nom est évoqué.

ANNA.– Il faut laisser les choses suivre leur cours naturel.

KARL.– C'est toi qui dis ça, Anna ?

ANNA.– Parce qu'en Inde, j'ai appris à admettre que de toute façon on ne peut pas faire grand chose contre. *(se levant)* Et puis nous pouvons toujours intercepter le docteur von Klenke et le renvoyer à la maison, si tu crains vraiment pour la santé de Ricarda. Viens, allons monter la garde.

KARL.– Anna, Anna ! J'ai l'impression que tu es devenue une autre en Asie.

ANNA.– J'ai l'impression que toi aussi tu es devenu un autre en Afrique.
*Tous deux sortent au fond à gauche. Il rencontrent Ricarda sur le seuil de la porte.*
*(saluant Ricarda)* Bonjour, Ricarda ! Marguerite est assise dans le jardin avec les enfants. Nous revenons dans un instant.

*Elle sort avec Karl.*

## Scène 3

*Ricarda, Marguerite, puis Oskar.*

*Ricarda, amaigrie et échauffée, va vers la droite, se dirige vers la glace pour remettre ses cheveux en ordre.*

MARGUERITE.– *(vient du jardin)* Rica…

RICARDA.– Marguerite…

MARGUERITE.– Viens, assieds-toi !

RICARDA.– Qu'est-ce que tu as ? — Pourquoi me regardes-tu comme ça ?

MARGUERITE.– Oskar est ici.
*Ricarda abaisse les yeux.*
Il ne se doute pas le moins du monde que tu es là. Il est dehors dans le jardin. — Je t'en prie, Rica, ne le laisse pas attendre plus longtemps son bonheur. Écoute, il t'aime si profondément et si sincèrement. Voilà maintenant deux ans qu'il est parti, en Inde, et cela ne lui a servi à rien. Il ne peut pas t'oublier. Et puis tu l'aimes, toi aussi. — Je vais le chercher.

*Elle se lève.*

RICARDA.– Non, non, je t'en conjure, Marguerite… !

MARGUERITE.– Si, je dois le faire. *(elle ouvre la porte du jardin et appelle vers l'extérieur)* Docteur, la patiente dont je vous ai parlé est là.

OSCAR.– *(très bronzé, en habit de voyage simple ; il entre par le jardin)* Je suis très honoré…
*Il vient à l'avant-scène, voit Ricarda, sursaute et dit à Marguerite, agité :*
Ce que vous faites là, madame, est irresponsable !

*Ricarda s'est levée brusquement.*

MARGUERITE.– *(calme)* Oh que non. J'en prends entièrement la responsabilité.

*Elle sort par la droite.*

## Scène 4

*Oskar, Ricarda.*

OSKAR.– *(attrapant par la main Ricarda, qui veut partir)* Non, non, Ricarda, restez. Je n'avais pas par là l'intention de vous offenser. Mais — mais vous ne vous doutez pas de ce qui s'est passé depuis le temps. C'est pourquoi je disais à Mme Holberg que ce qu'elle faisait était irresponsable. Je vous en prie, restez. *(il l'entraîne sur le divan ;*

*comme Ricarda veut se dégager)* Non, non, je ne vous laisserai pas. L'instant m'est trop précieux. Pendant deux ans, parmi les bêtes sauvages et des gens à moitié sauvages, je n'ai rêvé de rien d'autre. Enfin je vous retrouve. Vous êtes toujours la même, telle que vous étiez quand je vous ai quittée...

RICARDA.– Je ne le suis plus. — — J'ai appris à sentir différemment...

OSKAR.– *(se frappant le front)* — Ricarda ! Ricarda ! *(il se lève, va vers la droite)* Vous savez quoi, Ricarda... Vous n'êtes pas encore mariée ?

RICARDA.– Comment pouvez-vous demander cela !

OSKAR.– Comment pourrais-je le savoir ! J'étais en Inde pendant deux ans ! Qu'est-ce qui, en deux ans, ne pourrait pas se produire, pour des gens comme nous ! — — Alors mariez-vous ! Mariez-vous le plus rapidement possible !

RICARDA.– *(perplexe)* Avec qui ?

OSKAR.– Avec qui vous voulez ! — Avec le premier venu.

RICARDA.– *(comme précédemment)* Et c'est vous qui me dites cela ??

OSKAR.– Pourquoi pas. Avec moi, vous ne serez jamais heureuse de toute façon. D'ailleurs, vous le saviez depuis que nous nous sommes connus.

RICARDA.– *(se rassemble, se lève)* Comment dois-je comprendre cela ? — Ce n'est pas de mon fait si nous sommes seuls ici.

OSKAR.– *(détourné d'elle)* Bon Dieu, je n'en sais rien. — Et — nous ne sommes pas non plus faits l'un pour l'autre. Nous nous rendrions malheureux autant qu'il est possible.

RICARDA.– Si vous saviez comme cela vous sied de me parodier avec mes propres mots.

OSKAR.– Je ne parodie personne. — J'aurais tout juste envie de me parodier moi-même, si je n'étais déjà suffisamment une parodie ambulante. — Vous raisonniez plus juste, autrefois, et de manière plus réfléchie qu'aujourd'hui. — *(avec une once de désespoir)* Et que je sois condamné à devoir vous dire cela !

RICARDA.– Mais en vérité, vous ne croyez tout de même pas que je sois capable de suivre votre conseil ?

OSKAR.– Oui, oui, Ricarda, et encore oui ! Mariez-vous.

RICARDA.– *(qui s'est reprise)* Après tout pourquoi pas.

OSKAR.– Mais avant... *(la prenant par les mains et l'asseyant d'autorité sur le divan)* J'ai un plan... *(à partir de maintenant, dans une excitation grandissante)* La mer du Nord — partons ensemble à la mer du Nord ! L'immensité, le roulement sourd des vagues, le déferlement étourdissant de la houle — nous y goûterons notre bonheur, ne serait-ce que quelques jours. Et après — qu'avons-nous à perdre ! Avez-vous quelque chose à y perdre ! Tromperie, tromperie depuis les premiers rêves jusqu'au dernier espoir ! — Pourquoi tremblez-vous maintenant ! Venez !

RICARDA.– *(essaye de se dégager)* La fièvre vous fait délirer...

OSKAR.– *(la retenant)* Pourquoi la fièvre ! Vous êtes une jeune fille décidée ! Ne m'aimez-vous plus ? Vous reculez devant l'inhabituel. Laissez-moi faire en sorte que le courage ne vous fasse pas défaut. Vous ne savez pas ce qu'est le bonheur... !

RICARDA.– *(luttant avec lui)* Ô Dieu, ô Dieu, ô Dieu...

OSKAR.– Et moi, j'ai le courage d'un désespéré ! Confiez-vous à moi pendant quelques jours ! Je vais vous guider, je vais tout vous faciliter...

RICARDA.– Au secours ! Au secours ! *(elle s'arrache à lui, titube en reculant)* À l'aide ! — *(elle est rattrapée par Karl, qui entre à l'instant)* Sauvez-moi de ce fou furieux !

*Un temps.*

## Scène 5

*Karl, Holberg, Erna arrivent du fond à gauche. Marguerite, de l'avant-scène droit. Les précédents.*

*Oskar est assis effondré sur le divan.*

MARGUERITE.– *(sur le proscenium droit)* Voilà donc l'expert psychiatrique, ou comment ça s'appelle !

KARL.– *(tenant Ricarda dans ses bras)* Docteur ?

HOLBERG.– *(avec dédain)* Maintenant, bien sûr, monsieur est sage comme une image !

MARGUERITE.– On dirait que le conseil de famille bat déjà son plein.

OSKAR.– *(se lève, reste debout devant le divan, avec une dignité chevaleresque)* J'ai fait ce que je pouvais faire, au vu de la sincérité de mon sentiment. Je renonce. Il me faut considérer mademoiselle Ricarda comme un sphinx, dont il ne me semble pas donné de percer l'énigme. En revanche, j'ai appris à nourrir un trop grand respect pour sa nature énigmatique, pour ne pas en laisser la clé à un meilleur que moi sans en concevoir de l'envie et de la contrariété.

KARL.– *(comme précédemment)* Vous-même parlez par énigmes, docteur.

OSKAR.– Vous, monsieur Rappart, êtes celui qui me comprend le mieux ici. Nous sommes des êtres du hasard. Nous devons tous accepter le hasard, comme on nous accepte, nous. Estimez-vous heureux et taisez-vous. Je ne fais pas une vertu de la nécessité. *(se jetant dans un fauteuil à l'avant-scène droit)* Ne raillez pas, en plus, par de la reconnaissance ma grandeur d'âme forcée.

MARGUERITE.– *(à Karl)* Je t'en prie, mon cher frère, occupe-toi un peu d'elle.

ERNA.– *(s'est également avancée)* Vous avez des âmes la connaissance nécessaire, monsieur Rappart. Vous êtes le mieux placé pour l'amener à la raison. C'est votre métier après tout.

MARGUERITE.– S'il te plaît, mon cher frère, fais-le. Si tu lui parles comme il faut, elle le prendra sûrement.

HOLBERG.– On ne doit pas se mêler des affaires qui ne vous regardent pas. On s'y brûle seulement les doigts.

KARL.– *(tenant Ricarda, dans un léger désespoir)* Que diable vais-je bien pouvoir faire d'elle !

HOLBERG.– *(dans le fauteuil à l'avant-scène)* Je l'épouserais sans autre forme de procès !

KARL.– À votre place, je me tiendrais tranquille !

HOLBERG.– *(à Oskar)* Pourquoi ne l'avez-vous pas épousée vous-même !

OSKAR.– *(se levant)* Je ne l'ai pas épousée, cher monsieur, parce que j'avais surestimé ma personne et ma valeur d'une manière irresponsable ! — *(s'asseyant)* Votre naïveté est trop touchante pour être offensante.

KARL.– *(à Ricarda, très doucement)* Si vous me voulez pour compagnon, Ricarda, prenez-moi — ce serait un très grand bonheur pour moi — mais à vos risques et périls, s'il vous plaît ! Je ne voudrais qu'on me fasse des reproches après. Je vous connais ; je sais ce que je fais. Enfin, vous me connaissez aussi suffisamment pour savoir parfaitement à quoi vous attendre avec moi. Vous prenez la responsabilité de mon consentement, comme pour ma part je prends la responsabilité du vôtre. Rassemblez vos esprits et tenez-moi au courant.

## Scène 6

*Alma, conduite par Emil ; tous deux arrivent du fond à gauche. Les précédents.*

ALMA.– *(avec un petit bichon, à Emil)* Depuis que nous sommes mariés, j'ai essayé tout ce qui était imaginable pour nous rendre la vie à deux ne serait-ce que supportable.

OSKAR.– *(dans le fauteuil, au premier plan à droite)* Il va bien sûr prétendre la même chose !

ALMA.– *(prenant place sur le divan)* Bien sûr qu'il le prétend. C'est pourquoi nous sommes enfin tombés d'accord, comme seuls des époux peuvent l'être. Si nous rompons le lien qui nous unit, il croit pouvoir encore se remettre d'aplomb. Mais si nous restons ensemble, nous sommes perdus tous les deux. Cela, je l'ai compris. C'est qu'on s'était imaginé l'un l'autre tout à fait différemment.

OSKAR.– L'amour achève ses patients, quand le docteur présente sa facture. Il ne nous reste plus qu'une boite à rengaines pour faire la manche.

## Scène 7

*Meier, conduit par Anna, tous deux du fond à droite. Il marche courbé, il a les jambes flageolantes et les joues creuses. Sous le bras, il porte un paquet de cahiers mensuels du* Soleil, *dans lesquels une quantité d'endroits sont repérés par des bandes de papier blanc. Il parle sur un ton douloureux et larmoyant, visiblement apitoyé sur lui-même. — Les précédents.*

MEIER.– *(à Anna)* Croyez-moi, je me sens comme un temple déserté par les dieux, comme un cadavre conscient de s'être pétrifié. Vous en aurez l'aperçu le plus clair à travers le poème…

*Il cherche le poème dans les cahiers mensuels.*

ANNA.– Voulez-vous bien prendre place, monsieur Meier. *(elle l'assied d'autorité dans un fauteuil à côté d'Oskar)* Bonjour, Alma chérie —

OSKAR.– Cela sera une histoire de la maladie en vers ïambiques, avec courbe de température élégiaque.

*Anna s'assied à la gauche de Meier.*

*Disposition :*

*Ricarda Karl*

*Holberg*
*Marguerite*

*Emil Erna*

*Oskar* *Meier* *Anna* *Alma*

MEIER.– *(qui n'a pas trouvé le poème, se levant)* Car je vous le dis tout de suite, je ne viens pas pour faire de mon état désolant la cible d'un débat sensationnel. N'ayant moi-même négligé aucun moyen de me rendre maître du démon qui s'est emparé de mon esprit, vous ne devez pas vous imaginer que vous allez venir à bout de lui avec des banals conseils pleins de bonnes intentions et d'amicales remontrances. J'ai uniquement donné suite à votre invitation pour me prémunir du soupçon qui voudrait que je sois amené à divorcer d'avec ma femme par manque de cœur. Qui est heureux ne se préoccupe pas de ce que le monde pense de lui. Mais qui est touché, broyé par la main du destin...

MARGUERITE.– *(le rassied dans le fauteuil)* Tout ceci doit certainement trop vous fatiguer, monsieur Meier.

MEIER.– *(avec un regard lourd de sens)* Je vous remercie.

OSKAR.– Et ensuite vous allez enfin en venir aux faits, n'est-ce pas ?

MEIER.– Quand un homme désespéré, naufragé, le cœur en sang s'arrache à une femme jeune, fraîche et pleine de joie de vivre, il s'agit d'un acte d'héroïsme qui mérite reconnaissance de la part de tous. Et quand la femme admet enfin de rendre des comptes ne serait-ce qu'à son propre bonheur, ce sont alors ceux qui s'obstinent à brouiller sa résolution qui commettent un acte irresponsable. Si ma bonne Alma ne s'était trompée sur mon compte, nous aurions peu à peu appris à nous complaire dans notre propre bêtise, comme des centaines et des milliers de gens honorables. Je suis celui qui fait exception. Ainsi il était de mon devoir de l'aider à dépasser ses scrupules petits-bourgeois. Et s'il vous fallait une preuve radicale du manque de conscience dont vous seriez capable en nous interdisant l'heureuse issue, par peur de l'émoi que provoquera notre divorce dans la presse européenne, écoutez seulement ce poème...

*Il cherche les poèmes dans les cahiers mensuels.*

EMIL.– *(à Holberg)* C'est vraiment effrayant : son poème est toujours de circonstance ! Vous pouvez avancer les arguments les plus clairement raisonnés, il vous lit un poème approprié, et vous ne savez plus où se trouve votre tête.

HOLBERG.– Vous auriez dû le flanquer dans votre fabrique de savons. Cette tragédie, je l'ai vue venir.

KARL.– *(derrière le divan, à Alma)* Ne craignez-vous pas, ma très chère, que la vie solitaire puisse vous paraître plus désolante encore que votre vie de famille... ?

ALMA.– Non. — Nietzsche ne dit pas sans raison que l'individu se voit jeter de la poudre aux yeux. Troll Borostiany écrit aussi que certaines communautés dans l'Etat de New York ont d'ores et déjà complètement aboli le mariage. Notre bonne Europe va bien sûr avoir besoin de quelques siècles de sommeil avant d'admettre qu'un amour qui n'est pas libre est, d'une part, impossible et, d'autre part, est quelque chose d'immoral.

OSKAR.– *(intervenant avec enthousiasme)* Qu'avec des institutions libres, l'homme resterait jusqu'à son dernier souffle frais et vaillant ! — Que la valeur de la vie tout entière en serait multipliée par cent… !

ANNA.– C'est vraiment l'endroit choisi pour entamer un chant de louanges à ces utopies !

MEIER.– *(à Anna)* Il fut un temps où l'on avait suffisamment d'ouverture d'esprit et de fidélité à ses convictions pour défendre de telles utopies avec un fervent enthousiasme !! — On fait ses concessions. — *(à Alma)* Faites vos concessions, chère madame ! Vous n'en voyez pas un entre ces quatre murs qui n'ait fait ses concessions !

ERNA.– À part Emil !

OSKAR.– À part Emil ! Emil représente, au milieu de la transformation perpétuelle des choses, l'idée fondamentale, toujours inchangée, qui chaque jour se révèle à nous de façon plus glorieuse ! *(à Alma)* Rabattez de vos prétentions, chère madame ! Le pathos vous ébranle les nerfs et le public s'en amuse. Apprenez à sourire, toujours sourire — vous finirez bien, alors, par vous accommoder de la poésie moderne.

MEIER.– *(qui n'a pas trouvé son poème, s'emportant, en désignant les cahiers)* Comme si ma poésie était responsable de l'ébranlement de mon esprit ! — Ne m'avez-vous pas connu vous-même comme étant l'homme le plus heureux qui soit sous le soleil ?! N'étais-je pas toujours content de moi, sain et resplendissant, porteur des espoirs les plus audacieux ?! Montrez-vous bon médecin, avant de jouer au prophète ! *(se levant, ses cahiers sous le bras)* Je vous remercie pour ce manque de tact. On aurait pu m'épargner la présence de cet opportuniste par respect pour mon état !

*Il veut partir.*

ANNA.– *(le retenant)* Mais, monsieur Meier…

MEIER.– Je vais si épouvantablement mal, je vais finir par me liquéfier les derniers restes de cervelle à parler avec ce genre de tête de courge !

KARL.– *(le reconduisant dans le fauteuil)* Nous ne t'en demandons pas tant. Raconte-nous seulement, calmement, à quelle occasion ton trouble mental s'est fait sentir pour la première fois.

MEIER.– *(qui n'arrive toujours pas à se calmer)* À la maison de santé, je serais préservé de ce genre de scène par le personnel de service !

KARL.– *(à Meier)* Ne te souviens-tu pas par hasard d'une cause toute particulière ?

MEIER.– *(à Oskar)* Vous êtes vraiment un peu jeune pour votre âge !

ALMA.– La chose était très simple. Quand il me donnait un baiser, il avait toujours le carnet de notes dans une main, et avec l'autre il y écrivait quelle était l'expression que prenait mon visage. J'étais jalouse du carnet de notes, je pensais : il ne t'embrasse que pour tes expressions, *(en pleurs)* et — et —

ANNA.– Alors ?

ALMA.– *(fondant en larmes)* Mon visage ne prenait plus aucune expression. — Là-dessus, Meier me reprocha mon comportement contre-nature, artificiel, et de n'avoir pas un gramme de spontanéité. Cela me rendait si malheureuse que, précisément moi, je n'aie soi-disant pas un gramme de spontanéité, que je suppliais Meier à genoux, pleurant à chaudes larmes, de bien vouloir reconnaître ma spontanéité. Pour toute réponse — Oh, jamais de ma vie entière je n'oublierais ce jour…

ERNA.– *(la caressant)* Dis ce que tu as sur le cœur, Alma chérie. C'est justement pour cela que nous sommes réunis ici, pour que tu puisses dire ce que tu as sur le cœur.

ALMA.– Pour toute réponse Meier sortit son carnet de notes de sa poche et écrivit quelles étaient les expressions que prenait mon visage… Quand je demandais : Comment as-tu dormi ? il l'écrivait dans son carnet de notes. Quand je racontais qu'un enfant avait été écrasé, il l'écrivait dans son carnet de notes. Quand je le suppliais de bien vouloir arrêter cette maudite prise de notes, il l'écrivait dans son carnet de notes. Pour finir, j'ai pensé : si l'un de nous deux pouvait n'être plus de ce monde, moi ou son carnet de notes…

OSKAR.– Et Meier l'écrivit dans son carnet de notes.

MEIER.– Je n'ai pas le moindre reproche à faire à Alma. Mais quand je faisais mes études naturalistes sur Alma, Alma devenait le contraire du naturel. Quand je faisais mes études naturalistes sur un autre objet, elle devenait jalouse. Il ne me restait donc plus d'autre solution que de faire mes études naturalistes sur moi-même. Et cela m'a achevé !

ALMA.– Finalement, j'ai proposé à Meier de choisir : soit il devait m'abattre sur l'heure, pour pouvoir écrire un grand roman là-dessus, soit nous devions divorcer !

KARL.– *(à Meier)* Alors, qu'est-ce que tu as répondu ?

MEIER.– J'ai écrit le poème…

*Il cherche dans les cahiers mensuels.*

OSKAR.– Quel monstre !

MARGUERITE.– Lisez, monsieur Meier ! Je vous en prie, lisez !

MEIER.– *(qui a trouvé le poème)* Non, non ! Et quand bien même vous me proposeriez tous les trésors de l'Inde !

TOUS.– *(ensemble)* Lisez, monsieur Meier ! — Tu ne nous as rien lu encore aujourd'hui ! — Maintenant que vous nous avez mis l'eau à la bouche ! Lisez ! — Lisez !

MARGUERITE.– *(lui prend le cahier des mains et le lui tient devant son nez)* Ici, monsieur Meier ! Lisez !

MEIER.– *(lit d'une voix faible et tremblante, avec expression mais sans maniérisme)*
Quand bien même mon âme est triste à en mourir…
*(levant les yeux)* Je vous en prie, ayez pitié de moi !

KARL.– *(debout derrière lui sur sa gauche, avec insistance)* Quand bien même…

MEIER.– *(de plus en plus décontenancé)*
Quand bien même mon âme est triste à en mourir,
Je ne crois pas encore sentir ma fin venir.
La douleur qui m'accable, me frappe d'anathème,
En somme tout cela est né dans un poème !

La folle du logis mène souvent le bal,
Plus d'un qui avait chu, elle a porté sans mal,
Tout là-haut en l'Esprit — À plus d'un, des — des hau — hauteurs
Du ci— ci— ci—
*(il tire son mouchoir)* Ô Dieu, ô Dieu…

*Il s'effondre en larmes, bouleversé.*

KARL.– *(lui prend le cahier des mains et lit d'une voix sourde)*
La folle du logis mène souvent le bal,
Plus d'un qui avait chu, elle a porté sans mal,
Tout là-haut en l'Esprit — À plus d'un, des hauteurs

Du ciel, elle a fait voir sa peur et ses malheurs.
Ô grande magicienne, abrège ma souffrance !
Ô prends pitié de moi ! Dévoile-moi les sens !
Déchire cette nuit dont tu frappes mon cœur !
Quand te feras-tu jour, lumière du bonheur !

*Meier sanglote à fendre le cœur. Alma pleure doucement dans son mouchoir. Oskar prépare une citronnade gazeuse dans le fond de la scène. Ricarda, qui a écouté toute la scène sans un geste, vient à la gauche de Karl.*

RICARDA.– *(oppressée)* Aie pitié de moi…

KARL.– Ricarda… ? Qu'est-ce que cela signifie… ?

RICARDA.– Dévoile-moi les sens !

KARL.– *(la prenant dans ses bras)* Ricarda ! *(rendant le cahier à Meier)* Dieu te récompense pour ton poème !

MEIER.– *(à travers des flots de larmes)* Mes enfants — Mes enfants…

OSKAR.– *(à sa droite dans le fauteuil, lui tendant la citronnade qui mousse)* Buvez donc ! Buvez !

KARL.– *(tenant Ricarda dans ses bras, à Oskar)* Docteur, vous ne pouvez m'accuser d'un comportement déloyal à votre égard.

OSKAR.– *(après avoir lui-même englouti la citronnade)* Vous avez ma bénédiction. Votre bonheur fait ma fierté. Ma parole m'est sacrée.

RICARDA.– *(à Anna)* Tu peux me jeter la pierre, Anna chérie. Je n'étais pas de taille à combattre ce monde…

ANNA.– *(le regard baissé)* Moi-même, je suis mariée.

RICARDA.– Toi mariée — Avec qui ?

OSKAR.– *(sans un geste)* Avec moi.

RICARDA.– *(se blottissant contre Karl)* Dieu du ciel !

KARL.– Je vous félicite, docteur !

OSKAR.– *(se lève, s'inclinant légèrement)* Je vous félicite, mademoiselle Ricarda.

MEIER.– *(en larmes)* Mes enfants — Mes enfants —…

KARL.– *(le prend par la main)* Et maintenant, viens, mon ami. Ton réalisme t'a fait oublier la poésie. Mais c'est à ta poésie que je dois la chose la plus précieuse que la vie m'ait accordé jusqu'à présent. Il faut que tu lui doives la même chose. Le vrai poète ne fait pas des poèmes en espionnant les gens, mais en éprouvant un profond plaisir à les voir. *(le conduisant à Alma)* Voilà ta muse. *(à Alma)* La vraie poésie ne s'est encore jamais interposée entre des amoureux. Le poète n'écrit que parce qu'il vit, parce qu'il aime, parce qu'il se réjouit de son existence. Ne voulez-vous pas, dans cet esprit, refaire encore un essai avec notre ami ?

ALMA.– *(en larmes)* Oui. Oui. — Mais sans — sans — sans…

KARL.– C'est la première condition : sans carnet de notes !

*LE RIDEAU TOMBE.*

*FIN.*

JÖRN CAMBRELENG

est comédien et traducteur. Au travers d'une vingtaine de spectacles, il inscrit son parcours entre le théâtre, le chant et la musique. Il a traduit des nouvelles fantastiques de E.T.A. Hoffmann, Kleist et Eichendorff.

# NOTES

1 Bertold Schwarz : Moine et inventeur allemand (Fribourg-en-Brisgau, v. 1310 - Venise, 1384). On lui a attribué (à tort) l'invention de la poudre à canon.

2 En allemand 1590. La date a été changée pour rendre l'assonance entre *neunzehn* et *neunzig*.

3 Allusion à la parabole des dix vierges dans la *Bible* (Matthieu, 25, 1-13).

4 Diminutif de Gertrud.

5 Joseph Kürschner (1853-1902). Lexicographe allemand, fondateur notamment d'une édition critique de la littérature allemande en 220 volumes, et de plusieurs ouvrages de référence biographiques.

6 « Le monde est étroit, et le cerveau est vaste
Les pensées se côtoient avec légèreté
Tandis que dans l'espace se heurtent les objets »
Schiller, *La Mort de Wallenstein*, acte II, scène 2.

7 *Ut desint vires* : Si bien que les forces manquent.

8 Schiller, *La Mort de Wallenstein*, acte IV, scène 12.

9 Joseph Viktor von Scheffel écrivit en 1854 « Der Trompeter von Säckingen », qui connut beaucoup de succès à l'époque.

10 Hypatie : Philosophe et mathématicienne grecque (Alexandrie 370-415). Elle fit des études de sciences, de philosophie et d'éloquence à Athènes avant de revenir à Alexandrie où elle ouvrit une école. Elle y commentait Platon et Aristote ainsi que les œuvres des grands mathématiciens. Elle mourut massacrée par la foule excitée contre elle par des moines.

11 *La Bible*, Matthieu 5, 37 : Que votre langage soit : Oui ? Oui. Non ? Non. Ce qu'on y ajoute vient du Malin.

12 Ancienne monnaie allemande et autrichienne.

13 *Maison de poupée*, de Henrik Ibsen, a fait l'objet d'un débat passionné dans les années qui précèdent la parution de *Enfants et Bouffons* (première version des *Jeunes gens*), et a compté dans les débuts du féminisme.

14 Meier déforme une citation d'Hamlet de Shakespeare (dans la traduction de Schlegel et Tieck qui a très longtemps fait référence), quand Hamlet dit à Horatio : « Il y a plus de choses sur la terre et dans le ciel, Horatio, que votre philosophie n'en rêve. »

15 Ce sont Karl Henckell et Gerhart Hauptmann, principaux représentants du naturalisme allemand, qui sont épinglés ici à travers Meier (voir documents).

16 Asra : Amoureux transi oriental. Cf. le poème de Heine, *Der Asra*.

17 *La Bible*, Matthieu, 7, 6.

18 *La Bible*, Luc, 15, 15.

19 *Pater peccavi* : mon père, j'ai péché.

20 Jeu satyrique : épilogue grotesque et comique d'une trilogie tragique dans la Grèce antique (dont le chœur était formé de satyres).

# L'ÉVEIL DU PRINTEMPS

Tragédie enfantine

*Traduction François Regnault*

*À l'homme masqué.*

L'auteur.

# PERSONNAGES[1]

*Les filles*

WENDLA BERGMANN

MARTHA BESSEL

THEA

ILSE, *modèle*

*Les garçons*

MELCHIOR GABOR

MORITZ STIEFEL

HÄNSCHEN RILOW

ERNST RÖBEL

OTTO

GEORG

ROBERT

LÄMMERMEIER

*Parents et adultes*

MME BERGMAN, *mère de Wendla*

INA MÜLLER, *sa fille*

M. GABOR, *père de Melchior*

MME GABOR, *mère de Melchior*

LE RENTIER STIEFEL, *père de Moritz*

ZIEGENMELKER, [Chèvrelait] *son ami*

L'ONCLE PROBST

LE PASTEUR KAHLBAUCH [Ventrechauve]

*Les professeurs*

LE DIRECTEUR SONNENSTICH [Coup-de-soleil]

AFFENSCHMALZ [Singegraisse]

KNÜPPELDICK [Grosrondin]

HUNGERGURT [Trompe-la-faim]

ZUGENSCHLAG [Coup-de-langue]

KNOCHENBRUCH [Fracadosse]

FLIEGENTOD [Mortemouche]

HABEBALD, [Legrappin] *appariteur*

*Les pensionnaires de la maison de correction*

DIETHELM

REINHOLD

RUPRECHT

HELMUTH

GASTON

LE DOCTEUR PROCUSTE

LE DOCTEUR VON BRAUSEPULVER [Bicar de Bonate]

SERRURIER

LYCÉENS, VENDANGEURS, VENDANGEUSES

L'HOMME MASQUÉ

*Cette pièce a été créée dans la traduction de François Regnault le 25 octobre 1974 au Théâtre Récamier dans le cadre du Festival d'Automne, dirigé par Michel Guy, dans une mise en scène de Brigitte Jaques. Décors et costumes de Legavre-Stoppani. Éclairages de Denys Clerval.*

*Sept acteurs jouaient tous les rôles, les adolescents jouant eux-mêmes les adultes : Jany Gastaldi (Wendla), Philippe Clévenot (Melchior), Jean-Baptiste Malartre (Moritz), Brigitte Jaques (Ilse, l'Homme masqué), Jean-Loup Wolff (Hänschen Rilow), Colette Fellous (Martha), Charles Brandon (Ernst).*

# ACTE I

## Scène 1

*Une chambre.*

WENDLA.– Pourquoi m'as-tu fait la robe si longue, mère ?

MME BERGMANN.– Tu as quatorze ans aujourd'hui !

WENDLA.– Si j'avais su que tu me ferais la robe si longue, j'aurais mieux aimé ne pas avoir quatorze ans.

MME BERGMANN.– La robe n'est pas trop longue, Wendla. Que veux-tu ? Qu'y puis-je si mon enfant, à chaque printemps, prend deux pouces de plus ? Une grande jeune fille comme toi, tu ne peux pas aller et venir en robe de petite princesse.

WENDLA.– En tout cas, ma robe de petite fille me va mieux que cette chemise de nuit. — Laisse-moi la porter encore une fois, mère ! Encore un été seulement. Que j'aie quatorze ou quinze ans, cette robe de pénitence m'ira toujours assez bien. — Gardons-la jusqu'à mon prochain anniversaire ; si je la mettais aujourd'hui, je marcherais sur le galon et c'est tout.

MME BERGMANN.– Je ne sais que dire. Je te garderais bien comme tu es, mon enfant. Il y a des jeunes filles qui sont gourdes et godiches à ton âge. Toi, tu es tout le contraire. — Qui sait comme tu seras quand les autres auront grandi.

WENDLA.– Qui sait — peut-être que je n'y *serai plus.*

MME BERGMANN.– Mon enfant, mon enfant, comment te vient-il de telles pensées !

WENDLA.– Non, mère chérie, pas de tristesse !

MME BERGMANN.– *(l'embrassant)* Mon unique trésor !

WENDLA.– Elles me viennent le soir, quand je ne m'endors pas. Je n'en ai aucune tristesse, et je sais qu'ensuite je m'endors d'autant mieux. — Est-ce un péché, mère, d'avoir ces pensées-là ?

MME BERGMANN.– Va ; va et accroche la robe de pénitence dans l'armoire ! Et au nom du ciel, remets ta robe de petite princesse ! — À l'occasion, j'y fixerai dans le bas un volant, large d'une main.

WENDLA.– *(elle accroche la robe dans l'armoire)* Non, alors, j'aimerais encore mieux avoir tout à fait vingt ans… !

MME BERGMANN.– N'attrape pas froid, c'est tout ! — Pourtant, ta robette était assez longue en son temps ; mais…

WENDLA.– Maintenant, avec l'été qui vient ? — Ô mère, même les tout-petits, est-ce que ça attrape la diphtérie aux mollets ! Ce qu'il y a des gens craintifs. Et puis, à mon âge, on ne gèle pas — du moins pas aux jambes. Ou alors on veut que j'aie trop chaud, mère ? — Rends grâce au Dieu très bon que ton trésor, un beau matin, ne raccourcisse ses manches et ne s'en revienne entre chien et loup sans souliers ni sans bas ! — Quand je porterai ma robe de pénitence, j'aurai aussi peu de dessous que la reine des elfes… Non, petite mère, pas fâchée ! On ne le verra pas ! Personne.

## Scène 2

*Le dimanche soir.*

MELCHIOR.– J'en ai vraiment assez. Fini de jouer avec vous.

OTTO.– Dans ce cas, nous aussi, arrêtons-nous ! — Et tes devoirs, Melchior ?

MELCHIOR.– Mais continuez à jouer !

MORITZ.– Où vas-tu ?

MELCHIOR.– Me promener.

GEORG.– Mais la nuit tombe !

ROBERT.– Tu as fait ton travail, déjà ?

MELCHIOR.– Pourquoi m'empêcherait-on d'aller me promener dans le noir ?

ERNST.– Et l'Amérique centrale ! — et Louis XV ! — et soixante vers d'Homère ! — et sept équations !

MELCHIOR.– Maudits devoirs !

GEORG.– Si au moins la composition latine n'était pas pour demain !

MORITZ.– On ne peut penser à rien sans que les devoirs ne se mettent en travers !

OTTO.– Je rentre à la maison.

GEORG.– Moi aussi, faire les devoirs.

ERNST.– Moi aussi, moi aussi.

ROBERT.– Bonne nuit, Melchior.

MELCHIOR.– Dormez bien ! *(tous s'éloignent sauf Moritz et Melchior)* J'aimerais pourtant savoir pourquoi au juste nous sommes dans ce monde !

MORITZ.– Aller à l'école ! J'aimerais encore mieux être un canasson de fiacre ! — Pourquoi allons-nous à l'école ? — Nous allons à l'école pour qu'on puisse nous y faire passer des examens ! — Et pourquoi nous fait-on passer des examens ? — Pour nous recaler. — Il y en a sept qui doivent être recalés, puisque la salle de classe supérieure ne peut en contenir que soixante. — Je me sens tout chose depuis Noël... et le diable m'emporte, si papa n'était pas là, aujourd'hui même je ferais un nœud à mon baluchon et en route pour Altona !

MELCHIOR.– Changeons de sujet. —

*Ils vont se promener.*

MORITZ.– Tu vois le chat noir, là, avec la queue dressée ?

MELCHIOR.– Crois-tu aux présages ?

MORITZ.– Je ne sais pas au juste. — — Il est venu de là-bas. Cela n'a aucun sens.

MELCHIOR.– Je crois que c'est une Charybde où chacun se précipite quand il s'est arraché à la Scylla de l'illusion religieuse. — — Asseyons-nous ici sous le hêtre. Le vent nouveau balaie les montagnes. J'aimerais être, maintenant, là-haut dans la forêt, une jeune dryade qui, toute sa longue nuit, se laisse bercer, balancer dans les plus hautes cimes…

MORITZ.– Déboutonne ta veste, Melchior !

MELCHIOR.– Ah ! — Comme les vêtements gonflent au vent !

MORITZ.– Il tombe Dieu sait quelle noirceur, à ne pas voir sa main devant les yeux. Où es-tu exactement ? — — Ne crois-tu pas comme moi, Melchior, que le sentiment de la pudeur, dans l'homme, n'est qu'un produit de son éducation ?

MELCHIOR.– Avant-hier encore, j'y songeais. Il est tout de même enraciné profond dans la nature humaine. Imagine que tu doives te dévêtir entièrement devant ton meilleur ami. Tu ne le feras pas s'il ne le fait en même temps lui aussi. — Et puis c'est encore plus ou moins une affaire de mode.

MORITZ.– Je me suis déjà dit que si j'ai des enfants, des garçons et des filles, je les ferai dormir ensemble et dès le début, dans la même pièce, si possible sur une seule et même couche ; je voudrais que matin et soir ils s'aident à s'habiller et à se déshabiller les uns les autres et qu'à la chaude saison, les garçons comme les filles, ils ne portent rien de tout le jour qu'une tunique de laine blanche, ceinte d'une lanière de cuir. — J'ai idée qu'à grandir dans ces mœurs, ils devraient plus tard être plus calmes que nous ne le sommes pour la plupart.

MELCHIOR.– J'en suis persuadé, Moritz ! — La question est seulement : si les filles ont des enfants, que faire ?

MORITZ.– Comment, ont des enfants ?

MELCHIOR.– À cet égard, je crois justement à un certain instinct. Je crois que, si on enferme ensemble, par exemple, un chat et une chatte en bas âge et qu'on les écarte tous les deux de tout commerce avec le monde extérieur, ce qui revient à les abandonner entièrement à leurs seuls mouvements — tôt ou tard, la chatte devient grosse un beau jour, bien qu'elle ni son chat n'aient eu aucun modèle pour leur ouvrir les yeux.

MORITZ.– Chez les animaux, il faut bien que cela arrive tout seul un jour ou l'autre.

MELCHIOR.– Mais chez les hommes bien davantage, c'est mon avis ! Je te le demande, Moritz, si tes garçons dorment avec les filles sur une seule et même couche et que leur adviennent à l'improviste les premières excitations mâles — eh bien ! je parierais volontiers avec n'importe qui...

MORITZ.– Tu dois bien avoir raison. — Et pourtant...

MELCHIOR.– Et pour les filles, il en irait de même à l'âge correspondant ! Non pas que la fille, certes... le cas n'est pas si clair... en tout cas, on pourrait supposer...... et puis on peut compter sur la curiosité pour taire très vite son effet !

MORITZ.– Une question, à propos —

MELCHIOR.– Voyons.

MORITZ.– Mais tu réponds !

MELCHIOR.– Naturellement !

MORITZ.– Vrai ?!

MELCHIOR.– Ma main. — — Eh bien ! Moritz ?

MORITZ.– Ton devoir, il est fait ??

MELCHIOR.– Mais parle donc à cœur ouvert ! — Ici qui nous voit ? qui nous entend ?

MORITZ.– Il va de soi que mes enfants devraient travailler tout le jour, dans la cour, dans le jardin, ou se divertir à des jeux qui impliquent la fatigue physique : faire du cheval, de la gymnastique, grimper, et surtout, la nuit, pas de sommeil douillet, comme nous. Nous sommes terriblement amollis. — Je crois qu'on ne rêve pas du tout quand on dort à la dure.

MELCHIOR.– D'ici à la fin des vendanges, je ne dormirai plus que dans mon hamac. J'ai mis mon lit derrière le poêle. On peut le replier. — L'hiver passé, j'ai fait un rêve, j'avais fouetté si longtemps notre Lolo qu'il ne pouvait plus remuer une patte. C'est ce que j'ai jamais rêvé de plus atroce. — Pourquoi me regardes-tu si étrangement ?

MORITZ.– Les as-tu déjà ressenties ?

MELCHIOR.– Quoi ?

MORITZ.– Comment tu disais ?

MELCHIOR.– Les excitations mâles ?

MORITZ.– Euh…

MELCHIOR.– Bien sûr !

MORITZ.– Moi aussi. — — — — — — — — — — — — — — — — — — — — —

MELCHIOR.– Je connais ça depuis longtemps, oui ! — Déjà bientôt un an.

MORITZ.– Moi, j'étais comme touché par la foudre.

MELCHIOR.– Et tu avais rêvé ?

MORITZ.– Mais seulement un rêve très court… … des jambes en bas bleu ciel, qui montaient sur le pupitre — pour être exact, j'ai seulement pensé qu'elles voulaient l'enjamber. — Je les ai vues très furtivement.

MELCHIOR.– Georg Zirschnitz, lui, a rêvé de sa *mère*.

MORITZ.– Il t'a raconté ça ?

MELCHIOR.– Dehors, sur le chemin du gibet !

MORITZ.– Si tu savais par quoi je suis passé depuis cette nuit-là !

MELCHIOR.– Des remords ?

MORITZ.– Des remords ??— — — *L'angoisse de la mort* !

MELCHIOR.– Seigneur Dieu…

MORITZ.– J'ai pensé : je suis incurable. Je croyais souffrir d'un mal intérieur. — Pour finir, je n'ai trouvé quelque repos que le jour où j'ai commencé à rédiger mes Mémoires. Oui, oui, cher Melchior, ces trois dernières semaines, un Gethsémani pour moi.

MELCHIOR.– Moi, à l'époque, je m'y trouvais plus ou moins préparé. Seulement une légère honte. — Et puis ce fut tout, ma foi.

MORITZ.– Et pourtant tu as presqu'un an de moins que moi !

MELCHIOR.– À ta place, je ne m'en inquiéterais pas. D'après mes expériences, il n'y a pas d'âge fixé pour le premier surgissement de ces fantômes. Tu connais bien le grand Lämmermeier, le blond filasse avec le nez en bec d'aigle ? Trois ans de plus que moi. Hans Rilow dit qu'il ne rêve encore que tartes à la crème et gelée d'abricots.

MORITZ.– Je te demande un peu : comment Hans Rilow peut-il en juger ?

MELCHIOR.– Il lui a demandé.

MORITZ.– Il lui a demandé ? — Moi, je n'aurais jamais osé demander à personne.

MELCHIOR.– Mais tu me l'as bien demandé, à moi.

MORITZ.– Mon Dieu, oui ! — Peut-être que Hans avait déjà fait son testament auparavant. — Un jeu étrange, vraiment, celui qu'on nous joue. Et il faut encore que nous soyons reconnaissants ! Je ne me rappelle pas avoir désiré ce genre d'excitations. Pourquoi ne m'a-t-on pas laissé dormir tranquille jusqu'à ce que tout se soit enfin calmé ? Mes chers parents auraient pu avoir une centaine d'enfants meilleurs. Mais c'est moi qui suis venu, je ne sais pas comment, et il faut que je réponde de n'être pas resté où j'étais. — N'as-tu pas songé, toi aussi, Melchior, de quelle façon nous avons été pris dans ce tourbillon ?

MELCHIOR.– Tu ne le sais pas encore, Moritz ?

MORITZ.– Comment le saurais-je ? — Je vois comment les poules pondent des œufs et j'entends dire que Maman prétend m'avoir porté sous le cœur. Mais est-ce bien suffisant ? — Je me souviens aussi comme j'étais gêné, à cinq ans, quand quelqu'un abattait la dame de cœur, la décolletée. Ce sentiment s'est perdu. Cependant aujourd'hui, je puis à peine parler avec la première fille venue sans penser en même temps à quelque chose d'abominable, et — je te le jure, Melchior — je ne sais pas *quoi*.

MELCHIOR.– Je te dirai tout. — Je le tiens des livres, je le tiens d'illustrations, et aussi d'observations faites sur nature. Tu seras étonné ; c'est à ce moment-là que je suis devenu athée. Je le lui ai dit, à Georg Zirschnitz ! Georg Zirschnitz voulait le dire à Hans Rilow, mais Hans Rilow avait tout appris de sa gouvernante quand il était petit.

MELCHIOR.– J'ai parcouru le *Petit Meyer* de A à Z. Des mots — rien que des mots, des mots ! Pas la moindre explication claire. Oh, cette pudeur ! — À quoi bon une encyclopédie qui, sur les questions les plus pressantes de la vie, ne répond pas.

MELCHIOR.– Mais tu as bien déjà vu deux chiens courir la rue ?

MORITZ.– Non ! — — Aujourd'hui, ne me dis rien encore, Melchior. J'ai l'Amérique centrale et Louis XV sur les bras. Et en plus, les soixante vers d'Homère, les sept équations, la composition latine — sinon, demain, je vais encore tout rater. Pour pouvoir bûcher et que ça paye, il faut m'abrutir comme un bœuf.

MELCHIOR.– Viens donc dans ma chambre. En trois quarts d'heure, je te fais Homère, les équations et *deux* devoirs. Je t'y ménage deux ou trois petites fautes sans importance, et c'est dans le sac. Maman nous pressera bien une limonade, et nous parlerons tranquillement de la reproduction.

MORITZ.– Je ne peux pas. — Je ne peux pas parler tranquillement de la reproduction ! Si tu veux me faire plaisir, donne-moi tes explications par écrit. Écris-moi ce que tu sais. Que ce soit court, clair, le plus possible, et pendant l'heure de gymnastique, demain, glisse-le entre deux livres. Je l'emporterai chez moi sans savoir que je l'ai. Je le découvrirai, un jour, sans m'y attendre. Forcément, sans le vouloir je le parcourrai, d'un œil las... et si tu ne peux vraiment pas faire autrement, tu peux aussi y joindre quelques dessins.

MELCHIOR.– Tu es comme une fille. — Tant pis, c'est comme tu veux ! Et puis pour moi, c'est un travail passionnant. — — Une question, Moritz.

MORITZ.– Hm ?

MELCHIOR.– — Tu as déjà vu une fille ?

MORITZ.– Oui !

MELCHIOR.– Mais tout entière ?!

MORITZ.– *Complètement !*

MELCHIOR.– Moi aussi justement ! — Alors il n'y aura pas besoin d'illustrations.

MORITZ.– C'était pendant la fête des Chasseurs, au musée d'anatomie de Leilich[2] ! Si on l'avait su, on m'aurait chassé de l'école. — Belle comme le jour, et — oh, la nature à l'état pur !

MELCHIOR.– Moi, j'étais l'été dernier avec maman à Francfort — — Tu veux déjà t'en aller, Moritz ?

MORITZ.– Faire mes devoirs. — Bonne nuit.

MELCHIOR.– Au revoir.

## Scène 3

*Thea, Wendla et Martha s'en viennent par la rue, bras dessus bras dessous.*

MARTHA.– Comme les chaussures prennent l'eau !

WENDLA.– Comme les joues prennent le vent !

THEA.– Comme le cœur bat fort !

WENDLA.– Allons voir jusqu'au pont ! Ilse disait que le fleuve convoyait des arbustes, des arbres. Les garçons ont un radeau sur l'eau. Melchi Gabor, hier au soir, un peu plus, il paraît qu'il se noyait.

THEA.– Oh ! C'en est un qui sait nager !

MARTHA.– Je te crois, ma petite !

WENDLA.– Et s'il n'avait pas su nager, il se serait bien noyé !

THEA.– Ta natte s'en va, Martha, ta natte s'en va !

MARTHA.– Peuh — Laisse-la faire ! Elle m'agace jour et nuit. Porter les cheveux courts, comme toi, je n'ai pas le droit, les cheveux au vent, comme Wendla, pas le droit, une frange, pas le droit, et à la maison, il faut en plus que je me coiffe toute seule — tout ça à cause de mes tantes !

WENDLA.– Demain, je viens au cours de religion avec une paire de ciseaux, et pendant que tu réciteras « Bienheureux celui qui ne s'égare pas[3] », je te les couperai.

MARTHA.– Pour l'amour de Dieu, non, Wendla ! Ou papa me bat comme plâtre, et maman m'enferme trois nuits dans le trou à charbon.

WENDLA.– Avec quoi te bat-il, Martha ?

MARTHA.– Il me semble parfois qu'il leur manquerait quelque chose s'ils n'avaient pas une sale petite peste comme moi.

THEA.– Voyons, ma fille !

MARTHA.– Tu as pu glisser un ruban bleu dans les pattes de ton corsage, on te l'a permis ?

THEA.– Du satin rose ! Maman prétend que rose, c'est joli avec mes yeux noirs comme le jais.

MARTHA.– Moi, le bleu m'allait à ravir ! — Maman m'a tirée du lit par ma natte. Alors — je suis tombée en avant sur le parquet. —Maman, elle fait la prière du soir chaque soir, avec nous...

WENDLA.– À ta place, je les aurais lâchés depuis longtemps pour le grand monde.

MARTHA.– ... Ah ! Voilà donc ce dont je rêve ! — Ah ! C'est donc cela ! — Ah ! oui vraiment, elle voudrait bien voir ça, oui, elle voudrait m'y voir, ma mère ! — Qu'au moins je ne puisse pas lui faire de reproches...

THEA.– Hou ! Hou !

MARTHA.– Tu comprends, Thea, ce que maman voulait dire par là ?

THEA.– Moi non. — Et toi, Wendla ?

WENDLA.– Je lui aurais demandé, c'est tout.

MARTHA.– J'étais par terre, je criais, je hurlais. Papa survient. Cric, crac — ma chemise tombe, et moi, à la porte, dehors. M'y voilà donc, non ? Descendre comme ça dans la rue, c'est bien ce que je voulais, n'est-ce pas ?...

WENDLA.– Non, ce n'est pas possible, Martha.

MARTHA.– Je gelais. Je suis revenue. J'ai dû dormir la nuit entière dans un sac.

THEA.– De ma vie, je ne dormirais dans un sac !

WENDLA.– J'aimerais vraiment bien dormir dans ton sac ; pour toi.

MARTHA.– Et encore, quand on ne vous bat pas.

THEA.– On y étouffe, quand même !

MARTHA.– La tête est à l'air. On fait un nœud sous le menton.

THEA.– Et ensuite, on te bat ?

MARTHA.– Non. Seulement dans certains cas.

WENDLA.– Avec quoi te bat-on, Martha ?

MARTHA.– Eh bien — avec n'importe quoi. — Ta mère aussi trouve-t-elle inconvenant de manger au lit un quignon de pain ?

WENDLA.– Non, non.

MARTHA.– Je crois tout de même qu'ils y trouvent leur plaisir — quoiqu'ils n'en soufflent mot. — Si un jour j'ai des enfants, je les laisserai pousser comme la mauvaise herbe dans notre jardin de fleurs. Qui donc s'en soucie, et puis ça monte si haut, si dru — tandis que les roses dans leurs parterres contre leurs tuteurs fleurissent chaque été plus chétives.

THEA.– Si j'ai des enfants, je les habillerai de rose des pieds à la tête, rose le chapeau, rose la robe, roses les souliers. Sauf les bas — les bas noirs comme la nuit ! Et ensuite lorsque j'irai me promener, je les ferai défiler devant moi. — Et toi, Wendla ?

WENDLA.– Savez-vous donc si vous en aurez ?

THEA.– Pourquoi ne devrions-nous pas en avoir ?

MARTHA.– Tout compte fait, tante Euphémie n'en a pas.

THEA.– Bécasse ! — c'est qu'elle n'est pas *mariée.*

WENDLA.– Ma tante Bauer a été mariée trois fois, et elle n'en a pas le moindre.

MARTHA.– Si tu en avais, Wendla, qu'est-ce que tu préférerais, des garçons ou des filles ?

WENDLA.– Des garçons ! des garçons !

THEA.– Moi aussi, des garçons !

MARTHA.– Moi aussi. Plutôt vingt garçons que trois filles.

THEA.– Les filles sont ennuyeuses !

MARTHA.– Si je n'avais pas été une fille jusqu'ici, sûr que je ne voudrais pas en devenir une maintenant.

WENDLA.– C'est, je crois, Martha, une affaire de goût ! Je me réjouis chaque jour d'être une fille. Crois-moi, je ne changerais pas avec le fils d'un roi. — Voilà pourquoi je ne voudrais avoir que des garçons !

THEA.– Mais cela n'a pas de sens, Wendla, aucun sens !

WENDLA.– Mais je te demande pardon, ma petite, il doit être mille fois plus exaltant d'être aimé par un homme que par une fille !

THEA.– Tu ne vas tout de même pas prétendre que Pfälle, le stagiaire des Eaux et Forêts, aime Melitta plus qu'il n'est aimé d'elle !

WENDLA.– Mais si justement, Thea ! Pfälle est fier. — Pfälle est fier d'être stagiaire des Eaux et Forêts — car Pfälle n'a rien. — Melitta est *heureuse,* parce qu'elle va recevoir dix mille fois plus que ce qu'elle vaut.

MARTHA.– N'es-tu pas fière de toi, Wendla ?

WENDLA.– Ce serait de la niaiserie.

MARTHA.– Comme je voudrais être fière, à ta place !

THEA.– Vois donc, vois comme elle pose les pieds — comme elle regarde droit — comme elle se tient, Martha ! Si ce n'est pas de la fierté !

WENDLA.– Mais pourquoi ? J'ai tant de bonheur d'être une fille ; si je n'étais pas une fille, je me tuerais, et la fois suivante…

*Melchior passe et salue.*

THEA.– Il a une tête merveilleuse.

MARTHA.– J'imagine le jeune Alexandre, lorsqu'il allait à l'école chez Aristote.

THEA.– Dieu très bon ! L'histoire grecque à présent ! Tout ce que j'ai retenu, c'est Socrate dans le tonneau et Alexandre en train de lui vendre l'ombre de l'âne.

WENDLA.– Dans sa classe, il doit être troisième.

THEA.– Le professeur Knochenbruch dit que s'il voulait, il pourrait être premier.

MARTHA.– Il a un beau front, mais son ami a un regard plus chargé d'âme.

THEA.– Moritz Stiefel ? — Quel empoté celui-là !

MARTHA.– Je me suis toujours très bien entendue avec lui.

THEA.– Il te fait honte chaque fois que tu le rencontres. Au bal des enfants chez les Rilow, il m'a offert des pralinés. Et tu t'imagines, Wendla, ils étaient mous et chauds... N'est-ce pas de la... ? — Il a dit qu'il les avait gardés trop longtemps dans la poche de son pantalon.

WENDLA.– Et tu t'imagines, Melchi Gabor m'a dit un jour qu'il ne croyait à rien — ni Dieu, ni au-delà — ni rien en ce monde.

## Scène 4

*Un parc devant le lycée — Melchior, Otto, Georg, Robert, Hänschen Rilow, Lämmermeier.*

MELCHIOR.– L'un de vous peut-il me dire où Moritz Stiefel se cache ?

GEORG.– Ça va aller mal pour lui ! Oh ! pour lui, ça va aller mal !

OTTO.– Il va trop loin, encore un peu et il est fait comme un rat !

LÄMMERMEIER.– Le diable le sait, en ce moment je n'aimerais pas être dans sa peau !

ROBERT.– Et cette effronterie ! — Cette impudence !

MELCHIOR.– Qu — Qu — qu'est-ce que vous savez donc !

GEORG.– Ce que nous savons ? — Eh bien ! je vais te le dire... !

LÄMMERMEIER.– Je voudrais n'avoir rien dit.

OTTO.– Moi non plus. — Dieu merci non !

MELCHIOR.– Si vous ne me dites pas tout de suite...

ROBERT.– En deux mots, Moritz Stiefel est entré dans la *salle du Conseil.*

MELCHIOR.– Dans la salle du Conseil... ?

OTTO.– Dans la salle du Conseil ! — Aussitôt après l'heure de latin.

GEORG.– Il est sorti le dernier ; il est resté en arrière exprès.

LÄMMERMEIER.– Comme je tournais le coin du corridor, je l'ai vu ouvrir la porte.

MELCHIOR.– Que le diable te... !

LÄMMERMEIER.– Si le diable ne l'emporte pas, lui !

GEORG.– Probable que le directeur n'avait pas emporté la clef.

ROBERT.– Ou que Moritz Stiefel a un passe-partout.

OTTO.– On peut lui faire confiance.

LÄMMERMEIER.– Au mieux, il est bon pour son dimanche après-midi.

ROBERT.– Avec une observation sur son carnet !

OTTO.– À moins qu'avec ses notes il ne doive aller voir ailleurs.

HÄNSCHEN RILOW.– Le voici !

MELCHIOR.– Blanc comme linge.

*Entre Moritz, visiblement agité.*

LÄMMERMEIER.– Moritz, Moritz, ce que tu as fait !

MORITZ.– — Rien — — rien — —

ROBERT.– Tu as de la fièvre !

MORITZ.– — De bonheur — de joie — de jubilation —

OTTO.– Tu t'es fait pincer ?!

ROBERT.– J'ai mon admission ! — Melchior, je suis admis ! — Oh ! à présent le monde peut bien périr ! — Je suis admis ! — Qui aurait cru que je serais admis ! — Je ne réalise pas encore bien ! — Vingt fois j'ai lu la chose ! — Je ne peux pas y croire — grand Dieu, mon nom y était ! Il y était ! *Je suis admis* ! — *(souriant)* Je ne sais — c'est si étrange pour moi — la terre tourne... Melchior, Melchior, si tu savais par où j'ai passé !

HÄNSCHEN RILOW.– Félicitations, Moritz. — Réjouis-toi de t'en être si bien sorti !

MORITZ.– Tu ne sais pas, Hans, tu ne devines pas tout ce qui était en jeu. Voici trois semaines que je me glisse près de cette porte comme devant la gueule de l'enfer. Aujourd'hui, je vois qu'on ne l'a pas fermée à clef. Je crois bien, m'eût-on offert un million — rien, rien au monde n'aurait pu me retenir ! — Me voilà au milieu de la salle — j'ouvre le grand cahier — je tourne les pages — je trouve, — — et pendant tout ce temps... J'en ai froid dans le dos —

MELCHIOR.– ... Pendant tout ce temps ?

MORITZ.– Pendant tout ce temps, il y a la porte, derrière moi, grande ouverte. — Comment je suis sorti... descendu l'escalier, je ne sais pas.

HÄNSCHEN RILOW.– — Ernst Röbel est-il admis lui aussi ?

MORITZ.– Oh ! Oui, Hans, oui ! — Ernst Röbel est admis comme moi.

ROBERT.– Alors tu n'as pas dû lire de bien près. Si on ne compte pas le banc des ânes, on arrive à soixante et un avec toi et Röbel, alors que la classe d'en haut ne peut pas en contenir plus de soixante.

MORITZ.– J'ai parfaitement bien lu. Ernst Röbel est promu aussi bien que moi — mais nous deux, pour l'instant, c'est *provisoire*. Au premier trimestre on verra clairement qui des deux doit faire place à l'autre. — Pauvre Röbel ! — Le ciel sait que je ne suis plus en peine pour moi-même. Le fond de l'abîme, cette fois, je l'ai trop regardé.

OTTO.– Je te parie cinq marks que c'est toi qui feras place nette.

MORITZ.– Tu n'as pas le sou. Je ne veux pas te voler. — Seigneur Dieu, comme je vais bûcher à partir d'aujourd'hui ! — Oui, je puis bien le dire — vous, croyez-le, ne le croyez pas — tout m'est égal à présent — une chose, une chose est vraie, je le sais : si je n'avais pas été admis, je me serais logé une balle dans la tête.

ROBERT.– Crâneur !

GEORG.– Ah ! le poltron !

OTTO.– J'aurais aimé te voir faire !

LÄMMERMEIER.– Une bonne claque, oui !

MELCHIOR.– *(il lui en donne une)* — — Viens, Moritz. Allons à la maison du garde forestier !

GEORG.– Parce que tu crois à ces sornettes ?

MELCHIOR.– De quoi te mêles-tu ? — — Laisse-les dire, Moritz ! Allons-nous-en, allons, à la ville !

*Les professeurs Hungergurt et Knochenbruch passent.*

KNOCHENBRUCH.– Incompréhensible pour moi, très honoré collègue, que mon meilleur élève se sente attiré par mon élève le plus mauvais.

HUNGERGURT.– Et pour moi, très honoré collègue !

## Scène 5

*Un après-midi ensoleillé. Melchior et Wendla se rencontrent dans la forêt.*

MELCHIOR.– C'est toi, Wendla, vraiment toi ? — Mais que fais-tu ici toute seule ? — Depuis trois heures je parcours la forêt dans tous les sens, sans rencontrer âme qui vive, et brusquement tu sors du plus profond fourré !

WENDLA.– Oui, c'est moi.

MELCHIOR.– Je ne te reconnaissais pas, Wendla Bergmann, j'allais te prendre pour une dryade tombée des branches.

WENDLA.– Non, non, je suis Wendla Bergmann. — D'où viens-tu ?

MELCHIOR.– Je promène mes pensées.

WENDLA.– Je cherchais de la reine des bois[4]. Maman veut faire du punch de mai. Elle voulait venir avec moi, mais au dernier moment tante Bauer nous a rendu visite, et elle n'aime pas quand ça monte. — Alors, je suis venue toute seule.

MELCHIOR.– Et tes reines des bois, tu les as ?

WENDLA.– Un plein panier. Là-bas, sous les hêtres, il en pousse épais comme du trèfle. — Pour le moment, je cherche un peu à m'y retrouver. J'ai dû me perdre. Tu peux me dire quelle heure il est ?

MELCHIOR.– Trois heures et demie passées. — On t'attend à quelle heure ?

WENDLA.– Je croyais qu'il serait plus tard. Je suis restée un long moment étendue près du ruisseau, sur la mousse, et j'ai rêvé. Le temps a passé si vite ; j'avais peur que le soir tombe.

MELCHIOR.– Si personne ne t'attend, restons encore un peu, étendons-nous ici. Sous ce chêne, là, c'est mon endroit préféré. La tête contre le tronc, on regarde le ciel fixement à travers les branches, et on est hypnotisé. La terre est encore chaude du soleil du matin. — Voilà des semaines que je voulais te demander quelque chose, Wendla.

WENDLA.– Il faut que je sois chez moi avant cinq heures.

MELCHIOR.– Nous marcherons ensemble. Je porterai ton panier, nous descendrons le lit du ruisseau, et en dix minutes, nous serons sur le pont ! — Lorsqu'on est couché, la tête entre les mains, il vous vient les pensées les plus étranges…

*Tous deux s'étendent sous le chêne.*

WENDLA.– Que voulais-tu me demander, Melchior ?

MELCHIOR.– J'ai entendu dire, Wendla, que tu vas souvent visiter les pauvres, que tu leur apportes vivres, vêtements et aumônes. Ce que tu en fais, c'est de ton gré, ou c'est ta mère qui t'envoie ?

WENDLA.– La plupart du temps, c'est ma mère qui m'envoie. Ce sont de pauvres familles de journaliers, qui ont des tas d'enfants. Souvent, l'homme est sans travail ; ils ont froid et faim. Chez nous, dans les armoires et les commodes, il y a tant de vieilleries qui ne serviront plus. Mais pourquoi m'en parles-tu ?

MELCHIOR.– Quand ta mère t'envoie, tu y vas de bon gré ou de mauvais gré ?

WENDLA.– Oh ! de bon gré, sur ma vie ! Et tu poses la question !

MELCHIOR.– Pourtant, les enfants sont crasseux, les femmes malades, les maisons remplies de saleté ; les hommes te haïssent parce que tu ne travailles pas…

WENDLA.– Ce n'est pas vrai, Melchior. Et même si c'était vrai, raison de plus pour y aller !

MELCHIOR.– Comment raison de plus, Wendla ?

WENDLA.– Oui, raison de plus pour y aller. — J'aurais encore plus de plaisir de pouvoir les aider.

MELCHIOR.– C'est donc pour ton plaisir que tu visites les pauvres ?

WENDLA.– Je les visite parce qu'ils sont pauvres.

MELCHIOR.– Mais si tu n'avais pas de plaisir, tu n'irais pas ?

WENDLA.– Est-ce ma faute, si ça me fait plaisir ?

MELCHIOR.– Et naturellement, tu iras au ciel ! — Alors c'est vrai, ce qui me tourmente depuis un mois ! — L'avare, est-ce sa faute s'il n'a aucun plaisir à aller voir des enfants malades et sales ?

WENDLA.– Oh ! mais pour toi, ce serait le plus grand plaisir.

MELCHIOR.– Mais lui, naturellement, il mourra d'une mort éternelle ! — Je m'en vais écrire un traité et l'envoyer à M. le pasteur Kahlbauch. Tout cela, c'est à cause de lui. Quel radoteur avec ses *joies du sacrifice !* — Et s'il ne peut pas me répondre, je ne vais plus au catéchisme, et je refuse la confirmation.

WENDLA.– Pourquoi faire de la peine à tes chers parents ! Fais-toi confirmer quand même ; tu n'en mourras pas. Sans nos affreuses robes blanches et vos longs pantalons, on pourrait même s'enthousiasmer !

MELCHIOR.– Il n'y a pas de sacrifice ! Il n'y a pas d'abnégation ! — Je vois les bons se glorifier dans leur cœur, et je vois les méchants gémir et trembler — et je te vois, toi, Wendla Bergmann, secouer tes boucles et rire, et, devant toi, je me sens amer comme un réprouvé. — — À quoi rêvais-tu, Wendla, étendue près du ruisseau, dans l'herbe ?

WENDLA.– — — Des bêtises — des folies—

MELCHIOR.– Les yeux ouverts ?!

WENDLA.– J'ai fait ce rêve : j'étais une pauvre, pauvre petite mendigote, on m'envoyait dans la rue dès cinq heures du matin, il fallait mendier toute la journée dans la pluie, dans le vent, auprès de gens brutaux et sans cœur, je rentrais le soir à la maison, tremblante de faim, de froid, et si je n'avais pas récolté autant de sous que mon père escomptait, j'étais battue — battue —

MELCHIOR.– Je connais cela, Wendla. C'est la faute de ces stupides contes d'enfants. Crois-moi, il n'existe plus de gens si brutaux.

WENDLA.– Oh ! si, Melchior, tu te trompes. — On bat Martha Bessel chaque soir que Dieu fait, le lendemain on lui voit les marques. Oh ! ce qu'elle doit souffrir ! On en a des sueurs brûlantes quand elle vous le raconte. J'ai pour elle des pitiés si violentes qu'en pleine nuit, je me fourre dans mon oreiller pour pleurer. Depuis des mois je voudrais lui venir en aide. — Je serais heureuse si je pouvais prendre sa place pour huit jours.

MELCHIOR.– On devrait poursuivre le père sans attendre ; on lui enlèverait l'enfant.

WENDLA.– Moi, Melchior, je n'ai jamais été battue de ma vie — pas une seule fois. J'ai du mal à m'imaginer ce que cela fait, être battue. Je me suis déjà battue moi-même pour sentir vraiment l'effet. — Ce doit être un sentiment terrifiant.

MELCHIOR.– Je ne crois pas qu'on rende un enfant meilleur par ce moyen.

WENDLA.– Meilleur par quel moyen ?

MELCHIOR.– En le battant.

WENDLA.– — Avec cette baguette, par exemple ! — Hou, qu'elle est dure, qu'elle est fine !

MELCHIOR.– Elle doit fouetter les sangs !

WENDLA.– Tu ne me battrais pas, un peu, pour voir ?

MELCHIOR.– Qui ?

WENDLA.– Moi.

MELCHIOR.– Qu'est-ce qui te prend, Wendla !

WENDLA.– Mais quel mal y a-t-il ?

MELCHIOR.– Oh ! sois tranquille ! — Je ne vais pas te battre.

WENDLA.– Mais je te le permets !

MELCHIOR.– Jamais, ma fille !

WENDLA.– Mais puisque je te le demande, Melchior !

MELCHIOR.– Tu n'es pas folle ?

WENDLA.– Je n'ai jamais été battue de ma vie !

MELCHIOR.– Puisque tu peux demander une chose pareille… !

WENDLA.– — Je t'en prie — je t'en prie —

MELCHIOR.– Je vais t'apprendre à me prier ! —

*Il la bat.*

WENDLA.– Ah ! Dieu ! — Je ne sens rien du tout !

MELCHIOR.– Je te crois — — avec tous ces jupons…

WENDLA.– Alors bats-moi sur les jambes !

MELCHIOR.– Wendla ! —

*Il la bat plus fort.*

WENDLA.– Mais tu me caresses ! — Tu me caresses !

MELCHIOR.– Attends, sorcière, je vais t'arracher Satan du corps !

*Il jette la baguette et se met à lui donner des coups de poing qui lui tirent des cris horribles. Sans s'en soucier, il la rosse comme plâtre avec furie, tout en versant de grosses larmes qui lui inondent les joues. Tout à coup, il se précipite, se saisit les tempes à deux mains et s'élance dans la forêt avec des sanglots déchirants venus du fond de l'âme.*

# ACTE II

## Scène 1

*Le soir dans le bureau de Melchior. La fenêtre est ouverte, une lampe allumée sur la table. — Melchior et Moritz sur le canapé.*

MORITZ.– J'ai retrouvé ma bonne humeur, seulement un peu excité. — Mais à l'heure de grec, j'ai dormi comme Polyphème ivre. Il est surprenant que le vieux Zungenschlag ne m'ait pas tiré les oreilles. — — Ce matin, j'ai encore été à un cheveu d'arriver en retard. — Ma première pensée au réveil a été pour les verbes en *μι*[5]. — Tonnerre de Dieu, enfer et damnation, j'ai passé tout le petit déjeuner à conjuguer et j'ai continué tout le long du chemin, à la fin la tête me tournait. — J'ai dû m'effondrer juste après trois heures du matin. Ma plume a fait un pâté sur mon livre. La lampe fumait quand Mathilde m'a réveillé ; dans les touffes de lilas sous ma fenêtre, les merles sifflaient, joyeux de vivre — tout de suite, j'ai été pris d'une indicible mélancolie. J'ai boutonné mon col, je me suis passé la brosse dans les cheveux. — — On ne se sent plus, quand on a arraché une victoire à sa propre nature.

MELCHIOR.– Je peux rouler une cigarette pour toi ?

MORITZ.– Merci, je ne fume pas. — Pourvu que ça continue ! Travailler, travailler, voilà ce que je vais faire, dussent les yeux me sortir de la tête. — Ernst Röbel a cumulé déjà six échecs depuis les vacances, trois en grec, deux avec Knochenbruch, et le dernier en histoire de la littérature. Moi je me suis mis cinq fois seulement dans cet état lamentable, et cela ne risque plus de se reproduire de sitôt ! — Röbel ne se tuera pas. Röbel n'a pas des parents pour lui sacrifier tout. Il peut, s'il le veut, devenir mercenaire, cow-boy, marin. Moi, si je tombe, c'est l'attaque pour mon père, et l'asile de fous pour ma mère. C'est trop pour un seul homme ! — Avant l'examen, j'ai supplié Dieu de me rendre poitrinaire afin d'éloigner de moi ce calice. Il s'est éloigné de moi — mais aujourd'hui encore il s'auréole pour moi d'une lointaine lumière, si bien que la nuit ni le jour je n'ose lever les yeux vers elle. — Mais à présent que j'ai saisi le trapèze, je vais m'envoler. Ma garantie, c'est que si je chute, alors, la conséquence est sans recours : je me casse le cou.

MELCHIOR.– La vie est d'une platitude insoupçonnée. J'aurais un certain plaisir à me pendre à quelque arbre. — Mais qu'est-ce que maman fabrique avec le thé !

MORITZ.– Ton thé va me faire du bien, Melchior ! Je tremble, tu vois. Je me sens si étrangement en dehors de moi-même. Tiens, touche-moi. Je vois — j'entends — je sens, avec une bien plus grande clarté — et pourtant tout est comme dans un rêve — oh ! si plein d'âme. — Vois sous l'éclat de la lune le jardin, là-bas, qui s'étend — si paisible, si profond, comme s'il allait dans l'infini. — Parmi les buissons s'avancent des formes voilées, elles se coulent, le souffle retenu, agiles, dans les clairières, et disparaissent dans la pénombre. Il me semble qu'on tient un conseil général sous le marronnier. — Melchior, si nous descendions ?

MELCHIOR.– Attendons d'avoir bu le thé.

MORITZ.– — L'incessant chuchotement des feuilles. — C'est comme si j'entendais grand-mère, la pauvre, nous raconter l'histoire de la « Reine sans tête ». — Il était une reine d'une beauté admirable, belle comme le soleil, la plus belle de toutes les filles de la contrée. Par malheur, elle était venue au monde sans tête. Elle ne pouvait pas manger, ni boire, ni regarder, ni rire, ni donner de baisers. Elle ne pouvait se faire comprendre de sa cour qu'en mouvant sa petite main frêle. De ses pieds délicats, elle piétinait déclarations de guerre et condamnations à mort. Sur elle, un jour, un roi remporta la victoire ; or ce roi par hasard avait deux têtes qui se crêpaient le chignon toute l'année et entraient dans de telles disputes et une si grande agitation qu'aucune ne laissait plus placer un mot à l'autre. Alors le grand magicien de la Cour prit la plus petite des deux et la planta sur la reine. Et voici qu'elle lui convenait à merveille. Le roi épousa la reine et ces deux têtes cessèrent de se crêper le chignon et s'échangèrent des baisers sur le front, sur les joues, sur la bouche, et vécurent encore de longues années dans le bonheur et dans la joie... Maudite invention ! Depuis les vacances, je ne peux me sortir de la tête la reine sans tête. Quand je vois une jolie fille, je la vois sans tête — et alors moi-même, tout à coup, je me fais l'effet d'être une reine sans tête... Mais peut-être quand même qu'on m'en fichera une, de tête.

*Mme Gabor arrive avec le thé fumant qu'elle pose sur la table devant Moritz et Melchior.*

MME GABOR.– Tenez, les enfants, buvez. Bonsoir, monsieur Stiefel ; comment allez-vous ?

MORITZ.– Bien, merci, madame Gabor. — J'écoute la sarabande, là, en bas.

MME GABOR.– Vous avez une très mauvaise mine. — Vous ne vous sentez pas bien ?

MORITZ.– Ce n'est rien vraiment. Tous ces derniers soirs, je me suis couché bien trop tard.

MELCHIOR.– Pense, il a travaillé toute la nuit.

MME GABOR.– Ce ne sont pas des choses à faire, monsieur Stiefel. Il faut vous ménager. Faites attention à votre santé. L'école ne remplace pas la santé. — Une sérieuse promenade au grand air ! À vos âges, cela vaut mieux que de savoir parler le moyen-haut-allemand.

MORITZ.– De sérieuses promenades, j'en ferai. Vous avez raison. Et puis même pendant la promenade, on peut faire des choses sérieuses. Pourquoi n'y ai-je pas pensé ! — Mais pour les devoirs écrits, il me faudrait bien rester à la maison.

MELCHIOR.– Ton travail écrit, tu vas le faire ici ; ce sera plus facile pour nous deux. — Tu sais, maman, que Max von Trenk était alité avec le typhus ! — Cet après-midi, Hans Rilow revient du lit de mort de Trenk, il va voir le directeur Sonnenstich, pour lui dire que Trenk vient justement de mourir sous ses yeux. — « Et alors ? dit Sonnenstich, n'as-tu pas deux heures de retenue depuis la semaine dernière ? — Voilà un billet pour l'appariteur. Arrange-toi pour être en règle une bonne fois ! — Toute la classe devra se rendre à l'enterrement. » Hans en avait le souffle coupé.

MME GABOR.– Quel livre as-tu là, Melchior ?

MELCHIOR.– *Faust.*

MME GABOR.– L'as-tu déjà lu ?

MELCHIOR.– Je n'ai pas encore fini.

MORITZ.– Nous en sommes juste à la nuit de Walpurgis.

MME GABOR.– À ta place, j'aurais encore attendu une ou deux années.

MELCHIOR.– Je ne connais pas de livre où j'aie trouvé d'aussi belles choses, maman. Pourquoi n'aurais-je pas dû le lire ?

MME GABOR.– — Parce que tu ne le comprends pas.

MELCHIOR.– Tu n'en sais rien, maman. Je sais très bien que saisir cette œuvre dans tout ce qu'elle a de sublime, je n'en suis pas encore capable...

MORITZ.– Nous le lisons toujours à deux ; c'est extraordinaire ce que cela facilite la compréhension !

MME GABOR.– Tu es assez grand, Melchior, pour savoir ce qui t'est profitable et ce qui te fait du mal. Fais ce que tu sens à ta portée. Je serai la première à te savoir gré de ne me donner jamais de motif de devoir t'interdire quoi que ce soit. — Je voulais simplement te faire remarquer que même la meilleure des choses peut devenir préjudiciable, lorsqu'on n'a pas la maturité requise pour la recevoir comme il sied. — Je préférerai toujours mettre ma confiance en *toi* plutôt qu'en de quelconques règles d'éducation. — — Si vous avez encore besoin de moi, les enfants, tu viens me faire signe, Melchior. Je suis dans ma chambre.

*Elle s'en va.*

MORITZ.– — Ta maman voulait parler de l'histoire avec Marguerite.

MELCHIOR.– Mais est-ce que nous nous y sommes seulement arrêtés !

MORITZ.– Faust lui-même ne s'en sera pas débarrassé avec autant de sang-froid que nous !

MELCHIOR.– Non, le chef-d'œuvre ne culmine décidément pas dans cette ignominie ! — Que Faust ait promis le mariage à la fille, et puis qu'il l'ait quand même abandonnée là-dessus, à mes yeux il n'en serait ni plus ni moins à punir. Et Marguerite pourrait bien mourir le cœur brisé, après tout, j'y consens. — À voir comme chacun s'obnubile tout le temps sur *ça* et s'y cramponne, on croirait que le monde entier tourne autour de deux choses : le pénis et le vagin[6] !

MORITZ.– Pour être tout à fait juste, Melchior, c'est bien effectivement mon impression depuis que j'ai lu ton essai. — C'était le début des vacances ; il est tombé à mes pieds. J'avais mon *Histoire* de Plötz[7] en main. — J'ai fermé la porte au verrou et j'ai parcouru ces lignes flamboyantes comme une chouette effarouchée une forêt en flammes — je crois que j'ai presque tout lu les yeux fermés. Comme un cortège d'obscurs souvenirs, tes explications m'ont empli les oreilles de leurs résonances, comme une mélodie qu'enfant, heureux, l'on fredonnait pour soi, et qui vous revient à votre lit de mort chantée par un autre, et vous secoue le cœur. — Mais ce qui m'a le plus affecté, c'est dans ce que tu écris des filles. Ces impressions-là ne me quitteront plus. Crois-moi, Melchior, subir l'injustice est plus doux que de la commettre ! Laisser retomber sur soi une injustice si douce sans l'avoir méritée, c'est le résumé pour moi de tout le bonheur de ce monde.

MELCHIOR.– — Je ne veux pas d'un bonheur fait d'aumônes !

MORITZ.– Mais pourquoi pas ?

MELCHIOR.– Je ne *veux* rien que je n'aie dû conquérir par moi-même !

MORITZ.– Mais est-ce encore de la jouissance, Melchior ?! — La fille, Melchior, jouit comme les dieux bienheureux. La fille se défend conformément à sa nature. Elle se garde libre de toute amertume jusqu'au dernier moment, pour d'un coup voir le ciel entier lui fondre dessus. La fille est encore dans les craintes de l'enfer que déjà elle accueille le paradis en fleurs. Sa sensibilité est fraîche comme l'eau qui jaillit de la roche. La fille saisit une coupe visitée de nul souffle terrestre, un calice de nectar, brûlant de braises, qu'elle vide jusqu'à la dernière goutte… L'assouvissement que connaît l'homme à côté, je le pense fade, insipide.

MELCHIOR.– Pense-le comme tu voudras, mais garde-le pour toi. — Je n'aime guère y penser…

## Scène 2

*Une salle de séjour.*

MME BERGMANN.– *(en chapeau, châle, un panier au bras, entre par la porte du milieu, le visage rayonnant)* Wendla ! — Wendla !

WENDLA.– *(apparaît en jupon, corset, et court à la porte du coté droit)* Qu'y a-t-il, mère ?

MME BERGMANN.– Te voilà debout, mon enfant ? Comme c'est bien à toi !

WENDLA.– Tu étais déjà sortie ?

MME BERGMANN.– Habille-toi vite ! — Descends tout de suite chez Ina lui porter le panier !

WENDLA.– *(elle se sera habillée entièrement pendant ce qui suit)* Tu étais chez Ina ? — Comment va-t-elle, Ina ? — Ça ne veut pas aller mieux ?

MME BERGMANN.– Figure-toi, Wendla, cette nuit, la cigogne lui a rendu visite et lui a apporté un petit garçon.

WENDLA.– Un petit garçon ? — Un garçon ! — Oh ! comme c'est merveilleux. — — La voilà donc la grippe qui n'en finissait plus !

MME BERGMANN.– Un petit garçon magnifique !

WENDLA.– Il faut que je le voie, mère ! — Me voici donc tante pour la troisième fois. — D'une fille et de deux garçons !

MME BERGMANN.– Et quels garçons ! — Ainsi en va-t-il lorsqu'on habite si près du toit de l'église ! — Et il y aura seulement deux ans demain qu'elle en aura gravi les marches dans sa robe de mousseline.

WENDLA.– Et tu étais là quand elle le lui a apporté ?

MME BERGMANN.– Non, elle venait juste de s'envoler. — Ne veux-tu pas mettre une rose, là ?

WENDLA.– Pourquoi n'y as-tu pas été un petit peu plus tôt, mère ?

MME BERGMANN.– Et puis je crois bien qu'elle t'a aussi apporté quelque chose — une broche ou plutôt…

WENDLA.– C'est vraiment dommage !

MME BERGMANN.– Mais je te dis qu'elle t'a apporté une broche !

WENDLA.– Des broches, j'en ai assez…

MME BERGMANN.– Eh bien ! réjouis-toi quand même, mon enfant. Que veux-tu de plus ?

WENDLA.– J'aurais une furieuse envie de savoir si elle est entrée par la fenêtre ou descendue par la cheminée

MME BERGMANN.– Demande à Ina. Ah ! oui, voilà ce qu'il faudra demander à Ina, cher petit cœur ! Ina te dira tout par le menu. Ina a même parlé avec elle une bonne demi-heure.

WENDLA.– Je demanderai à Ina en descendant chez elle.

MME BERGMANN.– Ah ! pour sûr, n'oublie pas, doux petit ange ! Moi aussi, vraiment, je voudrais bien savoir si elle est entrée par la fenêtre ou par la cheminée.

WENDLA.– Et si je demandais plutôt au ramoneur ? — Le ramoneur doit bien savoir, lui, si ça vole ou non dans les cheminées.

MME BERGMANN.– Non, pas le ramoneur, mon enfant ; pas le ramoneur. Qu'est-ce que les ramoneurs savent de la cigogne ! — Il te débitera toutes sortes de sornettes auxquelles il ne croit pas lui-même… Mais — mais tu écarquilles les yeux, qu'est-ce que tu regardes dans la rue ??

WENDLA.– Un homme, mère — trois fois gros comme un bœuf ! — avec des pieds comme des bateaux à vapeur… !

MME BERGMANN.– *(se précipitant à la fenêtre)* Impossible ! — Impossible ! —

WENDLA.– *(en même temps)* Il porte un bois de lit sous son menton et il gratte dessus « Die Wacht am Rhein[8] »… Tiens, il vient de tourner la rue…

MME BERGMANN.– Enfant tu es, enfant tu resteras ! — Faire ainsi des peurs à ta vieille bête de mère ! — Va, prends ton chapeau. Ce sera merveille si tu atteins un jour l'âge de raison. — J'ai cessé d'y compter.

WENDLA.– Moi aussi, petite mère, moi aussi. — Pour ce qui est de ma saine raison, c'est chose triste. — J'ai à présent une sœur mariée depuis deux ans et demi, me voilà moi-même tante pour la troisième fois, et je n'ai pas la moindre idée comment tout cela se passe… Ne te fâche pas, petite mère, ne te fâche pas ! À qui au monde poser la question sinon à toi ! S'il te plaît, mère chérie, dis-le-moi ! Dis-le-moi, petite mère ! J'ai si honte de moi. Je t'en prie, mère, parle ! Ne me gronde pas si je te le demande. Donne-moi la réponse — comment tout cela se passe-t-il ? — tout cela ? — Tu ne t'attends tout de même pas sérieusement à ce qu'avec mes quatorze ans, je croie encore à la cigogne.

MME BERGMANN.– Mais grand Dieu, mon enfant, comme tu es étrange ! — Quelles idées te passent par la tête ! — En vérité, je ne peux pas, non !

WENDLA.– Pourquoi pas, mère ! — Pourquoi ! — Est-ce quelque chose de vilain si tout le monde s'en réjouit !

MME BERGMANN.– Oh ! — Oh ! Dieu me protège ! — Ah ! je l'ai bien mérité... Allez ! Habille-toi, ma fille ; habille-toi !

WENDLA.– J'y vais... Et si ton enfant s'en va tout de go poser la question au ramoneur ?

MME BERGMANN.– Mais c'est à devenir folle ! — Viens, mon enfant, viens ici, je vais te le dire ! Je vais tout te dire... Ô divine Providence ! — seulement pas aujourd'hui, Wendla ! — Demain, après-demain, la semaine prochaine... dès que tu voudras, cher petit cœur...

WENDLA.– Dis-le-moi aujourd'hui, mère ; dis-le-moi maintenant ! Tout de suite ! — Maintenant que je te vois tout épouvantée, je ne pourrai pas me calmer de sitôt.

MME BERGMANN.– — Wendla, je ne peux pas.

WENDLA.– Oh ! Pourquoi tu ne peux pas, petite mère ! — Je m'agenouille ici, à tes pieds, et je pose ma tête sur ton ventre. Tu peux me recouvrir la tête de ton tablier et me raconter, me raconter, comme s'il n'y avait dans la chambre âme qui vive. Je ne broncherai pas ; je ne crierai pas ; j'attendrai patiemment quoi qu'il arrive.

MME BERGMANN.– — Le ciel m'est témoin, Wendla, que ce n'est pas ma faute ! Le ciel me connaît ! — Viens au nom de Dieu ! — Je m'en vais te raconter, jeune fille, comment tu es venue dans ce monde. — Alors, écoute-moi, Wendla...

WENDLA.– *(sous le tablier de sa mère)* J'écoute.

MME BERGMANN.– *(extatique)* — Non, mon enfant, il n'y a pas moyen ! — Je ne peux prendre cela sur moi. — Je mérite qu'on me mette en prison — qu'on t'enlève à moi...

WENDLA.– *(sous le tablier)* Prends courage, mère !

MME BERGMANN.– Eh bien ! écoute… !

WENDLA.– *(sous le tablier, tremblante)* Ô Dieu, ô Dieu !

MME BERGMANN.– Pour avoir un enfant — tu me comprends, Wendla ?

WENDLA.– Vite, mère — je ne peux plus y tenir.

MME BERGMANN.– — Pour avoir un enfant — on doit avec l'homme — l'homme avec lequel on est mariée… on doit *l'aimer — l'aimer*, je te dis — seulement comme on peut aimer un homme ! On doit l'aimer très fort *de tout son cœur*, comme — on ne peut pas le dire ! On doit *l'aimer*, Wendla, comme tu ne peux pas encore du tout aimer à l'âge que tu as… Voilà, tu sais maintenant.

WENDLA.– *(se relevant)* Grand Dieu du ciel !

MME BERGMANN.– Tu sais maintenant quelles épreuves t'attendent !

WENDLA.– — Et c'est tout ?

MME BERGMANN.– Aussi vrai que Dieu m'entend ! — — Prends maintenant le panier et descends chez Ina. On te donnera là-bas du chocolat et des gâteaux. — Viens que je te regarde encore une fois — les bottines à lacets, les gants de soie, la marinière, les roses dans les cheveux….. ta petite robe devient vraiment trop courte, Wendla !

WENDLA.– Faut-il passer chez le boucher, petite mère ?

MME BERGMANN.– Le Dieu bon te garde et te bénisse ! — Je te coudrai, à l'occasion, un volant au bas, large d'une main.

## Scène 3

HÄNSCHEN RILOW.– *(une lampe à la main, verrouille la porte derrière lui et soulève le couvercle)* As-tu fait ta prière du soir Desdémone[9] ? *(il tire de sa poitrine une reproduction de la Vénus de Palma le Vieux*[10]*)* Tu ne me semblés guère à ton Pater Noster, ô très douce — tout à l'affût contemplatif de celui qui vient, comme dans la douceur instantanée d'une félicité naissante, quand je te vis exposée chez Jonathan Schlesinger[11], dans la vitrine — avec juste la même séduction de ces membres flexibles, cette légère voussure de tes hanches, ces seins dressés de jeune fille — égaré de bonheur, oh, tel a dû être le grand maître le jour où la chère étendue, qui posait, offrait ses quatorze ans à ses regards, sur le divan !

De temps en temps, en rêve, dis, tu me rendras visite ? — J'ouvre larges mes bras pour t'étreindre, et je veux étouffer ton souffle sous mes baisers. Tu fais en moi ton entrée comme la Princesse héréditaire dans son château dépeuplé. Une main invisible en pousse grille et vantaux, cependant qu'en bas, dans le parc, on entend la fontaine qui commence joyeusement son flic flac...

Telle est la cause ! — Telle est la cause ! — Que le meurtre je ne le commette pas d'un frivole mouvement, cette effroyable pulsation de ma poitrine te le dit assez. Ma gorge s'étrangle à la seule pensée de mes nuits solitaires. Je te le jure par mon âme, enfant, que la satiété ne me gouverne pas. Qui voudrait se faire gloire d'avoir été rassasié de toi !

Par toi se pompe la moelle de mes os, par toi se recroqueville mon dos, par toi s'en va le dernier éclat de mes yeux encore jeunes. — Quelle tyrannie sur moi que ton inhumaine modestie, quel épuisement pour moi, tes membres sans mouvement ! — C'était toi ou c'était moi ! — Et j'ai remporté la victoire.

Si je voulais les passer en revue — toutes les endormies avec qui j'ai ici combattu le même combat ! — : la Psyché de Thumann — encore un testament de la maigrichonne Mlle Angélique, cette vipère crotale au paradis de mon enfance ; et la Io du Corrège, la Galathée de Lossow, et puis un Amour de Bouguereau ; et l'Ada de J. Van Beers — cette Ada que j'ai dû enlever au tiroir secret du secrétaire de papa pour la verser à mon harem ; une Léda, tremblante, tressaillante, de Makart que j'ai trouvée par hasard dans les cahiers de classe de mon frère — elles sont *sept*, ma charmante candidate à la mort, à t'avoir devancée sur ce chemin qui tombe au Tartare ! Voilà pour te consoler et ne cherche plus par ces œillades imploratrices, à augmenter mes tourments jusqu'à l'inouï.

Tu meurs, non pas à cause de *tes* péchés, tu meurs à cause des *miens !* — En légitime défense contre moi-même, l'époux va perpétrer d'un cœur ensanglanté le septième meurtre. Le rôle de Barbe-Bleue : quelque chose de tragique. Je crois que ses femmes assassinées, à elles toutes, ne souffrirent pas autant que lui chaque fois qu'il en égorgeait une.

Mais ma conscience va se rasséréner, mon corps, se raffermir, si tu ne sièges plus, démone, sur les coussins de soie rouge de mon écrin. À ta place, je ferai entrer maintenant la Lorelei de Bodenhausen, ou la Délaissée de Linger, ou la Loni de Defregger dans ma lascive garçonnière des voluptés — je me referai des forces d'autant plus vite ! Encore un petit trimestre, peut-être, et ton Josaphat[12] dévoilé, douce âme, aurait commencé à se nourrir de mon pauvre cerveau comme le soleil d'une motte de beurre. Il était grand temps d'obtenir le divorce de la table et du lit.

Brrr ! je sens un Héliogabale[13] en moi ! *Moritura me salutat*[14] ! — Fille, fille, pourquoi serres-tu tes genoux l'un contre l'autre ? — pourquoi donc si tard ? — — juste au seuil de l'impénétrable éternité ?? — *Une* secousse, et je te rends libre ! — *Un* seul mouvement féminin, *un* signe de lascivité, de sympathie, fille ! — je veux te faire enchâsser dans l'or, te suspendre au-dessus de mon lit ! — Ne pressens-tu pas que c'est ta seule *chasteté* qui a engendré mes débordements ! — Malheur, malheur aux inhumaines !

... À propos, on remarque toujours qu'elle a joui d'une éducation exemplaire. — *Justement, moi aussi.*

As-tu fait ta prière du soir, Desdémone ?

J'ai le cœur traversé de spasmes — — absurdité ! — Ma sainte Agnès elle-même est morte pour sa pudeur et elle n'était pas moitié aussi nue que toi ! — Un baiser encore sur ta chair en fleur, sur ton sein gonflé d'enfant — sur la délicieuse rondeur de tes genoux — de tes genoux inexorables...

Telle est la cause, telle est la cause, mon cœur !

*Ne permettez pas que je vous la nomme, chastes étoiles !*

Telle est la cause ! —

*L'image tombe dans le fond ; il rabat le couvercle.*

## Scène 4

*Un grenier à foin. Melchior est étendu sur le dos dans le foin fraîchement coupé. Wendla accède par l'échelle.*

WENDLA.– C'est *ici* que tu t'es caché ? — Tout le monde te cherche. La voiture est repartie. On compte sur toi. Il y a un orage dans l'air.

MELCHIOR.– Va-t'en ! — Va-t'en !

WENDLA.– Qu'as-tu donc ? — Pourquoi ne montres-tu pas ta figure ?

MELCHIOR.– Loin d'ici, loin ! — Je vais te jeter dans la grange.

WENDLA.– Sûr que je ne m'en vais plus maintenant ! — *(elle se met à genoux près de lui)* Pourquoi ne viens-tu pas sur le pré avec nous, Melchior ? — Ici, on étouffe et c'est sombre. Nous serons complètement trempés, mais pour *nous*, après tout…

MELCHIOR.– Le foin sent si bon. — Dehors le ciel doit être noir comme un linceul noir. — Je ne vois plus que le coquelicot qui luit sur ta poitrine — et ton cœur, que j'entends battre —

WENDLA.– — — Ne pas s'embrasser, Melchior ! — Ne pas s'embrasser !

MELCHIOR.– — Ton cœur — j'entends battre —

WENDLA.– — On s'aime — celui qu'on embrasse — — — — — — Non ! non ! — —

MELCHIOR.– Oh ! crois-moi, il n'y a pas d'*amour !* — Tout, intérêt ; tout, égoïsme ! — Je ne t'aime pas plus que tu ne m'aimes. —

WENDLA.– — — Non ! — — — — — — — — — — Non, Melchior ! — —

MELCHIOR.– — — — Wendla !

WENDLA.– Oh ! Melchior ! — — — — — — — — — — — non — non — —

## Scène 5

*Mme Gabor, elle est assise, elle écrit.*

Cher Monsieur Stiefel,

Depuis vingt-quatre heures que je tourne et retourne mes pensées sur tout ce que vous m'écrivez, c'est le cœur lourd que je prends enfin la plume. Le montant de votre traversée en Amérique, je ne puis pas — je vous en donne la plus sainte assurance — *non,* je ne puis pas vous le procurer. Tout d'abord, je n'ai pas autant d'argent à ma disposition, et ensuite, même si j'en avais, on ne pourrait pas imaginer de péché plus grand que celui de vous laisser en main les moyens de commettre une étourderie aussi lourde de conséquences. Et vous me peineriez injustement, Monsieur Stiefel, si vous voyiez dans ce refus les marques d'un amour en défaut. En retour, je ne violerais pas moins grossièrement les devoirs d'une maternelle amie, si je me laissais entraîner par votre découragement momentané à perdre à mon tour la tête, et à donner aveuglément prise à mes impulsions les plus spontanées. Je suis toute prête — si vous le désirez — à écrire à vos parents. Je m'essaierai à persuader vos parents qu'au cours de ce trimestre, vous avez fait ce que vous pouviez faire, et que vous avez assez surmené vos forces pour qu'un jugement par trop rigoureux sur votre sort se trouvât des moins fondés, et qu'il risquât en revanche de porter préjudice, et de la plus grave façon, à votre santé physique et morale.

Les menaces que vous me faites, sous forme d'allusion, de mettre fin à vos jours au cas où votre fugue échouerait m'ont, à vous parler franc, Monsieur Stiefel, paru bien étranges. Subît-on le plus immérité des maux qu'on ne devrait jamais, au grand jamais, se laisser entraîner au choix de moyens si indignes. Le procédé par lequel vous entendez rendre responsable de l'horrible forfait que vous commettriez sur vous-même une femme qui ne vous voulait que du bien pourrait bien aisément passer, aux yeux d'un *malveillant* témoin, pour une tentative de chantage. Aussi me faut-il avouer que cette attitude à mon endroit, de la part d'un jeune homme qui en d'autres temps sait si bien ce que tout un chacun se doit à soi-même était la dernière chose que j'en attendais. Cependant, je garde la ferme conviction que vous étiez encore sous le trop fort coup de votre effroi premier pour être dans l'entière conscience de votre façon d'agir.

Et ainsi j'espère et j'ai aussi confiance que ces miennes paroles vous trouveront l'âme déjà ressaisie. Prenez l'affaire comme elle vient. Mon opinion est qu'il est foncièrement inadmissible de juger un jeune homme d'après ces témoignages scolaires. Nous n'avons que trop d'exemples de très mauvais sujets devenus hommes excellents, et, en retour, de sujets distingués qui n'ont plus jeté de leur vie d'éclat particulier. En tout cas, je vous donne l'assurance que votre échec ne pourra, autant qu'il est en moi, rien altérer à votre relation avec Melchior. Je prendrai toujours comme une joie de voir mon fils se lier avec un jeune homme qui, quelque opinion que ce monde en ait, a su gagner ma sympathie la plus entière.

Allons donc, Monsieur Stiefel, la tête haute ! — Des crises comme celles-ci, ou d'autres, visitent chacun d'entre nous et ne demandent qu'à être surmontées, et si chacun se ruait alors sur le poignard, il n'y aurait bien vite plus d'hommes sur la terre. Je veux un mot de vous très bientôt ; recevez les cordiales salutations de votre maternelle amie inaltérablement dévouée

Fanny G.

## Scène 6

*Le jardin des Bergmann dans le soleil du matin.*

WENDLA.– Pourquoi t'es-tu glissée hors de la chambre ? — Pour chercher des violettes ! — Parce que Mère peut me voir sourire. —

Pourquoi ne peux-tu pas garder les lèvres jointes ? — Je ne sais pas. — Je ne sais vraiment pas, je ne trouve plus les mots…
Le chemin est comme un tapis de peluche — pas un caillou, pas une épine. — Mes pieds ne touchent plus le sol… Oh ! Quel profond sommeil cette nuit !
Ici, elles étaient ici. — Je me sens grave comme une nonne devant la Cène. — Douces petites violettes ! — Paix, petite mère, paix. Je vais mettre ma robe de pénitence. — Ah ! Dieu ! si quelqu'un venait, que je lui saute au cou, que je puisse lui raconter !

## Scène 7

*Crépuscule. Le ciel est un peu couvert, le chemin serpente à travers broussailles et roseaux. Dans l'éloignement, on entend le fleuve qui mugit.*

MORITZ.– Ce qui est bien est bien. — Je ne faisais pas l'affaire. Qu'ils se piétinent les uns les autres s'ils veulent. — Je ferme la porte derrière moi et je marche à l'air libre. — Je n'attache pas tant de prix à me faire bousculer.
Je ne me suis pas imposé. Pourquoi m'imposer maintenant ! — Ai-je passé contrat avec le bon Dieu ! Que les choses tournent comme on veut qu'elles tournent. On m'a embarqué après tout. — Je n'en rends pas mes parents responsables. Tout de même, ils devaient s'attendre au pire. Ils étaient assez grands pour savoir ce qu'ils faisaient. J'étais un nourrisson quand je suis venu au monde — sinon j'aurais bien été assez malin pour devenir un autre. — Faut-il que j'expie parce que les autres étaient déjà là !
Il faudrait que je fusse tombé sur la tête… quelqu'un me fait-il présent d'un chien enragé, je lui rends son chien enragé. Et s'il ne veut pas reprendre son chien enragé, alors je me montre humain et je…
Il faudrait vraiment que je fusse tombé sur la tête !

On naît tout à fait par hasard, et après mûre réflexion, on ne devrait pas, peut-être ? — — — c'est à se tirer une balle dans la tête !
— Le temps, lui, au moins, s'est montré plein d'égards. Tout le jour il a espéré pleuvoir et pour finir, il s'en est empêché. — Il règne dans la nature une paix peu commune. Rien, nulle part, de criard, rien d'agité. Le ciel et la terre : une toile d'araignée transparente. Et tout semble se sentir à son aise. Le paysage : une douceur de berceuse — « dors, petit prince, dors[15] », comme chantait Mlle Snandulia. Dommage qu'elle se tînt disgracieusement les coudes. C'est à la Sainte-Cécile que j'ai dansé pour la dernière fois. Snandulia ne danse qu'avec de beaux partis. Sa robe de soie était fendue derrière et devant. Derrière, jusqu'à sa ceinture, et devant, jusqu'à l'inconscience. Elle ne pouvait pas porter de chemise…
— — — — — — — — — — — — — — — — — — — — — — — Ce serait une chose qui pourrait encore me retenir. — Plutôt par curiosité. — Ce doit être une sensation unique — — le sentiment d'être emporté par des torrents — — — Je ne le dirai à personne, mais voici que je m'en retourne sans avoir fait la chose. Je ferai comme si j'avais fait comme tout le monde… Il y a de l'humiliation à avoir été homme sans avoir connu la chose humaine entre toutes. — Vous revenez d'*Egypte*, cher monsieur, et vous n'avez pas vu les *Pyramides* ?!
Aujourd'hui je ne vais pas me remettre à pleurer. Je ne vais pas repenser à mon enterrement — — Melchior déposera une couronne sur le cercueil. Le pasteur Kahlbauch consolera mes parents. Le directeur Sonnenstich citera des exemples tirés de l'Histoire. — Il est probable que je n'aurai pas de pierre tombale. J'aurais pu escompter une urne de marbre, blanc comme neige, sur un socle de syénite noire — grâce à Dieu je m'en passerai bien. Les monuments sont pour les vivants et non pas pour les morts.
J'aurais besoin d'une année au moins pour prendre congé, en pensée, de tout le monde. Je ne vais pas me remettre à pleurer. Je suis joyeux de pouvoir regarder en arrière sans amertume. Que de beaux soirs j'ai passés avec Melchior ! — c'était à la rivière, sous les saules ; à la maison forestière ; sur la route militaire aux cinq tilleuls ; sur la colline du château, dans les ruines cachées de la Runenburg. — — — Quand l'heure sera venue, je mettrai toutes mes forces à penser à de la crème fouettée. La crème fouettée ne peut pas vous retenir. On peut s'en bourrer, et le goût qu'elle laisse, en plus, est agréable…

Et puis, je m'étais fait des hommes une image infiniment pire. Je n'en ai trouvé aucun qui n'aurait pas voulu faire de son mieux. Pour mon compte, j'en ai pris beaucoup en pitié.
Je marche à l'autel comme l'adolescent de l'ancienne Etrurie, dont le dernier râle gagne à ses frères la prospérité pour l'année qui vient[16]. — Je savoure à longs traits l'horreur sans nom de la séparation. Je sanglote de mélancolie sur ma destinée. — — La vie m'a tourné le dos. De la rive ultérieure, graves regards, regards amis, me font signe : la reine sans tête, la reine sans tête — compassion, aux bras tendus, toi qui m'attends... Vos commandements valent pour les adolescents ; en moi je porte ma lettre de franchise. Quand sombre la coupe, vole le papillon — et cesse le mirage. — Ne jouez plus ce jeu insensé avec le mensonge ! La brume se déchire ; la vie est affaire de goût.

ILSE.– *(les vêtements déchirés, un foulard de couleur sur la tête, elle le prend par les épaules)* Qu'as-tu perdu ?

MORITZ.– Ilse ?!

ILSE.– Que cherches-tu ici ?

MORITZ.– Pourquoi m'effrayer ainsi ?

ILSE.– Que cherches-tu ? — Qu'as-tu perdu ?

MORITZ.– Pourquoi m'effrayer aussi horriblement ?

ILSE.– Je m'en viens de la ville et je rentre chez moi.

MORITZ.– Je ne sais pas ce que j'ai perdu.

ILSE.– Alors chercher ne te sert à rien.

MORITZ.– Nom de Dieu de nom de Dieu !!

ILSE.– Je ne suis pas rentrée chez moi de quatre jours.

MORITZ.– — Les pas feutrés du chat !

ILSE.– Parce que j'ai mes souliers de bal. — Mère va faire de ces yeux ! — viens avec moi chez nous !

MORITZ.– Où es-tu allée traîner encore ?

ILSE.– Dans la *Priapie*[17] !

MORITZ.– La *Priapie* !

ILSE.– Chez Nohl, chez Fehrendorf, chez Padinsky, chez Lenz, Rank, Spühler — et tutti quanti !—Drelin, drelin ! — et elle va sauter en l'air !

MORITZ.– Ils font ton portrait ?

ILSE.– Fehrendorf me peint en sainte stylite. Je reste debout sur un chapiteau corinthien. Fehrendorf, moi je te le dis, c'est un sacré numéro. La dernière fois, je lui écrase un tube de peinture. Il m'essuie ses pinceaux dans les cheveux. Je lui donne une claque. Il me jette sa palette à la tête. Je renverse le chevalet. Le voila derrière moi avec son appuie-main par-dessus le divan, les tables, les chaises, tout l'atelier. Derrière le poêle, il y avait une esquisse : — tu es gentil, ou bien je la déchire ! — Il a décrété l'amnistie, et, pour finir, il m'a terriblement— mais terriblement, je te le dis— embrassée.

MORITZ.– Où passes-tu la nuit quand tu restes en ville ?

ILSE.– Hier, nous étions chez Nohl — avant-hier chez Bojokewitsch — dimanche, chez Oikonomopoulos. Chez Padinsky il y avait du champagne. Valabregez avait vendu son « Pestiféré ». Adolar buvait dans le cendrier. Lenz chantait « La meurtrière d'enfants » et Adolar a tordu la guitare à force de taper dessus. J'étais tellement saoule qu'ils ont dû me porter au lit. — — Tu vas toujours à l'école, Moritz ?

MORITZ.– Non, non... ce trimestre, je prends mon congé.

ILSE.– Tu as raison. Ah ! comme le temps file quand on gagne de l'argent ! — Tu te rappelles comme nous jouions au voleur ? Wendla Bergmann, toi, moi, les autres, quand vous veniez le soir chez nous et buviez du lait de chèvre encore tiède ? — Et Wendla, que fait-elle ? La dernière fois que je l'ai vue, c'est à l'inondation. — Que fait Melchi Gabor ? — Est-ce qu'il est toujours plongé dans ses rêveries ? — À la leçon de chant, nous étions l'un en face de l'autre.

MORITZ.– Il fait de la philosophie.

ILSE.– Depuis, Wendla est venue chez nous, elle a apporté des confitures à ma mère. Ce jour-là je posais pour Isidore Landauer. Il a besoin de moi pour la Sainte Marie Mère de Dieu, avec l'Enfant Jésus. C'est un nigaud et un dégoûtant. Pouah ! comme une girouette ! — Tu as mal aux cheveux ?

MORITZ.– C'est hier soir ! — On a siroté comme des hippopotames. À cinq heures, je me suis traîné chez moi.

ILSE.– Il suffit de te regarder. — Et il y avait aussi des filles ?

MORITZ.– Arabella, la nymphe de la bière, une Andalouse ! — Le patron nous a laissés toute la nuit seuls avec elle.

ILSE.– Il suffit de te regarder, Moritz ! — Moi je ne connais pas le mal aux cheveux. Au Carnaval passé pendant trois jours et trois nuits, je ne me suis pas couchée, je ne me suis pas déshabillée. Du bal masqué au café, le midi à Bellavista, le soir au Caf'Conc', et la nuit au bal masqué. Il y avait aussi Lena et la grosse Viola. — La troisième nuit, Heinrich m'a trouvée.

MORITZ.– Il t'avait donc cherchée ?

ILSE.– Il a buté contre mon bras. J'étais par terre, dans la rue, sans conscience, dans la neige. — Là-dessus je suis allée chez lui. De quinze jours je n'ai pas quitté sa demeure — horrible époque ! — Le matin, il fallait enfiler sa robe de chambre persane et le soir marcher dans la chambre en costume de page noir ; au cou, aux genoux et aux manches, des parements de dentelle blanche. Et tous les jours, il me photographiait dans un nouvel accoutrement — un jour, sur le sofa, j'étais Ariane, le lendemain Leda, et puis Ganymède, et puis, à quatre pattes, Nabuchodonosor-femelle. Et puis avec ça des tocades : tantôt le meurtre, le revolver, le suicide, le gaz de charbon. Le matin de bonne heure, il apportait un pistolet dans le lit, il le chargeait et il me pointait la poitrine : Un sursaut et j'appuie ! — Oh ! c'est qu'il l'aurait fait, Moritz, il aurait appuyé ! — Ensuite, il tenait l'objet dans sa bouche comme une sarbacane. Pour réveiller, comme ça, l'instinct de conservation. Et pour finir — brrr ! — il m'aurait logé une balle dans la colonne vertébrale.

MORITZ.– Il est toujours en vie, Heinrich ?

ILSE.– Est-ce que je sais ! — Au-dessus du lit, au plafond, il y avait un miroir. La petite chambre avait la hauteur d'une tour et la clarté d'un opéra. On se voyait grandeur nature suspendu dans le ciel. Horribles, les rêves que j'y ai faits pendant des nuits. — Ô Dieu, Dieu, est-ce qu'il ne ferait pas bientôt jour ! — Bonne nuit, Ilse. Quand tu dors, tu es belle à tuer !

MORITZ.– Cet Heinrich est-il toujours en vie ?

ILSE.– Dieu fasse que non ! — Un jour qu'il descend chercher son absinthe, je jette un manteau sur mes épaules et je me glisse dans la rue. Le carnaval était fini ; la police m'attrape ; à quoi riment ces vêtements d'homme ? — Ils m'ont conduite au poste. Alors Nohl, Fehrendorf, Padinsky, Spühler, Oikonomopoulos sont venus, bref la Priapie au complet, et ils se sont portés caution pour moi. Ils m'ont transportée en fiacre dans l'atelier d'Adolar. Depuis lors, je suis fidèle au clan. Fehrendorf est un singe, Nohl est un porc, Bojokewitsch un hibou, Loison une hyène, Oikonomopoulos un chameau — voilà pourquoi je les aime bien quand même, tous autant qu'ils sont, et que je ne voudrais m'attacher à personne d'autre, le monde fût-il peuplé d'archanges et de millionnaires !

MORITZ.– — Il faut que je rentre, Ilse.

ILSE.– Viens avec moi chez nous.

MORITZ.– — Pour quoi faire ? — Pourquoi ? —

ILSE.– Boire du lait de chèvre ! — Je te friserai au petit fer et je t'attacherai une clochette au cou. — Nous avons un petit cheval à bascule, tu pourras jouer avec.

MORITZ.– Il faut que je rentre. — J'ai encore sur la conscience les Sassanides, le Sermon sur la Montagne et le parallélépipède — Bonne nuit, Ilse !

ILSE.– Doux sommeil... ! Est-ce que vous descendez encore jusqu'au wigwam où Melchi Gabor avait enterré mon tomahawk ? — Brrr ! Vous avez le temps de voir venir ; d'ici là, je serai à la poubelle.

*Elle se sauve.*

MORITZ.– *(seul)* — — — Il suffisait d'un mot. — *(il crie)* — Ilse ! Ilse !
— — Dieu merci, elle n'entend plus.
— Je ne suis pas en train. — Pour y faire, il faut avoir la tête libre et le cœur joyeux. — Dommage, dommage, c'était l'occasion !
... Je dirai comme ça que j'avais d'énormes miroirs de cristal au-dessus de mes lits — que je dressais un poulain indomptable — que je le faisais caracoler sur le tapis en longs bas de soie noire, bottines vernies noires, longs gants glacés noirs, avec du velours noir autour

du cou — je dirai que dans un accès d'égarement je l'ai étouffé dans mon oreiller... je me mettrai à sourire quand on parlera de volupté... je —
*Hurler ! — Hurler ! — Être toi, Ilse ! — Priapial ! — Toute conscience perdue ! — Cela m'ôte la force ! — Cette enfant du bonheur, cette enfant du soleil ! — cette fille de joie sur mon chemin de douleurs ! — — Oh ! — Oh !*

— — — — — — — — — — — — — — — — — — — — — — — —

*(dans les buissons sur la rive)* L'ai-je donc retrouvé sans le vouloir — le banc de gazon. On dirait que depuis hier ont poussé les cierges de Notre-Dame[18]. La vue entre les saules est encore la même. — La rivière se traîne comme du plomb fondu. — Que je n'oublie pas... *(il tire de sa poche la lettre de Mme Gabor et la brûle)* — Vol d'étincelles — en tous lieux, en tous sens — Âmes ! Étoiles filantes !
— Avant que je n'allume, on voyait encore des herbes, et une traînée à l'horizon. — Maintenant nuit noire. Maintenant, je ne rentre plus.

# ACTE III

## Scène 1

*La salle du Conseil. — Au mur, les portraits de Pestalozzi et de J.-J. Rousseau. Une table verte, sur laquelle brûlent plusieurs lampes à gaz ; assis autour, les professeurs Affenschmalz, Knüppeldick, Hungergurt, Knochenbruch, Zungenschlag et Fliegentod. À la place d'honneur, sur un siège surélevé, le directeur Sonnenstich. L'appariteur Habebald est accroupi près de la porte*[19].

SONNENSTICH.– ... L'un de ces messieurs aurait-il une remarque à ajouter ? — — Messieurs ! — Nous sommes dans le cas de requérir, près le Haut Ministère de l'Instruction publique et des Cultes, la radiation de l'élève qui s'est rendu coupable chez nous et, si nous ne pouvons nous en dispenser, c'est en vertu de motifs du plus grand poids. Nous ne le pouvons, car il faut que soit expié le malheur qui vient de nous surprendre ; nous le pouvons d'autant moins qu'il nous faut dans l'avenir mettre notre établissement à l'abri de coups semblables. Nous ne le pouvons, par la nécessité de châtier un élève qui s'est rendu coupable d'avoir exercé chez nous son influence démoralisatrice à l'endroit de ses condisciples ; nous ne le pouvons, parce qu'il faut par-dessus tout l'empêcher d'exercer la même influence sur d'autres condisciples éventuels. Nous ne le pouvons enfin, et cette raison est celle, messieurs, qui pèse le plus lourd et rend toute objection caduque, par la nécessité de protéger notre établissement des ravages d'une de ces épidémies de suicides comme en ont déjà vu se déclarer divers lycées, et qui jusqu'à ce jour ont déjoué tous les moyens d'enchaîner l'élève de nos lycées à ces conditions d'existence auxquelles il se conforme lorsqu'on le forme à sa formation. — — L'un de ces messieurs aurait-il une remarque à ajouter ?

KNÜPPELDICK.– Je ne puis me fermer plus longtemps à la conviction qu'il serait grand temps d'ouvrir une fenêtre quelque part.

ZUNGENSCHLAG.– Il règne ici une a-a-atmosphère comme dans les souterrains cata-catacombes, ou comme dans la salle des a-archives de l'ex-coucou-cou-cou-cour d'appel de Wetzlar[20].

SONNENSTICH.– Habebald !

HABEBALD.– À vos ordres, monsieur le directeur !

SONNENSTICH.– Ouvrez une fenêtre ! Nous avons, Dieu soit loué, assez d'atmosphère dehors. — L'un de ces messieurs aurait-il une remarque à ajouter ?

FLIEGENTOD.– Si messieurs mes collègues veulent qu'on fasse ouvrir une fenêtre, je n'y vois pas pour ma part d'objection. Je voudrais seulement prier qu'on n'allât pas faire ouvrir la fenêtre qui est précisément dans mon dos !

SONNENSTICH.– Habebald !

HABEBALD.– À vos ordres, monsieur le directeur !

SONNENSTICH.– Ouvrez l'autre fenêtre ! — — L'un de ces messieurs aurait-il une remarque à ajouter ?

HUNGERGURT.– Sans vouloir de mon côté aggraver la controverse, je souhaiterais remettre en mémoire le fait que l'autre fenêtre, depuis les vacances d'automne, est murée.

SONNENSTICH.– Habebald !

HABEBALD.– À vos ordres, monsieur le directeur !

SONNENTISCH.– Laissez l'autre fenêtre fermée ! — Je me vois dans l'obligation, messieurs, de mettre la proposition aux voix. Je prie ceux de mes collègues qui sont favorables à l'ouverture de l'unique fenêtre pouvant venir en débat, de se lever de leurs sièges. *(il compte)* — Un, deux, trois. — Un, deux, trois. — Habebald !

HABEBALD.– À vos ordres, monsieur le directeur !

SONNENSTICH.– Laissez l'unique fenêtre fermée, comme l'autre ! — Je nourris, en mon for, la conviction que l'atmosphère ne laisse rien à désirer ! — — L'un de ces messieurs aurait-il une remarque à ajouter ? — — Messieurs ! Supposons le cas où nous renoncions à requérir près le Haut Ministère de l'Instruction publique et des Cultes la radiation de notre coupable élève, mais c'est *nous* alors que le Haut Ministère rendra responsables du malheur survenu. Parmi les différents lycées frappés par l'épidémie de suicides, ceux dans lesquels vingt-cinq pour cent des effectifs étaient tombés victimes des ravages ont été suspendus par le Haut Ministère. Garantir notre établissement d'une si dure commotion, tel est notre devoir à nous, gardiens protecteurs de notre établissement. Profonde est la douleur qui nous étreint, messieurs mes collègues, de n'être pas dans le cas de faire valoir les qualités passées de notre coupable élève à titre de circonstance atténuante. Une procédure d'indulgence, laquelle se justifierait en faveur de notre coupable élève, *ne* se justifie *plus* dès là qu'est compromise, comme elle l'est à présent au-delà du possible pensable, l'existence de notre établissement. Nous nous voyons dans la nécessité de juger notre coupable élève, afin de n'être pas jugés, nous qui sommes innocents. — Habebald !

HABEBALD.– À vos ordres, monsieur le directeur !

SONNENSTICH.– Faites-le entrer !

*Habebald sort.*

ZUNGENSCHLAG.– Si l'a-a-a-atmosphère régnante ne laisse rien à désirer à la compétente autorité, je voudrais alors proposer que, pendant les vacances d'été, l'autre fenêtre aussi fût mu-mu-mu-mu-mu-mu-mu-mu-murée !

FLIEGENTOD.– Si notre cher collègue Zungenschlag trouve que notre local n'est pas suffisamment ventilé, je voudrais alors proposer à notre cher collègue Zungenschlag de se voir poser un ventilateur dans le sinus frontal.

ZUNGENSCHLAG.– Pa-pa-pas besoin de relever ! — Je n'ai pas besoin de relever des gro-grossièretés ! Je suis maître de mes cin-cin-cin-cin-cinq sens… !

SONNENSTICH.– Je dois rappeler messieurs mes collègues Fliegentod et Zungenschlag à quelque bienséance. Notre coupable élève doit être déjà dans l'escalier, ce me semble.

*Habebald ouvre la porte ; Melchior s'avance, pâle mais calme, devant l'assemblée.*

SONNENSTICH.– Approchez-vous de la table ! — Une fois que M. le rentier Stiefel eut pris connaissance du crime scélérat de son fils, ce père, dans son égarement et dans l'espoir de tomber sur la trace de ce qui pouvait bien avoir motivé ce forfait d'abomination, se mit à fouiller les effets posthumes de son fils Moritz et mit la main, chemin faisant, en un endroit inattendu, sur un écrit qui, sans nous rendre en soi compréhensible ledit forfait d'abomination, nous livre, sur la voie du délabrement moral où s'engageait l'auteur du forfait, une explication qui se suffit amplement, hélas ! Il s'agit d'un traité de vingt pages, en forme de dialogue et intitulé *Le Coït*, garni d'illustrations grandeur nature, qui fourmille des ordures les plus éhontées, et tout fait pour satisfaire ce qu'un libertin consommé pourrait demander de plus sophistiqué à une lecture lubrique. —

MELCHIOR.– J'ai…

SONNENSTICH.– Vous avez à vous taire ! — Une fois que M. le rentier Stiefel nous eut fait tenir l'écrit litigieux et que nous eûmes intimé à ce père égaré la promesse d'en découvrir à tout prix l'auteur, l'écriture dont nous disposions fut comparée à toutes celles des condisciples du défunt scélérat, et, après jugement unanime du corps professoral au grand complet en parfait accord avec l'expertise de notre éminent collègue calligraphe, elle trahit au-delà du possible pensable sa ressemblance avec la *vôtre*. —

MELCHIOR.– J'ai…

SONNENSTICH.– Vous avez à vous taire ! — Nonobstant le fait confondant d'une ressemblance attestée par des autorités irréfragables, nous jugeons bon de nous interdire provisoirement toute mesure supplémentaire, afin d'entendre longuement le coupable, toute affaire cessante, sur ce délit d'outrage aux mœurs qui est retenu comme charge contre lui, ainsi que sur l'incitation à se donner la mort qui en découle.

MELCHIOR.– J'ai…

SONNENSTICH.– Vous avez à répondre aux questions exactement formulées que je vous pose dans l'ordre, l'une après l'autre, et par un oui ou un non plat et modeste. — Habebald !

HABEBALD.– À vos ordres, monsieur le directeur !

SONNENSTICH.– Le dossier ! — — Je prie notre collègue monsieur Fliegentod, notre greffier, de dresser à partir de maintenant le procès-verbal très exactement mot pour mot. — *(à Melchior)* Connaissez-vous cet écrit ?

MELCHIOR.– Oui.

SONNENSTICH.– Savez-vous ce que contient cet écrit ?

MELCHIOR.– Oui.

SONNENSTICH.– L'écriture de cet écrit, est-ce la vôtre ?

MELCHIOR.– Oui.

SONNENSTICH.– La rédaction de cet obscène écrit vous revient-elle ?

MELCHIOR.– Oui. — Je vous prie, monsieur le Directeur, de m'en produire une seule obscénité.

SONNENSTICH.– Vous avez à répondre aux questions exactement formulées que je vous pose par un oui ou un non plat et modeste !

MELCHIOR.– Je n'ai consigné ni plus ni moins qu'une réalité qui vous est parfaitement connue !

SONNENSTICH.– Le gredin !!

MELCHIOR.– Je vous prie de me montrer une seule atteinte aux mœurs dans cet écrit !

SONNENSTICH.– Vous figurez-vous que j'ai envie de faire le pitre devant vous ? — Habebald…

MELCHIOR.– J'ai…

SONNENSTICH.– Vous avez aussi peu de déférence pour la dignité du corps entier de vos professeurs que de sens de la décence devant le sentiment de discrétion inné chez l'homme saisi de modestie devant l'ordre moral du monde ! — Habebald !

HABEBALD.– À vos ordres, monsieur le directeur !

SONNENSTICH.– Mais c'est bien le manuel de Langenscheidt[21], le Volapuk agglutinatif en trois heures !

MELCHIOR.– J'ai…

SONNENSTICH.– Je demande à notre collègue M. Fliegentod, notre greffier, de clore le procès-verbal !

MELCHIOR.– J'ai...

SONNENSTICH.– Vous avez à vous taire ! — Habebald !

HABEBALD.– À vos ordres, monsieur le directeur !

SONNENSTICH.– Reconduisez-le !

## Scène 2

*Cimetière sous la pluie battante. — Devant une tombe ouverte, le pasteur Kahlbauch, debout, tenant à la main un parapluie déployé. À sa droite, le rentier Stiefel, son ami Ziegenmelker et l'oncle Probst. À sa gauche, le directeur Sonnenstich et le professeur Knochenbruch. Des lycéens ferment le cercle. Un peu plus loin, devant un monument à moitié effondré, Martha et Ilse.*

LE PASTEUR KAHLBAUCH.– ... Et qui repoussa loin de lui la grâce que le Père éternel répand sur celui qui naquit dans le péché, celui-là mourra d'une mort *spirituelle !* — Et qui vécut et œuvra pour le mal, dans le refus volontaire et charnel d'honorer Dieu comme il convient, celui-là mourra d'une mort *corporelle !* — Mais qui rejeta loin de lui, en téméraire, la croix[22] dont le Très-miséricordieux l'a chargé à cause du péché, en vérité, en vérité, je vous le dis, celui-là mourra d'une mort *éternelle !* — *(il jette une pelletée de terre dans la tombe)* — Mais nous-mêmes, pèlerins perpétuels sur le chemin d'épines, louons le Seigneur, rendons-lui grâce pour son insondable prédestination. Car aussi vrai que celui qui est ici est mort d'une *triple* mort, aussi vrai le Seigneur Dieu conduira le juste à la béatitude et à la vie éternelle. — Amen.

LE RENTIER STIEFEL.– *(la voix étranglée par les sanglots ; il jette une pelletée de terre dans la tombe)* Le petit n'était pas de moi ! — Le petit n'était pas de moi ! Tout petit déjà, cet enfant ne me plaisait pas.

LE DIRECTEUR SONNENSTICH.– *(il jette une pelletée de terre dans la tombe)* Le suicide comme atteinte, au-delà du possible pensable, à l'ordre moral du monde est une preuve en faveur de cet ordre moral du monde, au-delà du possible pensable, en ce que le suicidé épargne à l'ordre moral du monde le soin de prononcer sa sentence et confirme que cet ordre existe.

LE PROFESSEUR KNOCHENBRUCH.– *(il jette une pelletée de terre dans la tombe)* Dissipé — dépravé — débauché — déguenillé — dégénéré !

L'ONCLE PROBST.– *(il jette une pelletée de terre dans la tombe)* Ma propre mère, je ne l'aurais pas crue si elle m'avait dit qu'un enfant puisse se conduire si lâchement avec ses parents !

L'AMI ZIEGENMELKER.– *(il jette une pelletée de terre dans la tombe)* Se conduire ainsi avec un père qui depuis vingt ans, du matin au soir, ne nourrit d'autre pensée que le bien de son enfant !

LE PASTEUR KAHLBAUCH.– *(serrant la main du rentier Stiefel)* Nous savons que pour ceux qui aiment Dieu, toutes choses vont pour le mieux. Première aux Corinthiens, XII, 15. — Pensez à la mère désespérée et cherchez, par un amour redoublé, à lui faire oublier le disparu !

LE DIRECTEUR SONNENSTICH.– *(serrant la main du rentier Stiefel)* De toute façon, il est hautement invraisemblable que nous eussions pu le faire passer dans la classe supérieure !

LE PROFESSEUR KNOCHENBRUCH.– *(serrant la main du rentier Stiefel)* Et l'eussions-nous fait passer dans la classe supérieure, qu'au printemps suivant, il restait sur le carreau, aucun doute là-dessus !

L'ONCLE PROBST.– *(serrant la main du rentier Stiefel)* Maintenant, avant tout, ton seul devoir : penser à toi. Tu es père de famille... !

L'AMI ZIEGENMELKER.– Fie-toi à mon bras ! — Quel temps de chien, on a les boyaux glacés ! — Un bon grog, et vite, sinon c'est l'affection cardiaque !

LE RENTIER STIEFEL.– *(se mouchant)* Le petit n'était pas de moi... le petit n'était pas de moi...

*Le rentier Stiefel s'en va, conduit par le pasteur Kahlbauch, le directeur Sonnenstich, le professeur Knochenbruch, l'oncle Probst et l'ami Ziegenmelker. — La pluie cesse.*

HÄNSCHEN RILOW.– *(il jette une pelletée de terre dans la tombe)* Repose en paix, vieux frère ! — Salue pour moi mes éternelles fiancées de sacrificielle mémoire, et recommande-moi très dévotement à la grâce du bon Dieu — pauvre nigaud ! — Elles s'en iront bien ficher sur ta tombe un épouvantail, à ta mémoire d'enfant de chœur...

GEORG.– On a retrouvé le pistolet ?

ROBERT.– On n'a pas besoin de chercher de pistolet !

ERNST.– Et lui, tu l'as vu, Robert ?

ROBERT.– Sale, maudit tour de passe-passe ! — Qui l'a vu ? — Qui donc ?

OTTO.– C'est là le point ! — On l'avait recouvert d'un drap.

GEORG.– Et la langue, elle pendait ?

ROBERT.– Les yeux ! — C'est pour ça qu'on l'avait recouvert d'un drap.

OTTO.– Quelle horreur !

HÄNSCHEN RILOW.– Mais tu es sûr, de source sûre, qu'il s'est pendu ?

ERNST.– On dit qu'il n'avait même plus de tête.

OTTO.– Des racontars ! — Absurde !

ROBERT.– J'ai même eu la corde dans mes mains ! — Je n'ai jamais vu de pendu, on les avait toujours recouverts.

GEORG.– Il ne pouvait vraiment pas se retirer de façon plus banale !

HÄNSCHEN RILOW.– Diable, la pendaison, ça doit être tout à fait charmant !

OTTO.– Il me doit encore cinq marks. Nous avons fait un pari et il a juré qu'il garderait sa place.

GEORG.– C'est de ta faute s'il est là. Tu l'as traité de crâneur.

OTTO.– Taratata, moi aussi, il faut que je bûche des nuits entières. S'il avait appris l'histoire de la littérature grecque, il n'aurait pas eu à se pendre !

ERNST.– Tu as fait ta composition, Otto ?

OTTO.– Seulement l'introduction.

ERNST.– Je ne sais pas du tout quoi mettre.

GEORG.– Alors tu n'étais pas là quand Affenschmalz nous a donné le plan ?

HÄNSCHEN RILOW.– Moi, je flanque ensemble des morceaux de Démocrite.

ERNST.– Je regarderai si on trouve quelque chose dans le *Petit Meyer*.

OTTO.– As-tu fait ton Virgile pour demain ? — — — — —

*Les lycéens s'en vont. — Martha et Ilse s'en viennent au tombeau.*

ILSE.– Vite, vite ! — Derrière nous viennent les fossoyeurs.

MARTHA.– Ne vaudrait-il pas mieux attendre, Ilse ?

ILSE.– Pourquoi ? — Nous les renouvellerons toujours. Toujours, toujours de nouvelles ! — Il en pousse assez.

MARTHA.– Tu as raison, Ilse ! —
*Elle jette une couronne de lierre dans la tombe. Ilse ouvre son tablier et fait pleuvoir sur le cercueil des anémones fraîches à profusion.*
Je déplanterai nos rosiers. Je serai battue, ça oui ! — Mais ici ils pousseront bien.

ILSE.– Je les arroserai chaque fois que je passerai. Je cueillerai des myosotis au ruisseau, et je rapporterai de chez nous des iris.

MARTHA.– Et ce sera une splendeur ! Une vraie splendeur !

ILSE.– J'étais juste sur le pont quand j'ai entendu la détonation.

MARTHA.– Pauvre cœur !

ILSE.– Et je sais aussi la raison, Martha.

MARTHA.– Il t'a dit quelque chose ?

ILSE.– Le parallélépipède ! Mais ne le dis à personne.

MARTHA.– Tu as ma parole.

ILSE.– — Et voici le pistolet.

MARTHA.– Voilà pourquoi on ne l'a pas trouvé !

ILSE.– Je le lui ai pris dans la main en passant ce matin.

MARTHA.– Donne-le-moi, Ilse ! — S'il te plaît, donne-le moi !

ILSE.– Non, je le garde en souvenir.

MARTHA.– Est-ce vrai, Ilse, qu'il gît là, sans tête ?

ILSE.– Il a dû le charger d'eau ! — Les cierges de Notre-Dame étaient tout éclaboussés de sang. Sa cervelle pendait dans les saules d'alentour.

## Scène 3

*M. et Mme Gabor.*

MME GABOR.– … Il fallait un bouc émissaire. Ils ne pouvaient pas laisser retomber sur eux des accusations qui se répétaient partout. Et à présent que mon enfant a eu le malheur de tomber juste au bon moment dans les filets de ces emperruqués, il faudrait que moi, sa propre mère, je parachève le travail de ses bourreaux ? — Dieu m'en préserve !

M. GABOR.– — Voilà quatorze ans que je considère sans rien dire tes ingénieuses méthodes d'éducation. Tout à l'opposé de mes conceptions. J'avais toujours vécu dans la conviction qu'un enfant n'est pas un joujou ; qu'un enfant a le droit de notre part à une attention grave et sainte. Mais je me disais que si l'esprit et la grâce de l'un de nous deux étaient capables de tenir lieu des graves principes de l'autre, ma foi, qu'on leur donne la préférence. — — Je ne te fais pas de reproche, Fanny. Mais ne te mets pas en travers de ma route quand je cherche à réparer le mal que toi, et moi, nous avons fait au petit !

MME GABOR.– Je me mettrai en travers de toi aussi longtemps qu'une goutte de sang chaud coulera dans mes veines ! La maison de correction ? mais mon enfant est perdu ! Dans des maisons de ce genre, peut-être qu'une nature de criminel s'améliore, je n'en sais rien, mais un être qui a une bonne nature se tourne en criminel aussi sûr qu'une plante dépérit si tu lui enlèves l'air et le soleil. Je n'ai pas conscience de lui avoir fait du mal et, aujourd'hui comme toujours, je remercie le ciel de m'avoir montré la manière d'éveiller chez mon enfant la droiture de caractère et la noblesse de pensée. Qu'a-t-il fait de si terrible ? Il ne faut pas que je m'avise de l'excuser — mais qu'on l'ait chassé de l'école, il n'en porte pas la faute. Et serait-ce sa faute qu'il a déjà payé. Peut-être sais-tu tout cela bien mieux, peut-être es-tu tout à fait dans le vrai, en théorie. Mais je ne peux pas laisser mon unique enfant brutalement poussé vers la mort !

M. GABOR.– Cela ne dépend pas de nous, Fanny. — C'est un risque que nous avons pris en même temps que notre bonheur. Qui n'est pas assez solide pour la marche reste sur le chemin. Et ce n'est pas la pire des choses, à tout prendre, que l'inévitable vienne en son temps. Puisse le ciel nous en garder ! Notre devoir est de réconforter celui qui chancelle tant que notre raison en sait encore le moyen. — Qu'on l'ait chassé de l'école, ce n'est pas de sa faute. Mais si on ne l'avait *pas* chassé de l'école, ce ne serait pas non plus de sa faute ! — Tu es pusillanime. Tu n'aperçois qu'impertinente bagatelle là où il s'agit des vices fonciers d'un caractère. Vous, les femmes, vous n'êtes pas qualifiées pour juger de ces matières. Celui qui peut écrire *ce* que Melchior a écrit, il faut vraiment qu'il soit pourri au noyau le plus intime de son être. C'est la moelle qui est atteinte. Une nature encore à moitié saine ne s'abaisse pas jusqu'à ce degré. Nous ne sommes pas des saints ; chacun d'entre nous s'écarte du droit chemin. Mais son écrit à lui, c'est un *principe* qu'il revendique. Son écrit ne correspond point à quelque faux pas de hasard ou d'occasion ; il défend, pièces à l'appui, avec une précision à faire dresser les cheveux, une *préméditation* franchement avérée, une disposition native, une prédilection en faveur de l'*immoralité* pour l'immoralité même. Son écrit manifeste cette exceptionnelle corruption de l'esprit que nous autres juristes désignons du vocable « insanité morale[23] ». — À son état, peut-on trouver un remède, c'est ce que je ne peux pas dire. Mais *si* nous voulons conserver une lueur d'espoir et, par-dessus tout, notre conscience intacte comme parents de l'intéressé, il est temps de nous mettre au travail avec rigueur et détermination. — Cessons de nous quereller, Fanny ! Je sais combien il t'en coûte. Je sais que tu l'idolâtres parce qu'il est le miroir si parfait de ton naturel. Mais sois plus forte que toi-même ! Pour une fois, pour une fois, c'est ton fils, oublie-toi !

MME GABOR.– Dieu me donne les moyens de tenir tête ! — Il faut être un *homme* pour pouvoir parler de la sorte ! Il faut être un *homme* pour se laisser fasciner par ce qui est lettre morte ! Il faut être un *homme* pour s'aveugler à ce qui saute aux yeux ! — Je m'y suis prise avec Melchior comme une femme scrupuleuse et réfléchie dès le premier jour où je l'ai vu sensible aux impressions de son entourage. Sommes-nous donc responsables du *hasard* ?! Demain, une tuile peut te tomber sur la tête, et alors ton ami viendra — ou ton père, et au lieu de soigner ta blessure, il te marchera dessus ! — Non, je ne laisserai pas égorger mon enfant sous mes yeux. Il pourra compter sur une mère. — C'est inconcevable ! C'est à peine croyable ! Qu'est-ce qu'il écrit, pour l'amour du ciel ! Et puis, écrire des choses pareilles, n'est-ce pas la preuve la plus éclatante qu'il est inoffensif, bêta, un enfant encore intact ? — Il faut n'avoir aucun sens de ce qui est humain — il faut avoir l'absence d'âme d'un bureaucrate consommé, être l'étroitesse en personne, pour flairer ici de la corruption morale ! — — Dis ce que tu veux. Mais si tu mets Melchior en maison de correction, c'est le divorce ! Et tu verras si je ne trouve pas quelque part aide et ressources pour arracher mon enfant à sa perte.

M. GABOR.– Il faudra bien que tu t'en arranges — aujourd'hui ou demain. Il n'est facile pour personne de tirer un escompte sur le malheur. Je me tiendrai à tes côtés, et si ton courage menace de succomber, je ne reculerai devant rien, peine ou sacrifice, pour te réconforter le cœur. Je vois l'avenir si gris, si nuageux — il ne manquerait plus encore que tu sois aussi perdue pour moi.

MME GABOR.– Je ne le verrai plus ; je ne le verrai plus. Il ne supportera pas la banalité. Il ne prendra pas son parti de la fange. Il brisera la contrainte ; sans compter le terrible exemple qui hantera son souvenir ! — Et si je le revois encore — Dieu, Dieu, son cœur égayé de printemps — son rire clair — tout, tout — sa résolution enfantine de combattre sans trêve pour le bien, pour le droit — oh ! ce ciel du matin, quels soins clairs et purs n'ai-je pas donnés à son âme comme à mon bien suprême... Ne t'en prends qu'à *moi* seule ! Veuille en user avec moi comme bon te semble ! C'est moi qui porte la faute. — Mais ne laisse pas retomber ta main terrible sur ton enfant.

M. GABOR.– Mais *il* a failli !

MME GABOR.– *Il n'a pas failli !*

M. GABOR.– Oui, *il a* failli ! — — — J'eusse tout donné pour pouvoir épargner cela à ton amour sans limites. — — Ce matin, il est venu me voir une femme, elle était hors de sens, elle pouvait à peine articuler, elle avait *cette* lettre dans la main — une lettre écrite à sa fille qui a quinze ans. Par une curiosité toute bête, elle l'avait ouverte ; la jeune fille était sortie. — Dans la lettre, Melchior expliquait à cette fille, qui a quinze ans, que la façon dont il s'était conduit ne lui laissait plus de repos, qu'il avait fauté envers elle, etc., etc., mais que naturellement il prenait tout sur lui, oh ! elle ne s'affligerait pas, non, même si elle sentait déjà les suites. Et puis, il était en passe de lui fournir une aide ; sa radiation allait faciliter les choses : la faute passée pourrait bien devenir le tremplin de leur bonheur — et le reste un verbiage dénué de sens.

MME GABOR.– C'est impossible !

M. GABOR.– La lettre est un faux. La tromperie est patente. On cherche à utiliser une radiation qui est connue de toute la ville. Je n'ai pas encore parlé au garçon — mais, je t'en prie, regarde l'écriture ! regarde le style !

MME GABOR.– Quelle honte ! Un voyou, un dénaturé !

M. GABOR.– C'est ce que je crains !

MME GABOR.– Non, non — jamais, jamais plus !

M. GABOR.– Nous ne nous en trouverons que mieux. — La femme me demande quoi faire en se tordant les mains. Je lui ai dit qu'elle devait éviter de laisser sa fille de quinze ans grimper dans les greniers. Heureusement, elle m'a laissé la lettre. — Maintenant, envoyons Melchior dans un autre lycée où il ne sera même plus sous surveillance parentale, et en trois semaines, le résultat sera le même—nouvelle radiation — alors son cœur enjoué de printemps s'en fera peu à peu une habitude. — Dis-moi, Fanny, où vais-je le mettre ce garçon ?!

MME GABOR.– — En maison de correction —

M. GABOR.– En… ?

MME GABOR.– … maison de correction !

M. GABOR.– Là-bas, il trouvera au premier chef ce qui lui a fait coupablement défaut chez nous : une discipline d'airain, des principes, et une contrainte morale à laquelle il devra se plier en toutes circonstances. — Au demeurant, la maison de correction n'est pas le lieu de terreur que tu te figures. Dans cet établissement, l'accent principal est mis sur le développement de pensées et de sentiments chrétiens. L'enfant, là-bas, apprend à vouloir enfin le *bien* et non pas ce qui lui *chante*, et, dans ses actions, à prendre en compte, non pas son naturel, mais la *loi*. — — Il y a une demi-heure, j'ai reçu un télégramme de mon frère qui me confirme les déclarations de cette femme. Melchior s'est confié à lui et lui a demandé deux cents marks pour s'enfuir en Angleterre...

MME GABOR.– *(elle se couvre le visage)* Dieu de miséricorde !

## Scène 4

*La maison de correction. — Un couloir. — Diethelm, Reinhold, Ruprecht, Helmuth, Gaston et Melchior*[24].

DIETHELM.– Voici une pièce de vingt pfennig !

REINHOLD.– Et alors ?

DIETHELM.– Je la pose sur le sol. Vous vous mettez en rond autour. Le premier qui l'atteint, la prend.

RUPRECHT.– Tu ne viens pas avec nous, Melchior ?

MELCHIOR.– Non, merci.

HELMUTH.– Ce Joseph[25] !

GASTON.– Il ne peut plus. Il est ici pour se reposer.

MELCHIOR.– *(à part soi)* Ce n'est pas très malin de faire bande à part. Ils m'ont tous à l'œil. Il faut que je m'y mette — ou c'est l'enfer pour la créature. — — La captivité les pousse au suicide. — — Moi, si je me casse le cou, c'est bien ! Si j'en réchappe, c'est bien aussi ! À tout coup je gagne. — Ruprecht devient mon ami, ici il connaît les ficelles. — Je m'en vais le régaler avec les chapitres de Juda, de sa bru Tamar, de Moab, de Lot et de sa tribu, de la reine Basti et d'Abischag de Sunem[26]. — Il a la physionomie la plus catastrophique de toute la brigade.

RUPRECHT.– Je l'ai eue !

HELMUTH.– Moi, ça vient !

GASTON.– — Après-demain — oui !

HELMUTH.– Ça y est ! — À l'instant ! — Ô Dieu, ô Dieu…

TOUS.– *Summa, summa cum laude*[27] !!

RUPRECHT.– *(il prend la pièce)* Et merci bien !

HELMUTH.– Donne, chien !

RUPRECHT.– À toi, cochon ?

HELMUTH.– Gibier de potence !!

RUPRECHT.– *(il le frappe au visage)* Tiens !

*Il s'enfuit.*

HELMUTH.– *(il court après lui)* Je l'assomme ! Je le tue !

LES AUTRES.– *(ils courent derrière)* Vas-y ! cogne ! Allez ! Allez ! Vas-y !

MELCHIOR.– *(seul, appuyé à la fenêtre)* — Voilà le bout du paratonnerre. — Juste enrouler un mouchoir autour. — Quand je pense à elle, chaque fois, le sang me monte à la tête. Et Moritz aussi lourd en moi que du plomb dans les pieds. — — — Je vais aller dans une salle de rédaction. Payez-moi au pourcentage ; je répandrai les rumeurs ! — récolter les dernières nouvelles — ou écrire, du local — de l'éthique — du psychophysique… On ne meurt plus de faim si facilement. La soupe populaire, le Café Tempérance. — La bâtisse a soixante pieds de haut, et le crépi part en miettes… Elle me hait— elle me hait, pour lui avoir ravi sa liberté. Quoi que je fasse, ça reste un viol. — Un seul espoir : peut-être, peu à peu, au cours des ans… Dans huit jours c'est la nouvelle lune. Demain, je graisse les gonds. D'ici samedi, il faut absolument que je sache qui a la clef. — Dimanche soir, aux vêpres, catalepsie — Dieu veuille que personne d'autre ne tombe malade ! — Tout me paraît si clair, c'est comme si c'était fait. Du rebord de la fenêtre, je réussirai facilement — un saut — une prise — mais juste enrouler un mouchoir autour. — — Ah ! voici le Grand Inquisiteur.

*Il s'en va vers la gauche.*
*Le docteur Procuste venant de droite, avec un serrurier.*

LE DOCTEUR PROCUSTE.– … Je sais bien que les fenêtres sont au troisième étage, et qu'en dessous, il y a des orties plantées. Mais la délinquance a-t-elle cure des orties ? — L'hiver passé, il y en a un qui nous a fait faux bond par la lucarne, et on a eu toutes les tracasseries pour aller le cueillir, le ramener, l'enterrer…

LE SERRURIER.– Souhaitez-vous des grilles en fer forgé ?

LE DOCTEUR PROCUSTE.– En fer forgé — et puisqu'on ne peut les encastrer, qu'on les rive.

## Scène 5

*Une chambre à coucher. — Mme Bergmann, Ina Müller et le médecin du service de santé, le docteur von Brausepulver. — Wendla au lit.*

LE DOCTEUR VON BRAUSEPULVER.– Quel âge avez-vous exactement ?

WENDLA.– Quatorze ans et demi.

LE DOCTEUR VON BRAUSEPULVER.– Je prescris les pilules de Blaud[28] depuis quinze ans, et, dans un grand nombre de cas, j'ai observé les succès les plus éclatants. Je les préfère à l'huile de foie de morue et aux sirops de fer. Prenez de trois à quatre pilules par jour pour commencer, et augmentez rapidement la dose à la mesure de ce que vous pourrez supporter. Mlle la baronne Elfriede de Witzleben, je lui avais prescrit d'augmenter la dose à raison d'une pilule tous les trois jours. La baronne m'avait mal compris, et c'est chaque jour qu'elle augmentait la dose, et de trois pilules. À peine trois semaines plus tard, la baronne pouvait se rendre en post-cure à Pyrmont[29] en compagnie de Mme Mère. — Les promenades fatigantes, les repas en supplément, je vous en dispense. En échange promettez-moi, ma chère enfant, de prendre sérieusement de l'exercice, de réclamer sans façons votre nourriture aussitôt que l'appétit s'en fera sentir. Alors, ces oppressions de la poitrine cesseront bientôt — avec les migraines, les frissons, les vertiges — et nos vilains dérangements gastriques. Mlle la baronne Elfriede de Witzleben, huit jours après le début de sa cure, savourait un poulet rôti entier à son petit déjeuner, avec des pommes de terre nouvelles.

MME BERGMANN.– Vous offrirai-je un verre de vin, docteur ?

LE DOCTEUR VON BRAUSEPULVER.– Je vous remercie, chère madame Bergmann. Ma voiture m'attend. Ne prenez pas cela trop à cœur. Deux ou trois semaines et notre chère petite patiente sera fraîche et allègre comme une gazelle. Consolez-vous. — Bien le bonjour, madame Bergmann. Bien le bonjour, chère enfant. Le bonjour, mesdames, le bonjour.

*Mme Bergmann le reconduit à la porte.*

INA.– *(à la fenêtre)* — Votre platane, encore une fois, se colore de mille feux. — Le vois-tu de ton lit ? — Éphémère splendeur, peu faite pour nous réjouir, à la voir ainsi venir et passer. — Il faut que je m'en aille bien vite. Müller m'attend devant la poste et, auparavant, je dois encore passer chez la couturière. Mucki va étrenner ses premiers pantalons, et Karl va avoir un nouvel ensemble en tricot pour l'hiver.

WENDLA.– Quel bonheur, par moments — tout est joie pour moi, tout est soleil. Aurais-je deviné qu'on puisse avoir le cœur si content ! Je brûle de sortir, dans la lumière du soir, d'aller dans les prairies chercher des primevères le long du fleuve, de m'asseoir sur la rive, de rêver... Alors le *mal de dents* me reprend, et je crois que je vais mourir demain ; je brûle, je gèle, mes yeux s'obscurcissent, alors la sale bête est en moi, qui bat des ailes — — — Chaque fois que je m'éveille, je vois mère qui pleure. Oh ! que cela me fait mal — tu ne peux pas savoir, Ina !

INA.– — Tu veux que je rehausse ton oreiller ?

MME BERGMANN.– *(elle revient)* Il assure que les vomissements vont aussi s'arrêter ; et que tu pourras te lever tout gentiment... Je crois aussi que ça ira mieux bientôt, quand tu te lèveras, Wendla.

INA.– Avant que je ne revienne vous dire bonjour, si ça tombe, tu gambaderas dans toute la maison. — Au revoir, mère. Il faut absolument que j'aille encore chez la couturière. Dieu te protège, chère Wendla. *(elle l'embrasse)* Et vite, vite, une prompte guérison !

WENDLA.– Au revoir, Ina. — Apporte-moi des primevères quand tu reviendras. Adieu ! Bonjour aux garçons de ma part. *(Ina s'en va)* Qu'est-ce qu'il a dit encore, mère, quand il était dehors ?

MME BERGMANN.– Il n'a rien dit. — Il disait que mademoiselle de Witzleben aussi avait facilement des syncopes. C'est presque toujours le cas avec la consomption.

WENDLA.– Il a dit, mère, que j'avais de la consomption ?

MME BERGMANN.– Tu devras boire du lait et manger de la viande et des légumes, quand tu verras ton appétit revenu.

WENDLA.– Oh ! mère, mère, je crois que je n'ai pas de consomption…

MME BERGMANN.– Tu as de la consomption, mon enfant. Sois tranquille, Wendla, sois tranquille ; tu as de la consomption.

WENDLA.– Non, mère, non ! Je le sais. Je le sens. Je n'ai pas de consomption. J'ai de l'hydropisie…

MME BERGMANN.– Tu as de la consomption. Il a bel et bien dit que tu avais de la consomption. Calme-toi, ma fille. Cela va aller mieux.

WENDLA.– Cela n'ira pas mieux. J'ai de l'hydropisie. Je vais mourir, mère. — Ô mère, je vais mourir !

MME BERGMANN.– Tu ne vas pas mourir, mon enfant ! Tu ne vas pas mourir… Dieu de miséricorde, tu ne vas pas mourir !

WENDLA.– Mais alors, pourquoi toutes ces larmes, si déchirantes ?

MME BERGMANN.– Tu ne vas pas mourir — mon enfant ! Tu n'as pas d'hydropisie. Tu as un *enfant*, ma fille ! Tu as un enfant ! — Oh ! m'avoir fait ça, à moi !

WENDLA.– — Mais je ne t'ai rien fait —

MME BERGMANN.– Oh ! tu ne vas pas le nier, en plus, Wendla ! — Je sais tout. Tu vois, je n'aurais pas eu la force de te dire un mot. — Wendla, ma Wendla… !

WENDLA.– Mais ce n'est pas possible, mère. Puisque je ne suis pas mariée… !

MME BERGMANN.– Dieu grand, Dieu puissant — c'est bien là le point, tu n'es pas mariée ! C'est bien là l'horrible ! Wendla, Wendla, Wendla, qu'as-tu fait !

WENDLA.– Mon Dieu, je ne sais plus ! Nous étions couchés dans le foin… Je n'ai aimé en ce monde aucun être que toi, toi, mère.

MME BERGMANN.– Mon trésor —

WENDLA.– Ô mère, pourquoi ne m'as-tu pas tout dit !

MME BERGMANN.– Mon enfant, mon enfant, n'allons pas nous affliger davantage ! Reprends-toi ! Ne désespère pas, mon enfant ! Dire une chose pareille à une enfant de quatorze ans ! Tu vois, je me serais plutôt attendue à l'extinction du soleil. Je n'ai fait pour toi que ce que ma chère bonne mère avait fait pour moi. — Oh ! mettons notre confiance dans le bon Dieu, Wendla, espérons en sa miséricorde et faisons notre possible ! Vois-tu, mon enfant, il ne s'est *encore* rien passé. Ne nous montrons plus pusillanimes désormais, et le bon Dieu ne nous délaissera pas. — Sois *courageuse*, Wendla, sois *courageuse* ! — — Eh oui ! Un beau jour on est assis à sa fenêtre, on a les mains sur le ventre, jusque-là tout s'est encore passé pour le mieux, et ça vous arrive tout d'un coup, à peu que le cœur ne vous fende... Mais, mais, tu trembles ?

WENDLA.– Quelqu'un a frappé.

MME BERGMANN.– Je n'ai rien entendu, cher cœur. —

*Elle va à la porte et ouvre.*

WENDLA.– Hélas ! Je l'ai entendu très distinctement. — — Qui est dehors ?

MME BERGMANN.– — Personne — — La mère Schmidt, de la rue du Jardin. — — — Vous arrivez bien, mère Schmidt.

## Scène 6

*Vendangeurs et vendangeuses dans le vignoble. — À l'Ouest, le soleil se couche derrière les sommets des monts. Clairs tintements de cloches dans la vallée en bas. — Hänschen Rilow et Ernst Röbel dans le coin le plus élevé du vignoble, au pied de rochers qui les surplombent, se roulent dans l'herbe sèche.*

ERNST.– — J'ai trop travaillé.

HÄNSCHEN.– Ne soyons pas tristes ! — Ce sont des minutes perdues !

ERNST.– On les voit suspendues au cep, et on n'en peut plus — et demain elles iront au pressoir.

HÄNSCHEN.– La fatigue m'est aussi impossible à supporter que la faim.

ERNST.– Ah ! je n'en peux plus.

HÄNSCHEN.– Allez ! encore cette grappe de muscat vermeil !

ERNST.– Mon élasticité a des limites.

HÄNSCHEN.– Si je tords le sarment, il se met à osciller de ta bouche à ma bouche. On n'a pas besoin de se bouger, toi et moi. On mord dans les grains, et on laisse la grappe vide rebondir jusqu'au cep.

ERNST.– À peine on se décide, et hop ! voilà revenue la force qui vous avait abandonné.

HÄNSCHEN.– Et en plus, le firmament éclatant — et les cloches du soir — Je n'attends guère plus de l'avenir.

ERNST.– — Parfois, je me vois déjà en vénérable pasteur — une gentille petite femme au foyer, une bibliothèque bien fournie, des charges et des dignités dans tous les cercles. On a six jours pour réfléchir, et le septième jour, on ouvre la bouche. On va se promener, histoire de serrer la main à un écolier, à une écolière et quand on revient à la maison, le café fume, le kouglof est servi sur la table et, par la barrière du jardin, des jeunes filles vous apportent des pommes. — Tu peux t'imaginer quelque chose de plus beau ?

HÄNSCHEN.– Moi, j'imagine des paupières mi-closes, des lèvres mi-ouvertes et des draperies turques — Je ne crois pas au pathos. Regarde, nos vieux nous font des mines tout en longueur pour masquer leurs bêtises. Mais entre eux, ils se traitent de cornichons tout comme nous. Je connais ça. — Quand je serai millionnaire, j'édifierai un monument au bon Dieu. — Imagine-toi l'avenir comme une jatte de lait avec du sucre et de la cannelle. Il y en a un qui la renverse et qui braille, l'autre mélange tout, et attrape une suée. Pourquoi ne pas juste prendre la crème ? — À moins qu'il ne faille les apprendre, ces choses-là, dis-moi ?

ERNST.– — Prenons juste la crème !

HÄNSCHEN.– Ce qui reste, c'est pour les poules. — Ce ne sera pas la première fois que je m'en sors…

ERNST.– Hans, prenons la crème ! — Pourquoi ris-tu ?

HÄNSCHEN.– C'est toi qui recommences ?

ERNST.– Il faut bien qu'il y en ait un qui commence.

HÄNSCHEN.– Quand dans trente ans nous repenserons à un soir comme celui-ci, il nous paraîtra sans doute indiciblement beau !

ERNST.– Et comme tout va tout seul, à présent !

HÄNSCHEN.– Alors pourquoi pas !

ERNST.– Si par hasard on est seul — peut-être bien qu'on pleure.

HÄNSCHEN.– Ne soyons pas tristes ! —

*Il l'embrasse sur la bouche.*

ERNST.– *(il l'embrasse)* Je suis sorti de chez moi, je pensais juste te parler, c'est tout, et puis rentrer.

HÄNSCHEN.– Moi, je t'attendais. — Ce n'est pas que la vertu nous habille mal, mais elle est faite pour des figures imposantes.

ERNST.– Elle nous flotte autour des membres. — Je n'aurais pas été tranquille si je ne t'avais pas rencontré. Je t'aime, Hans, comme je n'ai jamais aimé aucun être…

HÄNSCHEN.– Ne soyons pas tristes ! — Quand dans trente ans, nous y repenserons, nous nous moquerons peut-être ! — Mais à présent tout est si beau ! Les monts étincellent ; les grappes nous tombent dans la bouche, et le vent du soir se frotte contre les rochers comme un chaton espiègle et cajoleur…

## Scène 7

*Une claire nuit de novembre. Bruissement de feuilles sèches dans les buissons et dans les arbres. Des nuages effilochés courent sous la lune. — Melchior grimpe par-dessus le mur du cimetière.*

MELCHIOR.– *(il saute dans le cimetière)* Ici, la meute ne me suivra pas. — Pendant qu'ils fouillent les bordels, je peux reprendre souffle et savoir où j'en suis…

Veste déchirée, poches vides — je ne suis pas à l'abri même des plus petites choses. — C'est de jour que je devrai chercher à progresser dans la forêt.....
Tiens ! Une croix que j'ai piétinée. — C'était un jour où de toute façon les petites fleurs auraient gelé ! — Tout autour la terre est froide...
Dans le royaume des morts ! —
Grimper par la lucarne ne fut pas aussi pénible que ce chemin ! — La seule chose à laquelle je n'aie pas été préparé...
Me voici suspendu sur l'abîme — toutes choses enfuies, en allées —
Oh ! que ne suis-je resté là-bas !
Pourquoi elle à cause de moi ! — Pourquoi pas le coupable ! Insaisissable Providence ! — J'aurais cassé des pierres, j'aurais eu faim... !
Qu'est-ce qui me tient encore debout ? — Le crime appelle le crime. Je suis voué à la fange. Et plus assez de force pour en finir...
Je n'étais pas mauvais ! — Je n'étais pas mauvais ! — Je n'étais pas mauvais...
— Nul mortel aussi envieux n'erra jamais parmi des tombeaux. — Bah ! je n'aurais jamais le courage ! — Oh ! si la folie m'enveloppait — dans cette nuit même !
Il me faut chercher là-bas, parmi les tout récents ! — Le vent siffle sur chaque pierre un son différent — symphonie d'angoisse ! — Les couronnes flétries se déchirent en morceaux et pendouillent en longs fils épars autour des croix de marbre — une forêt d'épouvantails ! — Épouvantails sur chaque tombe, tous plus affreux les uns que les autres — de la hauteur d'une maison ; à leur vue, les démons tournent les talons. — Les lettres dorées reluisent, très froides... Le saule pleureur gémit et passe sur l'inscription ses doigts géants...
Un angelot en prière — Une épitaphe —
Un nuage, pour projeter son ombre. — Des choses qui se hâtent, des choses qui hurlent ! — — Dans le ciel un train d'armée en marche vers l'Orient — Le ciel est sans étoiles —
Pervenche autour du petit jardin ? — Pervenche ? — — Jeune fille......

Ici repose en Dieu
WENDLA BERGMANN
née le 5 mai 1878
morte de consomption
le 27 octobre 1892
Heureux les cœurs purs...[30]

Et c'est moi qui l'ai tuée. — C'est moi qui l'ai tuée ! — Il me reste le désespoir. — Je n'ai pas le droit de pleurer ici. — N'approche pas d'ici ! — Va-t'en ! —

MORITZ STIEFEL.– *(sa tête sous le bras, il marche lourdement parmi les tombes)* Un instant, Melchior ! L'occasion ne reviendra pas de sitôt. Si tu savais comment tout tient au lieu et à l'heure…

MELCHIOR.– D'où viens-tu ?!

MORITZ.– De là-bas — le mur là-bas. Tu as renversé ma croix. Je repose contre le mur. — Donne-moi la main, Melchior…

MELCHIOR.– Tu n'es *pas* Moritz Stiefel !

MORITZ.– Donne-moi la main. Tu me diras merci, j'en suis persuadé. Une si belle occasion, pas de sitôt ! C'est une rencontre étrangement heureuse. — Je suis remonté tout exprès…

MELCHIOR.– Mais alors, tu ne dors pas ?

MORITZ.– Pas de ce que vous nommez dormir. — Nous allons nous asseoir sur les clochers, sur les plus hauts faîtes — toujours où cela nous chante…

MELCHIOR.– Jamais de repos ?

MORITZ.– Histoire de nous amuser. — Nous rôdons autour des arbres de mai, des chapelles isolées en forêt. Nous planons au-dessus des rassemblements de foules et sur les lieux des sinistres, les jardins, les places des fêtes. — Dans les demeures, nous nous blottissons dans la cheminée et derrière les rideaux de lit. — Donne-moi la main. — Entre nous-mêmes, pas d'échanges, mais nous voyons, nous entendons tout ce qui se passe dans le monde. Nous savons que tout ce que les hommes font et tentent n'est que bêtise, et puis nous en rions.

MELCHIOR.– À quoi cela sert-il ?

MORITZ.– Pourquoi servir ? — Nous ne sommes plus accessibles à rien, ni au bien ni au mal. Nous nous tenons haut, très haut au-dessus du Terrestre — et chacun pour soi. Entre nous, pas d'échanges, sinon tout devient ennuyeux. Qu'avons-nous encore à perdre qui fût encore à nous ? Allégresse, affliction, c'est tout un, nous sommes au-dessus, vertigineusement. Contents de nous, et c'est tout ! — Les vivants, nous les méprisons souverainement, à peine s'ils nous font pitié. Ils nous égaient à se démener comme ils font, car, tant qu'ils vivent, on ne peut vraiment pas en avoir pitié. Nous sourions à leurs tragédies — chacun pour soi — et nous faisons nos observations. — Donne-moi la main ! Si tu me donnes la main, tu t'écrouleras de rire rien qu'à ressentir comment tu me la donnes…

MELCHIOR.– Cela ne te dégoûte-t-il pas ?

MORITZ.– Nous sommes au-dessus de cela. Nous sourions ! — À mon enterrement, j'étais dans le cortège. Je me suis bien diverti. Là est la sublimité, Melchior ! J'ai pleurniché comme pas un, et je me suis glissé jusqu'au mur pour me tenir les côtes de rire. Notre inaccessible sublimité est réellement le seul point de vue d'où on puisse digérer cette ânerie… De moi aussi, on aura voulu rire, avant que je ne fasse le grand saut !

MELCHIOR.– — Je n'ai pas envie de rire de moi.

MORITZ.– … Les vivants, comme tels ne sont vraiment pas à prendre en pitié ! — J'avoue que je ne l'aurais jamais cru. Et à présent, j'ai du mal à saisir à quel point on peut être naïf. À présent je pénètre si clairement la tromperie qu'il ne reste même pas l'ombre d'un nuage. — Allons ! Melchior, tu peux encore hésiter ! Donne-moi la main ! En un tournemain tu seras au-dessus de toi d'un ciel. — Ta vie : autant de péchés par omission…

MELCHIOR.– — Oublier, vous pouvez ?

MORITZ.– Nous pouvons tout. Donne-moi la main ! Nous pouvons plaindre la jeunesse, et comme elle tient son angoisse pour de l'idéalisme, et la vieillesse, comme elle veut se briser le cœur à coups de grandeur stoïque. Nous voyons l'empereur trembler devant des chansons de rue et le lazzarone devant les trompettes dernières. Nous ignorons le masque du comédien et voyons le poète mettre le masque dans la nuit. Nous découvrons celui qui est comblé même dans son dénuement, et dans ses difficultés, dans son accablement, le capitaliste. Nous observons les amants et les voyons l'un devant l'autre rougir de deviner ce qu'ils sont : des trompeurs trompés. Les parents, nous les voyons mettre les enfants au monde pour pouvoir leur crier : comme vous êtes heureux d'avoir de tels parents ! — et nous voyons les enfants croître et faire de même. Nous pouvons surprendre l'innocence solitaire lorsqu'elle a soif d'amour, et la putain à quatre sous, lorsqu'elle lit du Schiller... Dieu et le diable, nous les voyons se ridiculiser l'un l'autre, et nous ne pouvons nous défaire de l'impression qu'ils sont saouls, tous les deux... Un repos, une satisfaction, Melchior ! — Tu n'as qu'à me tendre le petit doigt. — Tu auras les cheveux blancs avant qu'on revoie un moment si propice !

MELCHIOR.– — Si j'accepte, Moritz, ce sera par mépris de moi-même. — Je me vois comme un paria. Ce qui me donnait du cœur, à présent gît dans le tombeau. Les nobles élans, je n'en suis plus digne — et je n'aperçois rien, rien qui se mette en travers de ma déchéance. — Je suis la créature la plus exécrable de tout l'univers...

MORITZ.– Quoi ! Tu hésites... ?

*Entre un homme masqué.*

L'HOMME MASQUÉ.– *(à Melchior)* Mais tu trembles de faim. Tu n'es pas du tout en état de juger. — *(à Moritz)* Allez-vous-en.

MELCHIOR.– Qui êtes-vous ?

L'HOMME MASQUÉ.– On le saura bientôt. — *(À Moritz)* Disparaissez ! — Qu'avez-vous à faire ici ! — Pourquoi n'avez-vous donc pas votre tête sur vous ?

MORITZ.– Je me suis tiré un coup de revolver.

L'HOMME MASQUÉ.– Alors restez donc à la place qui vous revient. Vous avez fait votre temps. Ne venez pas nous incommoder avec votre puanteur sépulcrale. C'est inconcevable — mais regardez seulement vos doigts. Non, mais diable ! quelle horreur ! Ils s'effritent déjà.

MORITZ.– S'il vous plaît, ne me renvoyez pas...

MELCHIOR.– Qui êtes-vous, monsieur ?

MORITZ.– Ne me renvoyez pas ! Je vous prie. Laissez-moi encore participer un tout petit peu, ici ; je ne veux vous contrarier *en rien.* — — En dessous, c'est tellement lugubre.

L'HOMME MASQUÉ.– Alors à quoi bon vos vantardises sur la *sublimité* ?! — Vous savez pourtant que c'est de la faribole — des raisins trop verts ! Pourquoi *mentez-vous* délibérément — figure de fantôme ! — — Si après tout vous le prenez comme un bienfait sans prix, alors restez, j'y consens. Mais méfiez-vous des outres de vent, très cher — et cachez-moi votre main de cadavre, de grâce !

MELCHIOR.– Me direz-vous oui ou non qui vous êtes, à la fin ?!

L'HOMME MASQUÉ.– Non. — Je te fais une proposition : veuille te confier à moi. Mon tout premier souci, ce serait que tu réussisses.

MELCHIOR.– Vous êtes — mon père ?

L'HOMME MASQUÉ.– Est-ce que tu ne reconnaîtrais pas monsieur ton père à sa voix ?

MELCHIOR.– Non.

L'HOMME MASQUÉ.– — Monsieur ton père cherche à cette heure la consolation dans les bras robustes de ta mère. — Je t'ouvre le monde. Tu as momentanément perdu l'équilibre par ton état misérable. Un bon dîner chaud dans le ventre, et ton état, tu t'en moques.

MELCHIOR.– *(à part soi)* Ils ne peuvent tous deux être le diable ! *(à voix haute)* Après le mal que j'ai fait, ce n'est pas un dîner chaud qui me rendra le repos !

L'HOMME MASQUÉ.– Cela dépend du dîner ! — Tout ce que je peux te dire, c'est que la petite était partie pour enfanter le mieux du monde. Elle était d'une parfaite constitution. Elle a simplement succombé aux manœuvres abortives de la mère Schmidt. — — Je te conduirai parmi les hommes. Je te donnerai l'occasion d'élargir ton horizon, fabuleusement. Je te ferai connaître sans exception tout ce que le monde a d'intéressant.

MELCHIOR.– Qui êtes-vous ? Qui êtes-vous ? — Je ne peux me confier à un homme que je ne connais pas.

L'HOMME MASQUÉ.– Tu n'apprendras pas à me connaître à moins de te confier à moi.

MELCHIOR.– Croyez-vous ?

L'HOMME MASQUÉ.– C'est ainsi ! — D'ailleurs tu n'as plus le choix.

MELCHIOR.– Je peux encore à tout moment tendre la main à mon ami.

L'HOMME MASQUÉ.– Ton ami est un charlatan. Nul ne sourit qui n'a plus qu'un sou vaillant en poche. L'humoriste sublime est de toute la création la créature la plus pitoyable, la plus déplorable !

MELCHIOR.– Peu importe ce qu'il est ; vous me dites qui vous êtes, ou bien je tends la main à l'humoriste !

L'HOMME MASQUÉ.– — Alors ?!

MORITZ.– Il a raison, Melchior. J'ai fait le fanfaron. Laisse-le s'occuper de toi, et sers-toi de lui. Si masqué soit-il — il est au moins cela !

MELCHIOR.– Croyez-vous en Dieu ?

L'HOMME MASQUÉ.– C'est selon.

MELCHIOR.– Voulez-vous me dire qui a inventé la poudre ?

L'HOMME MASQUÉ.– Berthold Schwarz — alias Konstantin Anklitzen — vers 1330, un moine franciscain de Fribourg-en-Brisgau.

MORITZ.– Que ne donnerais-je pas pour qu'il l'ait laissée là où elle était !

L'HOMME MASQUÉ.– Vous vous seriez pendu !

MELCHIOR.– Votre opinion sur la morale ?

L'HOMME MASQUÉ.– Gamin — suis-je ton élève !

MELCHIOR.– Est-ce que je le sais, ce que vous êtes !!

MORITZ.– Ne vous disputez pas ! — Je vous en prie, ne vous disputez pas. Pour quel résultat ! — À quoi bon être assis ensemble, deux vivants et un mort, à deux heures du matin, dans ce cimetière, si c'est pour nous disputer comme des ivrognes ! — C'est un plaisir pour moi de prendre part à la conversation. — Si vous voulez vous disputer, je prends ma tête sous mon bras et je m'en vais.

MELCHIOR.– Tu es toujours le même, un poltron !

L'HOMME MASQUÉ.– Le fantôme n'a pas tort. On ne doit jamais perdre de vue sa dignité. — Par morale j'entends le produit réel de deux grandeurs imaginaires. Les grandeurs imaginaires sont *devoir* et *vouloir*. Le produit s'appelle morale et ne laisse pas dénier sa réalité[31].

MORITZ.– Que ne m'avez-vous dit cela plus tôt ! — Ma morale m'a jeté dans la mort. C'est pour l'amour de mes chers parents que j'ai employé l'arme meurtrière. « Tes père et mère honoreras afin de vivre longuement ». À cause de moi, l'Écriture s'est formidablement ridiculisée.

L'HOMME MASQUÉ.– Ne donnez pas prise aux illusions, cher ami ! Vos chers parents en seraient aussi peu morts que vous-même. Tout bien pesé, ils auraient pesté et tempêté par le simple besoin de se refaire une santé.

MELCHIOR.– Jusqu'à un certain point, c'est peut-être exact. — Mais je puis vous dire catégoriquement, monsieur, que si tout à l'heure j'avais tendu la main à Moritz sans plus de façons, ma morale et elle seule en eût été la cause.

L'HOMME MASQUÉ.– Pour cela, justement, tu n'es *pas* Moritz.

MORITZ.– Je ne crois pas, moi, la différence si importante — ni pour le moins si décisive, que vous n'ayez pu, *moi* aussi, me rencontrer par hasard, honorable *inconnu*, au moment où, le pistolet dans la poche, je gambadais parmi les aunes.

L'HOMME MASQUÉ.– Ne vous souvient-il donc pas de moi ? Alors vraiment, même au dernier moment, vous étiez encore entre la *mort* et la *vie*. — Mais au reste, j'ai idée que ce n'est guère ici l'endroit de tirer en longueur un débat si profond.

MORITZ.– Assurément, le temps fraîchit, messieurs ! — On m'a bien mis mon habit du dimanche, mais en dessous, je n'ai ni chemise ni caleçon.

MELCHIOR.– Adieu, cher Moritz. Où cet homme m'emmène, je ne le sais pas. Mais c'est un homme...

MORITZ.– Ne retiens pas contre moi que j'aie cherché à te tuer ! C'était un vieil attachement. — Une vie entière je voudrais ne la passer qu'en plaintes et en lamentations s'il m'était donné, maintenant, une fois encore, de t'accompagner !

L'HOMME MASQUÉ.– Dans le fond, chacun sa part — *Vous*, la conscience apaisante de ne posséder *rien*, — toi le doute débilitant à propos de *tout*. — Je vous dis adieu.

MELCHIOR.– Adieu, Moritz ! Mon cœur te dit merci de m'être apparu. Maints et maints jours heureux, sans trouble, ensemble nous avons vécu pendant quatorze années ! Je te fais une promesse, Moritz : advienne que pourra, dussé-je dans les années qui viennent dix fois devenir un autre, dussé-je connaître des hauts, des bas, je ne t'oublierai jamais...

MORITZ.– Merci, merci, bien-aimé.

MELCHIOR.– … et si quelque jour je deviens un vieil homme à cheveux gris, alors, peut-être, tu me seras plus proche encore qu'autour de moi tous les vivants.

MORITZ.– Je te dis merci. — Bonne chance sur votre route, messieurs ! — Que nul ici ne vous retienne plus.

L'HOMME MASQUÉ.– Viens, mon enfant ! —

*Il passe son bras dans celui de Melchior et s'éloigne avec lui au travers des tombes.*

MORITZ.– *(seul)* — Maintenant je suis assis, la tête sous le bras. — — La lune[32] couvre son visage, reparaît sans voile, sans être un grain plus sage. — — Et puis je m'en retourne à ma petite place, redresser ma croix que cet insensé m'a piétinée sans égards, et quand tout est dans l'ordre, je me recouche sur le dos, je me réchauffe à la pourriture, je souris…

# NOTES

J'ai effectué cette traduction pour Brigitte Jaques qui a mis en scène *L'Éveil du printemps* au Théâtre Récamier en octobre 1974.
En dehors d'une autre présentation par Pierre Romans à l'Odéon peu de temps après, on ne jouait pas cette pièce. *L'Éveil du printemps* dans ma traduction, préfacée par Jacques Lacan et suivie des minutes de l'intervention de Freud à la « Société psychologique du mercredi » à Vienne en 1907, traduites par Jacques-Alain Miller, a donc longtemps été la seule pièce de Wedekind qu'on trouvât éditée en français (*Le manteau d'Arlequin*, Gallimard, 1974, réédition 1993), si on excepte l'adaptation de *Lulu* par Pierre-Jean Jouve. On jouait de temps en temps d'autres pièces de Wedekind, mais on ne les éditait pas. Vingt ans plus tard, *L'Éveil du printemps* se trouve presque constamment joué. Si je risquais une hypothèse, je dirais que, si Brecht tenait Wedekind pour « l'un des grands éducateurs de l'Europe nouvelle », avec Tolstoï et Strindberg, le brechtisme français, plutôt que les brechtiens d'ailleurs, est resté méfiant à l'endroit de ce poète, jugé sans doute trop expressionniste, trop peu « politique », trop peu réaliste, ou simplement trop épris de sexualité.
Ma traduction est ici légèrement remaniée, ce dont je remercie Jean-Louis Besson pour sa précieuse contribution.
Les notes qui suivent, en nombre limité, visent à éclaircir les références qui pourraient paraître obscures. Je n'ai fait que reprendre la plupart du temps l'ouvrage de Hans Wagner qui, dans la collection Erläuterungen und Dokumente des Editions Reclam, est consacré à *L'Éveil du printemps*. (Universal Bibliothek Nr. 8151, Stuttgart, 1993).

1 Cette distribution des personnages n'apparaît ni dans la première édition ni dans celles qui l'ont suivie. Lorsque le cas se présente, on a tenté, entre crochets, un équivalent français du nom allemand.

Hänschen Rilow : Hänschen, diminutif de Hans. Dans le texte parlé, on a mis Hans.

Habebald : nom d'un personnage du second *Faust* de Goethe, l'un de trois puissants (vers 10335).

2 *Leilich :* Allusion probable à une foire aux curiosités où un exposant forain du nom de Leilich présentait la nudité féminine à des fins prétendument scientifiques.

3 « Bienheureux celui qui ne s'égare pas… » (début du Psaume I).

4 Reine des bois ou petit muguet [*Asperula odorata*] : petite plante à fleurs blanches utilisée notamment pour parfumer un punch à base de vin blanc et de vin mousseux.

5 *Les verbes en μι* : classe de verbes grecs.

6 *Pénis et vagin* : en allemand « P… und V… »

7 Histoire de *Plotz* : le « petit Ploetz » et le « grand Ploetz » désignent deux ouvrages dont le titre est *Principales dates de l'histoire universelle* (paru à partir de 1855).

8 « Die Wacht am Rhein » : chant national guerrier composé en 1840 et mis en musique en 1854, symbolisant la résistance allemande aux tentatives françaises de rétablir la frontière sur le Rhin.

9 *As-tu fait ta prière du soir, Desdémone ?* : ici et plus loin : *telle est la cause, telle est la cause* et, à la fin de la scène, *telle est la cause, mon cœur*, etc.) citations de la scène de l'*Othello* de Shakespeare (acte V, scène 3) où Othello s'apprête à étrangler Desdémone.

10 Hänschen Rilow, dans cette scène où il évacue un certain nombre de portraits féminins dans le siège des cabinets, évoque des peintres sur lesquels on donnera des indications succinctes : Palma le Vieux (peintre italien de la Renaissance, 1480-1528) ; Wedekind avait vu sa *Vénus* au Musée Zwinger de Dresde. Il en parle dans une lettre à sa mère du 7 janvier 1893. Paul Thuman (1834-1908), peintre allemand illustrateur des figures féminines de la littérature. Le Corrège, peintre italien de la Renaissance (vers 1484-1534). Heinrich Lossow (1843-1897), peintre allemand de genre. Adolphe William Bouguereau (1825-1905), peintre français de genre et de scènes mythologiques. Jan van Beers (1852-1927), peintre belge d'Histoire, puis de genre (Ada, Comtesse de Hollande, vécut au XIIIe siècle). Hans Makart (1840-1884), peintre autrichien d'Histoire et d'allégories. Cuno von Bodenhausen (né en 1852) peintre de figures romantiques. Friedrich Wilhelm Linger (né en 1787), graveur. Franz von Defregger (1835-1921), originaire du Tyrol, peintre de la vie paysanne (Loni, prénom féminin pour Léonie).

11 Jonathan Schlesinger, nom fictif.

12 Josaphat : la vallée de Josaphat dans l'Ancien Testament (*Joël*, IV), lieu où Dieu jugera les nations païennes, ici métaphore du sillon féminin.

13 Héliogabale, ou Elagabal, Empereur romain de 218 à 222, symbole de luxure et de dérèglement.

14 *Moritura me salutat*, reprise de la parole des gladiateurs romains avant de combattre : « Salut, César, ceux qui vont mourir te saluent. » (Suétone, *Vie de Claude*). Ici : « celle qui va mourir me salue. »

15 « Dors, petit prince, dors » : berceuse de l'*Esther* de F.-W. Gotter (1789), dont la musique fut parfois attribuée à Mozart.

16 « Je marche à l'autel... » : allusion à un rite étrusque, le *ver sacrum* ; dans les temps de pénurie, les enfants nés au printemps devaient quitter la communauté dès qu'ils avaient atteint l'âge de 21 ans. Ils n'étaient donc pas sacrifiés, comme le suggère ici Wedekind.

17 *Priapie* : de Priape, dieu asiatique de la fécondité, représenté en érection.

18 *Cierges de Notre-Dame* : plante sauvage à fleurs en grappes. Voir acte III, scène 2, fin.

19 Sur la signification des noms des professeurs, voir la distribution des personnages.

20 *Wetzlar*, près de Francfort-sur-le-Main : la cour suprême y eut son siège sous le Saint Empire romain germanique de 1693 à 1806.

21 *Langenscheidt* : linguiste et éditeur de dictionnaires (1832-1895), collaborateur du grammairien français Charles Toussaint.

22 *mais qui rejeta loin de lui... la croix*, etc. : inspiré de Saint-Matthieu, XVI, 24.

23 *« insanité morale »* : terme emprunté à la pédanterie juridique.

24 Il s'agit d'une scène de masturbation collective.

25 Ce Joseph : Joseph, dans l'Ancien Testament, résista aux séductions de la femme de Potiphar. Plus généralement, il se distingue de ses frères et s'oppose à eux (*Genèse*, XXXVII, XXXIX).

26 *Juda, de sa bru Tamar* : Juda, fils de Jacob, choisit une femme nommée Tamar pour son premier né Er, qui mourut. Il demanda alors à son second fils Onan de coucher avec Tamar ; « cependant Onan savait que la postérité ne serait pas sienne, et chaque

fois qu'il s'unissait à la femme de son frère, il laissait perdre à terre pour ne pas donner une postérité à son frère » (*Genèse* XXXVIII).

*Moab* : ancêtre des Moabites, issu d'une union incestueuse entre Lot et sa fille aînée, qui après l'avoir abruti de boisson, s'unit à lui sans qu'il s'en aperçût (*Genèse*, XIX, 35-37).

*De Lot et de sa tribu* : Lot reçut deux anges sous son toit ; la maison fut attaquée par les gens de Sodome qui voulaient abuser d'eux ; Lot livra ses filles à la place. Les anges firent ensuite sortir Lot et sa famille avant que la ville de Sodome ne fût anéantie par Dieu (*Genèse* XIX).

*Basti* : pour Vasthi, femme d'Assuérus, qui refusa d'obéir à son époux qui lui ordonnait de venir faire montre de sa beauté au peuple et aux officiers ; elle fut interdite de paraître en présence d'Assuérus et fut remplacée par Esther (*Livre d'Esther*, I) .

*Abischag de Sunem* : « belle jeune fille » qui dormit avec le roi David pour le réchauffer sans faire l'amour avec lui (*1er Livre des Rois*, I-4).

27 *summa, summa cum laude* : la plus haute distinction accompagnant une soutenance de doctorat.

28 pilules de Blaud : du médecin français Blaud (1774-1858), contre l'anémie.

29 *Pyrmont* : lieu de cure près de Hamein en Basse-Saxe.

30 *Heureux les cœurs purs* : Saint-Matthieu, V, 8.

31 Le produit réel de deux grandeurs imaginaires : de même que le nombre imaginaire i élevé au carré donne un nombre réel négatif, -1, de même le produit de *devoir* par *vouloir*, donne la morale, réelle, mais négative (d'après une suggestion de Günter Seehaus, voir *Erläuterungen, op. cit.* p. 50).

32 *La lune… je souris* : reprise possible d'un passage de la nouvelle *Lenz* de Büchner (parue en 1839) : «Il parvint ainsi au sommet des monts, et la lumière indécise se prolongeait sous ses pieds jusqu'aux masses blafardes des rochers, et le ciel était un stupide œil bleu, et la lune y était ridiculement suspendue, toute niaise. Lenz se mit à rire tout haut, et avec ce rire l'athéisme pénétra en lui et prit possession de lui, sûrement, calmement, solidement. » (Büchner, *Lenz*, trad. Jean-Claude Schneider, *Romantiques allemands*, t. 2, éd. de la Pléiade, p. 1535).

## FRANÇOIS REGNAULT

Né en 1938 à Paris, il est agrégé de philosophie, maître de conférences au département de psychanalyse de l'Université de Paris VIII. Il a travaillé comme écrivain, traducteur et collaborateur artistique successivement avec Patrice Chéreau puis Brigitte Jaques. Avec elle, il fonde la Compagnie Pandora en 1976 et dirige le Théâtre de la Commune/Pandora à Aubervilliers depuis 1991. Il a traduit Wedekind (*L'Éveil du printemps*) pour les éditions Gallimard, Ibsen, Synge pour les éditions Beba et publié divers essais ou articles sur le théâtre ou l'opéra (Beba, Le Seuil, Laffont).

# LE SPECTRE DU SOLEIL

Une idylle
empruntée à la vie moderne

*Traduction Jean Launay*

# PERSONNAGES[1]

MADAME
LE DOCTEUR PUSLOWSKY
ELISE
PERUGINO
EOBAN

*Les filles*
FRANZISKA
MELITTA
REBECCA
SCHAROLTA
MINEHAHA
BLANCHE-NEIGE
KADUDJA

*Les clients*
GREGOR
HEINRICH
MAX
THEOPHIL
PETER
ADALBERT
THEODOR
EDGAR

*Une allée dans l'ombre fraîche de larges platanes. Le sol est recouvert d'un sable jaune très fin. Entre les troncs clairs des arbres plusieurs bancs, d'un vert foncé. À l'avant de la scène une petite rotonde avec un banc de marbre en demi-cercle. Derrière l'allée, dans la lumière éblouissante du soleil, une pelouse circulaire avec une escarpolette et une balançoire à bascule. Fermant la scène au fond, la longue façade blanche d'une maison à un étage, partagée par quatre sobres colonnes qui soutiennent à faible hauteur un entablement. Quelques marches descendent vers la pelouse. Entre les deux colonnes du milieu la porte de la maison est ouverte. Les fenêtres sont closes par des volets verts. Il est midi et il fait très chaud.*

*Franziska et Gregor arrivent dans l'allée par la gauche. Franziska porte une chemise de soie d'un vert foncé avec des rubans blancs, des bas vert clair, des souliers de bal blancs et un ruban blanc dans ses cheveux épars. Gregor est en toilette d'été, claire, sans gilet, avec une large écharpe en tissu moiré noir. Chapeau de paille blanc et souliers de toile claire.*

FRANZISKA.– À quoi pensez-vous ?

GREGOR.– À toi.

FRANZISKA.– On ne dirait pas.

GREGOR.– À ta jarretière.
*Franziska avance le pied et relève sa chemise, découvrant ainsi sa jarretière d'un rose tendre.*
Et tu n'as pas froid ?

FRANZISKA.– *(couvre ses genoux avec sa chemise)* C'est tout le contraire.

GREGOR.– C'est vraiment gentil chez vous.

FRANZISKA.– *(lui prenant le bras)* C'est la première fois que vous venez chez nous ?

GREGOR.– Et toi, comment y es-tu venue ?

FRANZISKA.– Moi ?

GREGOR.– Quel âge as-tu ?

FRANZISKA.– Dix-huit ans.

GREGOR.– Je suppose que chacune ici a dix-huit ans ?

FRANZISKA.– Pour moi ce n'est que depuis deux mois. Vous viendrez nous voir souvent ?

GREGOR.– Je te dirai cela demain. Comment es-tu venue ici ?

FRANZISKA.– Je m'ennuyais.

GREGOR.– Tu faisais la bonne ?

FRANZISKA.– Non, non. — Je n'ai jamais été bonne.

GREGOR.– Qu'est-ce que tu faisais alors ?

FRANZISKA.– Rien. J'étais chez maman.

GREGOR.– Et l'amour, ce n'est pas ennuyeux au bout d'un temps ?
*Franziska* fait *signe que non avec la tête.*
Tu n'as pas le droit de le dire, évidemment.

FRANZISKA.– Et vous, vous trouvez cela ennuyeux ?

GREGOR.– Je ne suis pas une jolie fille, moi, malheureusement.

FRANZISKA.– Plus on aime et plus on voudrait aimer.

GREGOR.– Si je pouvais dire cela de moi.

FRANZISKA.– Vous n'êtes pas gentil.

GREGOR.– Je t'envie. Si j'étais venu au monde comme jolie fille, j'aurais probablement aussi choisi ton métier.

FRANZISKA.– Qu'est-ce que vous êtes ?

GREGOR.– Je m'y sentirais mieux en tout cas.

FRANZISKA.– Vous êtes peintre ?

GREGOR.– Ai-je l'air d'un peintre ? — Regarde mes mains.

FRANZISKA.– Elles sont rouges.

GREGOR.– Mais les ongles sont propres.

FRANZISKA.– Vous êtes dans un bureau ?

GREGOR.– Non. — Je n'ai jamais été dans un bureau.

FRANZISKA.– Vous n'êtes rien du tout alors ?

GREGOR.– Je suis écrivain. —

*Ils sortent par la droite au premier plan.*
*Madame et le docteur Puslowsky entrent dans l'allée par la gauche. Madame porte des chaussures de cuir brun clair, des bas de soie noire ajourés, une robe découvrant le pied, rayée noir et bleu, à manches courtes et avec un décolleté à cœur, une mantille couvrant la tête et un éventail chinois dans la main. — Le docteur Puslowsky en redingote noire, chapeau mou à larges bords et pantalon jaune laissant paraître des chaussettes blanches en accordéon, les cheveux tombant sur les épaules en minces boucles argentées.*

MADAME.– Elle a déliré toute la nuit. Deux fois j'ai pensé : maintenant c'est fini. C'était terrible la façon dont elle me regardait. Elle disait : si seulement je pouvais tout recommencer depuis le début.

DOCTEUR PUSLOWSKY.– Symptôme inquiétant.

MADAME.– Je l'ai pensé aussi. Elle me prenait pour sa mère. Elle croisait les mains sur sa tête ; elle avait six ans. Une petite fille ! Je lui aurais donné une poupée.

DOCTEUR PUSLOWSKY.– Le transit s'effectue normalement ?

MADAME.– Merci. Avant-hier c'était encore respectable. Mais elle n'a pas d'appétit. Je lui ai monté un bouillon avec des boulettes. Elle s'en fiche.

DOCTEUR PUSLOWSKY.– Donnez-lui des pilules du docteur Morison. Si ça n'aide pas, ça ne lui fera pas de mal non plus. Si je pouvais tout recommencer depuis le début, je me ferais pasteur. Là au moins on peut dire aux gens qu'il n'y a plus rien à faire.

MADAME.– Je ne reste plus ici si elle nous lâche. On n'en fait plus des comme elle. Depuis le premier jour elle m'a coiffée tous les matins et le soir elle me faisait la lecture. Sa main est comme du velours, et sa voix — La nuit dernière, comme elle chantonnait ! Et quand on lui parlait, elle ne répondait pas. Je n'ai pas tenu, il a fallu que je sorte, j'en pleurais, j'en pleurais devant sa porte.

DOCTEUR PUSLOWSKY.– Le principal remède, vous savez, c'est celui que la nature se donne elle-même. Elle a seize ans, dites-vous, c'est un âge où il nous arrive à tous certains bobos. Mais en règle générale on ne meurt que plus tard. Sa nature doit lutter pour s'en sortir, comprenez-vous ? Du reste, j'ai déjà traité plusieurs cas comme celui-là chez vous.

MADAME.– Vous parlez des autres ? Taisez-vous. Ça ne fait que bouffer et dormir. À midi on arracherait presque la cloche à force de sonner pour le déjeuner, et à quatre heures du matin elles sont tellement soûles qu'elles ne trouvent plus leur lit. Et une fois couchées, ne leur demandez pas leur nom de baptême. C'est une compagnie de putes que le bon Dieu m'a mise sur le dos pour expier mes péchés. Elles vous boivent votre champagne jusque sous votre nez et elles complotent avec mes meilleurs clients. Mais elle ! ... Mon Dieu, mon Dieu, quand je pense qu'elle est couchée là-haut avec la fièvre...

DOCTEUR PUSLOWSKY.– Elle a sans doute commis aussi de petits excès de zèle ?

MADAME.– Qu'est-ce que vous voulez dire, docteur ? Je n'oblige personne. Elle n'a pas eu besoin de cela. Elle a toujours été la première, la première et la dernière. Et voilà sa récompense. C'est accablant. Mieux on se conduit et pis vous arrive. J'ai là un tas de rombières bouchées à l'émeri, qui ne connaissent du monde que leur lieu de naissance et qui deviennent chaque jour plus grasses, et voilà une malheureuse gosse innocente, qui du jour au lendemain doit disparaître dans les souffrances !

*Ils s'éloignent par la droite au premier plan.*
*Melitta et Heinrich entrent dans l'allée par la gauche. Melitta porte une chemise d'un rouge vermillon et un ruban jaune dans ses cheveux épars, des bas de la même couleur que la chemise, des souliers jaunes et des jarretières jaunes. Heinrich porte un complet en nankin, des souliers noirs et un chapeau de toile blanc.*

HEINRICH.– Mets-toi sur la balançoire.

MELITTA.– Oui, mais pas comme hier.

HEINRICH.– Que sais-je comment c'était hier ?

MELITTA.– Je vais prendre un coup de soleil.

HEINRICH.– Ouvre ta vertu, fais-en un parasol.

MELITTA.– Si j'attrape des varices, je n'aurai plus qu'à me montrer dans les foires.

HEINRICH.– On a déjà vu des poivrons plus mûrs que toi devenir de belles oranges. — Viens !

MELITTA.– Mais sois raisonnable, hein ?
*Elle s'assied à cheval sur l'extrémité basse de la balançoire.*
*Heinrich fait monter la planche en tirant sur ses bras. L'extrémité supérieure s'abaisse lentement tandis que Melitta s'élève.*
*(tout en haut)* Oh ! — J'ai le mal de mer…
*Heinrich s'assied sur le siège et d'un coup de reins fait cogner la planche contre le sol.*
*(sautant en l'air, au rythme des coups de reins)* Oh ! Non, non !

HEINRICH.– C'est pour raccorder les pôles de ton système nerveux. Ils sont usés, la secousse va les remettre en place. Il faut que je réveille tes qualités morales de temps en temps.

*Il frappe la planche sur le sol.*

MELITTA.– Je t'en prie, laisse-moi descendre.

HEINRICH.– Comme tu es assise là, on dirait un fromage du Limbourg posé sur une règle à dessin. Tu coules déjà de la jambe gauche. Attends, je te remets en équilibre.

*Il frappe la planche sur le sol.*

MELITTA.– C'est ma dernière heure ! J'ai la peau nue.

HEINRICH.– C'est la balançoire qui doit être contente !

MELITTA.– Laisse-moi au moins mettre ma chemise dessous !

HEINRICH.– *(lâche la balançoire ; la chemise de Melitta remonte jusque sur sa tête tandis qu'elle atterrit)* As-tu déjà vu un ballon rouge descendre en flammes ?

*Max et Theophil, suivis de Rebecca et Scharolta, arrivent par la gauche dans l'allée. Max en haut-de-forme, redingote noire, pantalon clair à carreaux, gilet blanc, bottes laquées, col montant et cravate blanche. Theophil, en habit de chasse poil de chameau, porte des lunettes à monture d'or et une barbe bouclée, roussâtre. Rebecca et Scharolta en chemises de soie noire ; Rebecca avec un ruban vert dans les cheveux, des bas vert clair, des souliers et des jarretières vert foncé ; Scharolta avec un ruban rouge dans les cheveux, des bas jaunes, des souliers rouges et des jarretières vertes.*

THEOPHIL.– *(tapotant l'épaule de Max)* Et si on joue mon opéra, alors là !

MAX.– Si seulement je pouvais parler comme toi ! Au lieu d'être assis dans un bureau, à détacher des coupons. Et quand ce sera fini, personne ne parlera plus de moi.

MELITTA.– *(sur la balançoire)* Je saute, même si je dois me casser les deux jambes !

REBECCA.– *(bras dessus, bras dessous avec Scharolta)* Soyez miséricordieux, Monsieur Heinrich. La sueur de l'agonie mouille son front.

HEINRICH.– *(cognant toujours la planche contre le sol)* Elle tire une gueule comme si elle allait accoucher d'une commode !

MELITTA.– Oh ! Oh !

SCHAROLTA.– *(à Rebecca)* Laisse-le faire. Elle ne l'a pas volé. Non seulement elle est envieuse, mais elle met la main sur tous les plus jeunes et les plus bêtes.

THEOPHIL.– *(prenant le bras de Max)* C'est ce genre d'individus qui pervertissent les filles. Il suffit qu'elles passent une fois entre leurs mains, et elles ne savent plus vous dire que des ordures.

MAX.– Je n'aime pas ces types-là. On sent leur odeur à plus d'un demi-mile*. Et ce regard éhonté qu'ils vous jettent par en dessous quand on fait les présentations ! Et dire qu'elles sont toutes amoureuses de lui !

SCHAROLTA.– *(arrache un brin d'herbe et chatouille Max dans la nuque)* Quand est-ce que tu m'apporteras la bague que tu m'as promise il y a quinze jours ? Tu as eu le temps de faire ton choix, dis donc !

MAX.– Quand tu cesseras de la réclamer.

THEOPHIL.– *(serrant la main de Max)* Je baigne ici dans des flots de musique. J'entends des symphonies sans qu'aucun son vienne briser le silence. Ce vert traversé par la lumière du soleil, et les taches de couleurs que font les chemises des filles, ces bras blancs, comme des éclairs courant sur les feuilles, le jour où je mettrai ça en musique — ce sera l'œuvre de ma vie. Ce sera un art nouveau, l'ardente célébration d'un office plein de rêve, de beauté, de sensualité naïve, fine…

---

* Prononciation anglaise.

REBECCA.– *(à Scharolta)* Es-tu bête ! As-tu vraiment cru qu'il allait te payer une bague parce que tu lui as mis la tienne autour du doigt ? —

*Max, Theophil, Rebecca et Scharolta sortent à droite au premier plan.*

MELITTA.– *(tout en haut sur la balançoire)* Qu'est-ce que tu as ?

HEINRICH.– Mon pantalon a craqué.

MELITTA.– Laisse-moi descendre. Je vais le recoudre. *Heinrich descend de la planche et laisse doucement atterrir Melitta.* Fais voir.

HEINRICH.– *(retire sa veste)* Un fameux triangle sur la grosse caisse.

MELITTA.– Viens dans ma chambre ! Je te le recoudrai si bien que personne ne se doutera jamais de rien.

HEINRICH.– C'est la punition, pour m'être mis au service de ta volupté. *(la main sous le pan de son veston)* Pourvu que je n'attrape pas le rhume.

*Ils traversent la pelouse en direction de la maison.*
*Blanche-Neige entre par la gauche en sautant à la corde. Ruban blanc dans ses cheveux épars, chemise blanche garnie de dentelle noire, souliers blancs à talons noirs, bas noirs et jarretières blanches visibles à chaque saut. Elle regarde autour d'elle, écarte de son visage ses boucles noires, et noue sa corde autour de sa chemise.*

BLANCHE-NEIGE.– Il s'imagine, parce qu'il a passé quatre nuits avec moi, que je suis amoureuse. Ils n'auraient plus qu'à faire tous comme lui ! Si je couche avec lui, ce n'est plus mon affaire, une fois qu'il a payé pour la nuit. Nous, on a le caviar, aux frais de Madame. Mais l'amour, ce n'est pas dans le contrat. On doit faire les choses pour lesquelles on est engagée, rien de plus. Le supplément, ça ne rapporte que de l'ingratitude. Qu'est-ce que ça peut lui faire, d'où je viens ? Est-ce que je le lui demande, moi ? Il vous embarque dans une conversation intime et après cela il écrit un drame. Un drame sur moi ! Merci bien. Qu'il aille donc se renseigner chez ses demoiselles ficelées comme il faut. Intéressant, ce qu'il en sortira. Il peut être bien content de m'avoir ici, et je sais ce que j'ai à faire. Tous ceux qui viennent ici, c'est pour être tranquille quinze jours, juste ce qu'il faut. Pas pour ausculter les cœurs. À vous rendre malade ! *(elle se dirige vers la pelouse, s'assied sur l'escarpolette et se balance)* Je me demande bien ce qu'il va dire quand il me verra.

*Peter et Minehaha entrent dans l'allée par la gauche en se tenant par le bras. — Minehaha dans une chemise jaune orange, un ruban vert dans ses cheveux épars, des bas vert d'eau, des chaussures jaunes à talons rouges et des jarretières vert clair. — Peter dans un costume de confection gris clair avec des manches beaucoup trop longues.*

MINEHAHA.– C'est bien que tu sois venu. Je m'ennuyais de toi.

PETER.– J'ai seulement dit à monsieur que j'avais la visite de ma mère. Il a fait oui avec la tête, et il a dit que je pouvais. Je devais promener Soliman dans le parc, parce qu'il ne tient plus dans l'écurie depuis trois jours que madame est en voyage.

MINEHAHA.– Maintenant tu n'as plus besoin de Soliman. Moi non plus, je ne tiens plus dans l'écurie.

PETER.– Tu m'as écrit que tu étais triste parce que tu n'aimais plus faire ça avec personne. C'est donc allé si mal pour toi depuis la dernière fois qu'on était ensemble ?

MINEHAHA.– Oh non, pas si mal, pas mal du tout, même. J'ai eu des messieurs très distingués. Non, je ne sais pas ce que c'est.

PETER.– C'est par amour, tu sais, si je te demande avec qui tu es restée la nuit.

MINEHAHA.– Il y a eu le jeune comte Ressdorff, juste la nuit qui a suivi, après que je suis tombée amoureuse de toi. Il est très gentil, mais il est encore trop dans sa famille. Et la nuit d'après… attends, je réfléchis…

PETER.– Moi, je suis venu vendredi.

MINEHAHA.– C'est ça, c'était donc la nuit du dimanche au lundi quand le comte Schulze a dormi chez moi.

PETER.– Celui qui a la moustache blonde ?

MINEHAHA.– Je ne le connais pas tellement. Il revenait le jour même de la Finlande, ou de la Hollande. Il m'a choisie parce que mes jambes lui rappelaient un ancien amour.

PETER.– C'est quelquefois difficile d'oublier le passé. Comment trouves-tu mon nouvel habit ?

MINEHAHA.– Je t'aimerais mieux dans ta livrée.

PETER.– Je n'ai pas le droit. Quand je viens chez toi je dois tenir compte de monsieur. Il n'admettrait jamais que je vienne en livrée.

MINEHAHA.– Tu as dû monter beaucoup depuis vendredi ?

PETER.– La pire, c'est Woglinde. Il suffit que je me mette dessus, elle fait comme si elle ne voulait rien savoir. Mais plus je la force et plus elle s'enflamme. Ça dure comme ça avec des hauts et des bas deux ou trois heures, chaque fois. Après je suis comme un sac de balle, comme si on m'avait coupé les jambes.

MINEHAHA.– Tu mets ta culotte de peau quand tu montes Woglinde ?

PETER.– Si tu veux que je vienne avec ma culotte de peau, la blanche, tu n'as qu'à me le dire. Je n'aime pas monter quand je n'ai pas le cheval bien en cuisses.

MINEHAHA.– Avec moi tu peux t'en passer. Mais je veux bien croire que la plupart des chevaux préfèrent les bons cavaliers à ceux qui ne montent que le dimanche.

PETER.– Woglinde, il suffit que j'arrive et que je lui dise : on va monter tous les deux, elle piaffe déjà, et pourtant elle sait que ma selle est la plus dure, parce que la selle de monsieur, elle, elle a des ressorts sous le cuir.

MINEHAHA.– Je voudrais que tu arrêtes avec ta Woglinde.

PETER.– Tu m'as écrit que tu étais contente de moi, qu'il y avait seulement une chose que je devrais changer et que tu me la dirais de vive voix parce que ça te prenait trop de temps à écrire et qu'on t'appelait dans le salon.

MINEHAHA.– C'est vrai que tu es un gentil garçon et c'est dommage que tu ne sois pas comte, pour que tu puisses venir chaque soir, parce que je t'aime vraiment bien. Mais c'est vrai aussi qu'il y a une chose où il faut que tu t'améliores. Je te la dirai ce soir. C'est une toute petite chose, et c'est la seule qui te manque.

PETER.– Si tu savais, Minehaha, comme je te suis reconnaissant quand tu me montres ce qui ne va pas encore dans mes manières. Je n'ai qu'à regarder Monsieur pour sentir tout ce qui me manque. Mais le fait que je ne croie pas que je sache déjà tout, je crois que c'est le signe que je peux encore apprendre.

*Ils sortent par la droite au premier plan.*

BLANCHE-NEIGE.– *(se balançant)* Ils se marieront bientôt. Elle, en tout cas, en est capable, c'est sûr. Après cela ils auront des enfants, un après l'autre. — Le voilà.

ADALBERT.– *(entre dans l'allée par la gauche, habillé tout en noir, veste à col montant étroit, gilet montant, jambes du pantalon retroussées, laissant voir des chaussettes de soie noire et des souliers à boucles noirs)* Elle se balance, elle attend que je me retourne. J'avais un but devant moi. Qu'est-il devenu ? Cela m'avait repris. Mais je ne sens plus rien. J'ai perdu le respect que j'avais de moi. Mon avenir m'est égal. Je ne vois plus d'étoiles. Ta volonté, et non la mienne. Je ne connaissais rien de plus sacré que moi. — Cette lueur me reste : plus j'ai l'air facile, plus elle se croit. Plus je me crois, plus elle sera facile. Je vais m'allumer une cigarette. *(il le fait)* — *Si* je tiens le coup maintenant, toutes ces petites prétentieuses du beau monde me suivront comme des agneaux. — Elle est trop bête pour comprendre pourquoi je m'allume une cigarette.

*Sort par la droite.*

BLANCHE-NEIGE.– *(descend de la balançoire, détache sa corde à sauter et se tâte de bas en haut)* Mes bas ne sont pas déchirés. Pas de taches sur ma chemise. Ai-je des cernes sous les yeux ? *(elle fait tourner en l'air sa corde à sauter)* Pourvu qu'il n'aille pas chez Melitta !—

*Elle sort à droite au premier plan.*
*Theodor et Kadudja entrent par la gauche dans l'allée. Kadudja porte une chemise mauve, des bas de soie blancs avec des jarretières rouge cerise, des souliers violets avec des talons noirs, et un ruban blanc dans ses cheveux épars. Theodor est coiffé d'un feutre dur de couleur brun clair, un costume Prince-Albert, sombre et entièrement boutonné, un pantalon bleu rayé et des bottines à boutons.*

KADUDJA.– *(collée contre Theodor)* Surtout ne laisse rien remarquer, hein !

THEODOR.– *(la tient par la taille)* Dans trois semaines je suis marié.

KADUDJA.– Tu n'aurais pas dû.

THEODOR.– C'en sera fini du bon temps.

KADUDJA.– La vieille n'a pas les yeux dans sa poche.

THEODOR.– Je m'en vais tout de suite. Il faut encore que je lui fasse ma cour aujourd'hui.

KADUDJA.– Pourquoi tu ne m'épouses pas, moi ?
*Theodor lui éclate de rire au nez.*
Elle est donc si riche ?

THEODOR.– Riche de dettes, oui.

KADUDJA.– Oh la la !

THEODOR.– Mais — de l'aristocratie.

KADUDJA.– Oh la la !

THEODOR.– Son père doit deux cent cinquante mille marks au mien. Et mon père a dit à son père, si tu ne donnes pas ta fille à mon fils, je fais saisir le château de tes aïeux. Et l'autre s'est couché.

KADUDJA.– Elle t'aime ?

THEODOR.– Il faut bien. Je ne lui ai pas demandé. Mais pour moi c'est comme manger un rat par la tête.

KADUDJA.– Elle est donc si laide ?

THEODOR.– Au contraire. Trop belle pour moi. Je n'aime pas les belles femmes.

KADUDJA.– Viens sur le banc. J'ai des frissons dans les jambes.

*Ils s'asseyent sur le banc de marbre dans la rotonde.*

THEODOR.– La seule chose qui me console, c'est qu'au moins elle n'a pas d'argent.

KADUDJA.– Donne-moi un thaler.

THEODOR.– Tu vois, ici, je peux me montrer comme je suis. Ici, je n'ai pas besoin de me demander si ça se fait ou non.

KADUDJA.– Prends-moi sur tes genoux.

THEODOR.– J'ai mes beaux habits.

KADUDJA.– Le banc est tout froid.

THEODOR.– Avec cette cinglée il faut d'abord se moucher le nez avant de dire quelque chose.

KADUDJA.– Tu pourrais bien me faire cadeau d'un thaler. Je me sens mal à mourir.

THEODOR.– Tu fais semblant. Si tu voyais comme tes yeux brillent, et les coins de ta bouche qui se plissent.

KADUDJA.– Ta femme est plus jolie que moi ?

THEODOR.– C'est un bidet, un épouvantail. Et toi un petit ange charmant.

KADUDJA.– *(remonte sa chemise)* Tu me trouves bien faite ?

THEODOR.– Tu n'as pas honte ? Tu es vraiment une fichue putain. Tu mériterais un coup de pied quelque part.

KADUDJA.– *(rabaisse sa chemise)* Quoi qu'on fasse, tu n'es jamais content.

PERUGINO.– *(derrière la scène)* Figues, mesdames — Mandarines ! — Dattes confites !

KADUDJA.– Voilà Perugino. Achète-moi une grappe de raisin. Ça aurait pu te coûter vingt marks, dis donc.

PERUGINO.– *(entre par la droite au premier plan dans l'allée, portant sur le ventre une corbeille où des fruits, des sucreries, des éventails, des poudriers, etc. font un cocktail de couleurs)* Raisin, olives, dattes, ma jolie demoiselle ! — Thermomètre d'amour peut-être, non ? Serpent du paradis, non ?

KADUDJA.– Achète-moi une mandarine !

THEODOR.– Elle coûte combien ?

KADUDJA.– Dix pfennig.

THEODOR.– Si j'ai de la monnaie.

PERUGINO.– Mademoiselle Blanche-Neige, avec sa petite robe blanche, s'est fait offrir un mouchoir de soie. Mouchoirs de soie ! Venus tout droit de la Chine !

THEODOR.– Vous avez une mandarine ?

PERUGINO.– Une mandarine ? — Celle que vous voulez. C'est pour toutes le même prix. *(à Kadudja)* Mademoiselle ne s'intéresserait pas au pulsomètre revitalisant du docteur Puslowsky, brevet numéro 13765 reconnu sans soutien de l'Etat dans tous les pays civilisés avec des certificats signés de la main des plus illustres sommités de la médecine, les professeurs Krafft-Ebing, Charcot et Mantegazza[2] ?

*Kadudja secoue la tête. Theodor a choisi une orange et la paie.*

Oranges, messieurs et belles dames ! Dattes confites ! Figues fraîches !
*Il chante.*

Il m'a pris en riant par la taille

Il m'a dit à l'oreille, n'aie pas peur.. .

*Il sort de la scène.*

KADUDJA.– *(se lève)* Viens un peu au soleil.

THEODOR.– Mais pas longtemps, il faut que j'y aille...

*Ils sortent de la scène à droite au premier plan. Elise entre par la gauche au premier plan dans l'allée. Elle porte des tresses, un corsage gris avec des lacets bleu foncé, une jupe noire qui s'arrête aux chevilles, des bas rouges et des souliers noirs.*

ELISE.– Dieu du Ciel ! — Si quelqu'un venait ! — C'est ici qu'elles se promènent — Une balançoire — Qu'est-ce qui va m'arriver ? — Mon Dieu, qu'est-ce qui va m'arriver, qu'est-ce qui va m'arriver ? — Elles vont en chemise. — Ô Dieu du Ciel, qu'est-ce qui va m'arriver ? — Elles m'ont vue. — Elles ont les cheveux épars et un ruban dedans. — Je ne serai plus jamais bien nulle part. — Le soleil brille à travers les arbres. — Le sable est doux, on pourrait marcher dessus pieds nus. — Si seulement quelqu'un venait ! Oh mon Dieu, je suis perdue ! — Mon Dieu, aie pitié de moi ! — Elles se dirigent vers la tonnelle. — Je ne peux pas faire autrement. — Adieu, adieu maman, adieu beauté. — Pourvu que je sois heureuse ! — En voilà deux, le monsieur avec une ceinture noire. — Ce soir — après je veux dormir...

*Franziska et Gregor qui se tiennent par le bras entrent dans l'allée par la gauche.*

FRANZISKA.– Viens, on ne s'arrête pas.

GREGOR.– Pourquoi pas ?

FRANZISKA.– On pourra toujours le dire à Madame.

GREGOR.– Je voudrais seulement voir son visage.

FRANZISKA.– Elle est grande et elle est jolie.

GREGOR.– Elle tremble. Parlons-lui un peu. *(à Elise)* Vous cherchez de l'emploi ?

ELISE.– *(le regarde avec de grands yeux lourds d'orage)* Je ne peux pas faire autrement.

GREGOR.– On ne peut pas vous en vouloir. Moi non plus, je ne peux pas faire autrement.

*Elise baisse les yeux et recommence à trembler.*

FRANZISKA.– *(à Gregor)* Allez, viens.

GREGOR.– *(à Elise)* Je n'ai pas dit cela pour vous blesser. Vous êtes pauvre ?

ELISE.– *(le regarde timidement)* Je me jette à l'eau…

FRANZISKA.– Elle n'a pas l'air d'avoir souffert de la faim.

GREGOR.– *(à Elise)* Alors, c'est pour le plaisir ?

*Elise chancelle.*

FRANZISKA.– Tu vois le résultat.

GREGOR.– *(conduit Elise vers le banc)* Ce n'est pas si grave. C'est une preuve de santé. Pas même besoin d'ouvrir son corset, elle n'en porte pas. *(à Elise)* T'en fais pas, ma petite fille. On ne fait de mal à personne ici. Ici, il n'y a que des larmes de joie. — Il faudrait déboutonner un peu le corsage tout de même…

FRANZISKA.– *(s'est assise à côté d Elise et la regarde attentivement)* De la façon dont elle gémit, elle en aura assez dans huit jours.

GREGOR.– Elle a de beaux yeux. *(déboutonne le corsage d'Elise)* Une locomotive ! — On voit la fumée. — Elle est trop à l'étroit là-dedans.

FRANZISKA.– Fais voir.

GREGOR.– Exceptionnel !

FRANZISKA.– Je comprends qu'elle ait eu un coup de chaleur.

GREGOR.– Ça me gagne, moi aussi.

FRANZISKA.– Elle a déjà eu un enfant ?

GREGOR.– Ça ne paraît pas.

FRANZISKA.– Non.

GREGOR.– *(à Elise)* Pas pleurer, petite fille. Pas pleurer. Comment t'appelles-tu ?

ELISE.– *(en larmes)* Elise…

GREGOR.– Tu veux qu'on aille chercher Madame ? — Tu peux tranquillement parler avec elle ici. Qu'as-tu besoin maintenant de te faire encore des idées ?

FRANZISKA.– Lève sa robe.

GREGOR.– Non, non, il ne faut pas l'intimider.

FRANZISKA.– Juste pour voir.

GREGOR.– Elle est assez énervée comme cela. On risquerait de la faire partir. Quand elle aura votre uniforme, la pudeur s'en ira d'elle-même.

ELISE.– *(séchant ses larmes) Vous* croyez...

FRANZISKA.– *(a tiré sa chemise vers le haut et s'en sert pour éventer la poitrine découverte d'Elise)* Le docteur Puslowsky n'aura qu'à lui demander si elle est là de son plein gré et si elle ne préfère pas retourner chez elle. Le gouvernement le paye pour ça.

ELISE.– Vous croyez — qu'on m'acceptera ?

GREGOR.– Si je le crois ! Il faudrait être fou. Si tu es en bonne santé et que tu n'as pas d'antipathies. *(à Franziska) Tu* ne crois pas ?

FRANZISKA.– Si, si, on la prendra.

GREGOR.– Jeune et fraîche comme elle est. Madame serait bien difficile.

FRANZISKA.– Et même jolie avec ça.

GREGOR.– *(embrasse Elise)* Quand on a senti ses lèvres, on a tout compris.

ELISE.– *(reboutonne son corsage) Où* puis-je parler avec la dame ?

GREGOR.– Attendez ici et remettez-vous d'abord un peu. On va vous l'envoyer.

FRANZISKA.– La voilà, la vieille.

MADAME.– *(entre en scène, très échauffée)* Il ne manquait plus que cela, que des personnes de rien du tout viennent tramer ici leurs sales histoires.
*Elise se lève.*
Qu'est-ce que cela signifie, Franziska ?

FRANZISKA.– *(lui tourne le dos)* Ce n'est pas moi qui lui ai ouvert. *(prend Gregor par le bras)* Venez !

MADAME.– Ce n'est pas elle qui lui a ouvert !

GREGOR.– Je voudrais entendre la suite.

MADAME.– Monsieur le baron m'excusera, mais s'il savait toute la canaille qui entre ici chaque jour. *(à Elise)* Qui vous a ouvert ?

FRANZISKA.– *(à Gregor)* Toujours la même comédie. Venez. Elle s'étonnera après cela de se retrouver toute seule.

*Ils sortent à gauche au premier plan.*

MADAME.– *(bombant la poitrine)* Qu'est-ce que vous venez faire ici ?

ELISE.– Je voulais demander...

MADAME.– Si on peut voler sa journée au bon Dieu et se payer ma tête par-dessus le marché !

ELISE.– Dieu du Ciel...

MADAME.– Me mettre dans la misère jusqu'au cou pour qu'après cela les autorités viennent me tirer par les cheveux et me parler de dignité humaine et de bonheur chrétien, et m'obliger à des dépenses, le diable sait combien, comme si la personne, elle, était venue avec son bas de laine !

ELISE.– Alors, j'irai me jeter à l'eau...

MADAME.– Allez où vous voulez ! Ici il n'y a pas de place pour vos pareilles. — Et on dira après que la malheureuse enfant a été chloroformée, enchaînée, contrainte au vice sous la menace d'un pistolet chargé !

ELISE.– Mais non...

MADAME.– Voilà tout le plaisir qu'on a ! J'en ai assez, moi, de m'esquinter pour que les bonnes femmes des autres puissent s'offrir leurs petites siestes avec tout le confort d'une pension de famille, et puis d'être livrée à la hache du bourreau quand cette bande de brigandes m'aura sucé le sang jusqu'à la dernière goutte.

ELISE.– Je ne suis pas paresseuse...

MADAME.– Et qu'il en vienne un qui n'a pas le nez tout à fait au milieu du visage, on lui fait une gueule à lui faire vomir son déjeuner et ne plus jamais remettre les pieds dans la maison.

ELISE.– Simplement à l'essai...

MADAME.– J'ai eu des cuisinières, j'ai eu des filles de famille, j'ai eu des maîtresses de piano, et à la fin rien que des vipères sur mon sein. Pour ça, elles sont toutes de la même espèce. Je ne m'en laisse plus conter. Elles vous ont mis une fois leur acte de baptême sous le nez, et puis plus personne, sauf que ça ment, ça vole, et que ça danse toute nue, en attendant le gibet.

ELISE.– *(tire un papier de son sac)* J'ai mon acte de baptême...

MADAME.– Quoi — quoi ? — Qu'est-ce que c'est que ça ? — Vous vous fichez de moi ? — C'est votre... Vous allez me faire un trou dans la tête à me fixer comme ça.

ELISE.– S'il vous plaît, prenez-moi.

MADAME.– Que je vous... ? *(prend le papier)* Eh bien, faites-le voir votre *(elle fixe Elise)*... acte de baptême. *(met un lorgnon doré et regarde alternativement Elise et le papier)* Hum — Elise Waldmeller, née le — hum — le cinq mai mille huit cent soixante-dix-sept — hum — ça ferait donc — de mille huit cent soixante-dix-sept à...

ELISE.– J'ai dix-neuf ans...

MADAME.– Combien ? — Ne mentez pas.

ELISE.– J'ai dix-neuf ans...

MADAME.– Regardez-moi dans les yeux... ! — Dites donc, vous ne seriez pas dans une position intéressante ?

ELISE.– Non.

MADAME.– Bien en chair comme vous l'êtes ? Vous vous moquez de moi ? — Hum, je vous ferai examiner. On ne me la fait plus si facilement, vous savez. N'allez pas croire que je tiens une maison de passe pour femmes en couche. — À la voir comme ça, on jurerait qu'elle vient juste de tomber de l'arbre.

ELISE.– C'est seulement depuis le printemps que je suis comme ça...

MADAME.– *(met le papier dans son corsage)* Bon Dieu de bon Dieu, quels sont mes péchés pour m'avoir infligé un cœur aussi faible ! Et le pire, c'est qu'elles le savent. Une petite coureuse voit ça tout de suite !
*Elise se tient immobile et respire avec peine. Madame se retourne vers elle.*
Mais, écoutez-moi bien, si c'est pour vous cuiter, brailler, faire l'intéressante en piquant des crises et m'infliger vos humeurs, c'est fini avant d'avoir commencé. Je dois à mes clients qu'ils puissent me quitter le corps et l'esprit contents, et revenir souvent et bientôt. Et je ne fais pas de différence entre les personnes. Pour moi les hommes sont égaux. Bon pour l'un, bon pour l'autre. Et si c'est pour tomber amoureuse et me piquer sous mon nez un vieux client millionnaire, ce n'est même pas la peine de vous déshabiller. Il vaudrait mieux prendre vos merveilles avec vous et gagner vite fait la sortie du temple.

ELISE.– Je ne refuserai personne.

MADAME.– Il ne manquerait plus que ça ! Nom d'une pipe ! Une fille qui refuserait quand on lui donne l'occasion ! Vous voulez jouer les demoiselles ici ? Quand on tient un commerce, on met soi-même la main à la pâte, on ne se fie pas aux bonnes intentions des autres. Vous croyez peut-être vivre ici comme une fleur des champs ? Si vous venez ici pour refuser, alors faites-vous plutôt engager comme aide ménagère. Quand mes clients dépensent, ils savent pour quoi. Les grands sentiments, ils les ont pour moins cher à la maison avec leurs cousines.

ELISE.– Je ferai tout...

MADAME.– Non, ces yeux qu'elle me fait ! — Tout-Puissant ! Quand on a vu ça, on n'a plus qu'à se pendre à un arbre ! — Jésus Marie, vous ne seriez pas un peu dérangée là-haut ?

ELISE.– Ô Dieu de miséricorde... !

MADAME.– Vous n'allez pas chialer en plus ?—Vos chagrins d'amour, vous me les raconterez un soir que nous serons seules. Faites-m'y penser. Pour le moment j'ai assez de soucis comme ça, je ne pourrais pas écouter. — Maintenant, encore une chose : n'allez pas vous quereller avec les autres. Ce sont toutes des filles convenables et bien élevées, et pour ce qui est des dons, aucune n'a rien à envier aux autres. Je peux tout supporter mais, les disputes, ça m'ôte le manger et le boire ; je ne peux plus que me coucher et souhaiter la mort. *(elle se retourne et appelle)* Kadudja ! — — Scharolta ! — — Si à cette heure-ci la pauvre chatte n'est pas déjà en enfer !

*Kadudja et Scharolta arrivent dans l'allée en traversant la pelouse.*

*(à Elise)* Si vous savez trouver le ton qu'il faut avec ces messieurs, vous verrez qu'on ne vit pas si mal ici que — certains le prétendent. *(aux deux filles)* Le docteur est là-haut en train d'écrire une ordonnance qui n'en finit pas. Conduisez-la. S'il n'a pas d'objection, je veux bien faire un essai avec elle. Le docteur sait bien que je n'engage que sur sa recommandation.

SCHAROLTA.– On lui donne tout de suite une chemise ?

MADAME.– Vous lui donnerez ensuite. Mais mettez-la d'abord dans la baignoire, et plongez-la bien au fond, qu'on voie exactement ce qu'il en est.

SCHAROLTA.– Qu'est-ce qu'on lui met pour l'habiller ?

MADAME.– Oui, attendez. Il faut encore que j'y réfléchisse. Trouver ce qui souligne le mieux ses avantages. *(à Elise)* Faites voir vos yeux encore une fois.
*Elise ouvre de grands yeux tandis que le sang lui monte aux joues.*
Ils sont verts, grands et verts, et ils vont bientôt lui sortir de la tête.

SCHAROLTA.– Une chemise rouge, peut-être, et des bas verts.

MADAME.– Des yeux à se promener dessus la nuit en gondole.

KADUDJA.– Mais Melitta est déjà en rouge...

MADAME.– Melitta ! — Dis donc, toi, quelle mine tu as ?

KADUDJA.– Je n'ai pas dormi de la nuit.

MADAME.– Et tes oreilles sont toutes rouges. — Qui s'est permis une chose pareille dans ma maison ?

KADUDJA.– Ce n'est pas ma faute, il menaçait de me tuer.

MADAME.– Qui ça, dévergondée ?

KADUDJA.– M. Theodor.

MADAME.– Il va me connaître, ce salopard ! Il passe chaque jour devant la caisse, soi-disant juste pour prendre des nouvelles, et d'une année sur l'autre pas même une malheureuse bouteille de champagne. Et toi, bouche d'égout, râpe à légumes, infâme petite putain, je vais t'apprendre à vivre. Tu ne piqueras plus derrière mon dos l'argent que me coûte le gras de tes fesses ! *(à Elise)* Si vous avez en tête de faire la même chose et de corrompre ma clientèle pour me dépouiller, dites-le tout de suite. Je n'ai pas besoin de ce nouveau clou à mon cercueil.

*Elise tremble et se tait.*

SCHAROLTA.– Elle ne fait pas de cadeau.

MADAME.– L'une, c'est confiture aux cochons, et l'autre enterre son magot. Quelle vie de chien ! — Rouge cerise pour la chemise ! ...

SCHAROLTA.– Et des bas bleus ?

MADAME.– Tu es folle ? Tu veux que j'engraisse des bas-bleus ? — La chemise rouge cerise, des bas vert d'eau et des souliers roses. Il y a déjà tout ce qu'il faut dans le grenier. Et vous lui mettrez un ruban vert pâle dans les cheveux. Mais coiffez-la bien. Le docteur a la vue basse. Vous l'amènerez ici ensuite. On verra bien alors ce qui reste de la merveille.

*Elise suit Scharolta et Kadudja par la pelouse en direction de la maison.*

*(seule)* Ciel de miséricorde — et dire que l'autre là-haut est peut-être déjà passée de l'autre côté ! La vie est d'une injustice qui crie au ciel. Veut-on me dire ce que cette pauvre petite a pu faire au Créateur pour être comme cela rayée de la liste en pleine jeunesse ? Elle s'est donnée comme il l'a faite, rien de plus ! Je ne peux plus croire à la bonté du Père. C'est trop infâme. Qui sait, bon Dieu, si dans l'autre monde il y aura encore quelqu'un pour lui donner du chaud à manger ? Une mère comme moi, elle n'en trouvera plus, c'est déjà sûr. Et en voilà maintenant une autre qui arrive sur ses talons et qui veut aussi que je m'occupe d'elle. Je ne peux pas donner de pain à ces petites malheureuses si elles ne donnent pas leur joie à ceux qui en cherchent. Si j'avais mon mot à dire, je laisserais bien, moi, chacun en ce monde avoir son plaisir pour rien. Et qu'est-ce qu'on y peut, si on a ça dans le sang ? Mais mauvais comme est le monde, c'est à qui gâchera à l'autre son coin de ciel bleu, et c'est chaque fois celui qui a le plus gros porte-monnaie qui s'en sort indemne, jusqu'à la prochaine. Je n'y peux rien, que le travail se fasse avec les mains, la tête ou tout ce qu'on a pour ça, chez moi, au moins, elles n'ont pas à souffrir de la faim. Je croirais prendre moi-même du poison à chaque bouchée, si c'était le cas. Et si je pense à toutes celles de leur âge qui n'ont rien à manger et, avec toute leur vertu, finissent tuberculeuses, et dans leur tombe s'arrachent encore les cheveux d'avoir laissé filer sous leur nez le meilleur de la vie ! Dieu sait si j'ai encore jamais entendu quelqu'un regretter ses péchés de jeunesse. Et combien en vois-je ici tous les jours, de ces vieux messieurs dignes, qui regrettent amèrement, eux, de ne pas avoir péché davantage dans leur jeunesse.

*Edgar en tenue claire de cycliste, chaussettes noires en fil d'Écosse, souliers de toile blancs, une casquette d'un bleu luisant sur la tête, arrive à bicyclette par la gauche dans l'allée, met pied à terre et appuie son vélo contre un arbre.*

EDGAR.– Où sont vos filles ?

MADAME.– Monsieur — Je n'ai pas l'honneur…

EDGAR.– Mon nom… Je voudrais… Les dames sont dans la maison ?

MADAME.– Puis-je vous demander votre billet ?

EDGAR.– Je n'ai pas de billet. Si je peux vous payer maintenant…

*Il fouille dans sa poche.*

MADAME.– Comment êtes-vous entré ? Vous auriez dû demander un billet à la caisse.

EDGAR.– J'ai vu un vieux accroupi sur le seuil. Il dormait. *(la main toujours dans la poche)* Quel prix ?

MADAME.– Vingt marks — pour une heure. Mais si vous souhaitez rester la nuit…

EDGAR.– Si je reste la nuit…

MADAME.– Cinquante marks. Vous pouvez prendre aussi un abonnement. C'est trois cents marks pour le mois.
*Edgar sort son portefeuille et donne quelques billets de banque à Madame.*
Vous m'en donnez quatre cents…

EDGAR.– Excusez-moi.

MADAME.– *(met les billets dans son corsage)* Ce n'est pas grave. Ça vous fera un mois et demi. Le souper coûte cinq marks par couvert.

EDGAR.– *(fouille dans sa poche)* Dix marks… Toutes les dames sont peut-être déjà prises ?

MADAME.– On fera les comptes au dessert. — Je vous prie de disposer de ma maison.

EDGAR.– Et où sont les dames ?

MADAME.– Un instant. Je vais les réunir. *(tire un sifflet argenté de son corsage et siffle)* Je connais déjà votre choix.

EDGAR.– Je prends la plus belle naturellement.

MADAME.– Vous prendrez la grosse Melitta. Venez ici dans la rotonde.

*Elle se dirige vers la droite.*

EDGAR.– *(la suit)* Je prendrai celle qui me plaît le mieux.

MADAME.– Mais j'espère bien. C'est celle qui a la chemise rouge.

EDGAR.– Si elle est vraiment si jolie…

MADAME.– Affaire de goût. J'ai vu des cyclistes qui ne l'aimaient pas du tout.

EDGAR.– Ne croyez pas que je me laisse dicter mes choix.

MADAME.– Ne vous en faites pas. Vos goûts ont déjà choisi pour vous.

EDGAR.– En voici deux.

MADAME.– *(place une chaise de jardin au centre de la rotonde)* Ne prenez ni l'une ni l'autre, même si elles vous payent pour ça.

EDGAR.– *(s'assied sur la chaise, l'air inquiet)* Si vous n'avez que des filles laides…

MADAME.– Des filles laides ? Une fille est bien aussi belle qu'une autre dans le monde du bon Dieu. Le ciel dans sa bonté ne fait là heureusement aucune différence.

EDGAR.– Je trouve votre opinion sinistre.

MADAME.– C'est pourquoi je vous conseille de prendre celle qui a un nævus dans le dos.

EDGAR.– *(croise nerveusement les jambes)* Comment pouvez-vous affirmer des choses pareilles ?

MADAME.– Je connais mes filles tout de même.

*Blanche-Neige, sa corde à sauter nouée autour de la taille, et Minehaha entrent en se donnant le bras, venant de la droite, dans la rotonde, saluent Edgar et prennent place sur le banc de marbre.*

MINEHAHA.– Je ne trouve pas ça très gentil de ta part.

BLANCHE-NEIGE.– Je ne veux pas qu'on me force.

MINEHAHA.– Ça dépend qui.

MADAME.– *(à Blanche-Neige)* Écarte un peu tes cheveux, qu'on voie ton visage.

FRANZISKA.– *(arrive sur la pelouse en courant, salue Edgar et prend place à côté de Blanche-Neige)* Me voilà !

BLANCHE-NEIGE.– *(tirant ses cheveux en arrière avec ses deux mains)* Refais-moi le nœud, s'il te plaît.

MADAME.– *(à Edgar, qui s'est calé dans sa chaise et s'appuie au dossier)* Eh bien, qu'en dites-vous ?

EDGAR.– C'est tout ?

MADAME.– Un peu de patience.

FRANZISKA.– *(regardant autour d'elle)* Où est-elle partie ?

MADAME.– Occupe-toi de tes affaires. Tu aurais pu mettre une autre paire de chaussures.

FRANZISKA.– Ce sont des taches d'herbe. Ce n'est pas non plus très drôle de se promener en souliers de satin dans le jardin.

*Melitta et Rebecca, venues par la gauche dans l'allée en se donnant le bras, saluent Edgar et s'asseyent à côté de Minehaha.*

MINEHAHA.– *(noue le ruban blanc dans les cheveux de Blanche-Neige)* Il y en a beaucoup qui prétendent qu'on le sent d'avance quand ça tombe sur vous.

REBECCA.– *(respire profondément et renverse la tête en arrière)* Il serait urgent de recoudre quelque chose par ici.

MELITTA.– *(tire sur ses bas vert clair et arrange ses jarretières vert foncé)* Il y en a des choses qui craquent avec cette chaleur !

*Scharolta et Kadudja sortent de la maison en courant, traversent la pelouse, saluent Edgar et prennent place auprès de Melitta.*

EDGAR.– *(à part)* C'est le plus bel arc-en-ciel que j'aie jamais vu.

KADUDJA.– *(s'adressant à Madame)* Puslowsky l'a prise sous son microscope.

BLANCHE-NEIGE.– *(défaisant le nœud de sa corde à sauter)* Je suis trop serrée.

SCHAROLTA.– Il l'examine comme il n'a encore jamais fait pour aucune d'entre nous.

MADAME.– Tiens-toi droite !

SCHAROLTA.– *(bombe la poitrine, s'adresse à Edgar)* Voyez la merveille.

MADAME.– *(à Edgar)* C'est tout ce que je peux vous offrir pour le moment. Ma maison est un temple dédié à la joie et à la santé. J'espère que Monsieur pourra chez moi réaliser l'idéal de ses rêves.

*Elle laisse courir un dernier regard sur les filles ; sort à droite au premier plan. Edgar, son mouchoir dans la main, examine les filles de haut en bas.*

REBECCA.– *(lui sourit)* Je sais ce que vous aimez.

BLANCHE-NEIGE.– *(lui sourit)* Ce que je peux être énervée !

SCHAROLTA.– *(lui sourit) Si* jeune et si réfléchi !

FRANZISKA.– *(lui sourit)* Il m'aime, ne m'aime pas. Il m'aime, ne m'aime pas. Il —

EDGAR.– *(jette son mouchoir sur les genoux de Melitta)* Elle n'a pas de nævus.
*Melitta se lève avec un cri de joie et se jette à son cou.*
*(la prenant par la taille)* Où est ta chambre...

MELITTA.– *(l'embrassant)* Viens, viens...

*Tous deux se hâtent vers la maison en traversant la pelouse.*

SCHAROLTA.– Elle a encore réussi son coup.

BLANCHE-NEIGE.– Vieille vache !

KADUDJA.– J'aurais pensé que ce bon jeune homme avait meilleur goût.

REBECCA.– Il a pris son rouge pour la rougeur de l'innocence.

FRANZISKA.– Ce n'est pas facile non plus, quand on n'a pas l'habitude, de juger d'après la chemise.

REBECCA.– Il ne devait pas être dans son état normal.

BLANCHE-NEIGE.– C'est ce que je me suis dit aussi. Il avait un air inquiétant.

FRANZISKA.– C'est l'air qu'ils ont toujours quand ils ont trop attendu.

KADUDJA.– Il paraissait pourtant avoir tout ce qu'il faut.

SCHAROLTA.– Là-dessus j'ai des doutes. Quand on se montre si nerveux au départ...

FRANZISKA.– Il a de beaux cheveux.

BLANCHE-NEIGE.– Ses yeux surtout !

SCHAROLTA.– Il n'est pas laid, il faut bien le dire. J'aurais aimé le voir.

REBECCA.– Un peu osseux, tout de même !

FRANZISKA.– Osseux — lui ? Tu as vu ses mains ? Les mains disent tout sur un homme.

MINEHAHA.– Quel âge peut-il avoir ?

FRANZISKA.– Dix-neuf ans.

REBECCA.– Vingt.

FRANZISKA.– À peine ! — Il avait de bonnes manières.

KADUDJA.– Je crois qu'il ne m'a même pas regardée.

FRANZISKA.– Pas étonnant, avec ta mine de papier mâché.

KADUDJA.– Je suis épuisée !

FRANZISKA.– Voilà ce qui arrive quand on ne ménage pas sa vertu !

BLANCHE-NEIGE.– Il m'a fait pensé à *Barbara Ubrik ou Le secret des carmélites de Cracovie.* Il y en a un qui arrive, coiffé très en arrière et avec des yeux — Je le voyais déjà tirer son poignard et m'obliger à révéler le secret de ma naissance.

*Madame et le docteur Puslowsky entrent dans l'allée par la droite.*

MADAME.– Je ne lui survivrai pas, vous verrez... *(aux filles)* Allez, allez, maintenant. Allez voir ce que cette personne fait là-bas. Si ça tombe, elle est déjà dans la cave, soûle comme une bourrique. Amenez-la ici pour que je voie si elle ne m'a pas trompée tout à l'heure.

*Franziska, Blanche-Neige, Minehaha, Rebecca, Kadudja et Scharolta s'éloignent en traversant la pelouse. Madame et le docteur Puslowsky restent seuls.*

DOCTEUR PUSLOWSKY.– N'allez pas en faire une indigestion.

MADAME.– Je m'attends à tout désormais.

DOCTEUR PUSLOWSKY.– Je lui ai palpé tout le corps. Sur le ventre c'était comme un bruit d'orage qui s'annonce. Elle avait les yeux grand ouverts. Elle fixait le plafond. Pauvre enfant, Dieu sait quelles visions monstrueuses peuplaient la nuit de son cerveau.

MADAME.– Et si je faisais venir le berger du village ? Vous m'en voudriez ?

DOCTEUR PUSLOWSKY.– Faites-le venir. Un homme à l'état de nature ne saurait produire le mal. Envoyez-lui un petit pot de son urine. Il dira probablement que je suis le pire imbécile qui ait jamais ausculté le cœur d'une jeune fille. Il coupera les poils pubiens de la chère enfant avec sa tondeuse à moutons et les enterrera à minuit au pied d'un chêne. C'est sans danger. Du moins personne jusqu'ici n'en est mort. Peut-être ira-t-il jusqu'à lui poser un sac d'escargots sur le ventre ou même à enduire les montants de la porte avec de la graisse de serpent. Quant à moi je connais trop bien la fin de la chanson. J'ai déjà traité plusieurs cas de ce genre dans votre maison. Si la chère enfant n'est pas délivrée de ses souffrances avant minuit, je cède volontiers ma clientèle au berger dès demain matin, et je suis prêt à garder les moutons. C'est surtout votre état nerveux qui m'inquiète. Au moins, chaque fois que vous allez là-haut, prenez votre élixir de Gilka, si vous ne voulez pas risquer de nouveau quinze jours de pensées suicidaires et de vents sournois.

MADAME.– J'ai déjà mon sirop du Canada comme remontant. Rien qu'à voir gambader nos filles en chemise, je claque des dents. S'il ne tenait qu'à moi, je passerais la journée assise sur le poêle... Ma pauvre minette. Dire qu'il y a quatre jours seulement, elle était assise là, là sur la balançoire, et le duc de Parme à l'autre bout, qu'elle bombardait avec ses pelures d'orange. Il en était fou, il me suppliait chaque jour de lui en faire cadeau. Et le baron Lowenthal, qui téléphonait toujours dès la veille au soir...

DOCTEUR PUSLOWSKY.– Pour l'amour de Dieu, calmez-vous ! Vous avez le système nerveux le plus fragile entre tous ceux qui me sont passés par les mains depuis cinquante ans que j'exerce. S'il y a une chose que je puisse vous recommander entre toutes, c'est une bonne cuiller à soupe de « Pulvis Pectoralis Glyciritii Compositus Haemorrhoidarius Curellae vel Hufelandii[3] », et de vous dire après cela que si vous teniez tant à ce petit chat, c'est parce que la nouveauté fait la beauté, mais après le mieux vient l'encore meilleur, et il n'y a rien à faire pour celles qui dès la naissance portent le germe de la mort au petit doigt.

MADAME.– Ce sont les meilleures qui nous quittent les premières. Qui sait si ailleurs elle ne serait pas partie encore plus tôt. Il y a celles qui meurent étouffées à force de se retenir et celles que la société brise quand elles se laissent aller. Vous avez la chance, vous, les hommes, d'être rationnés. La passion qui déborde, le flot qui mugit au-dessus de vos têtes, vous n'en avez aucune idée.

DOCTEUR PUSLOWSKY.– *Cara Signora*, ce n'est pas moi qui ai créé les hommes minables et les femmes semblables aux Danaïdes. Je trouve seulement injuste qu'avec des prétentions aussi modestes les hommes soient encore contraints de payer pour les satisfaire. Si j'avais en charge l'ordre moral du monde, je ferais mettre en cage les jeunes gens dès leur puberté et j'enverrais les filles bûcher au lycée et à l'université le temps qu'il faudrait pour qu'elles gagnent de quoi en nourrir un. Vous connaissez le tableau de Wilhelm von Kaulbach : « Dieux de l'amour à vendre[4] » ?

MADAME.– Il est au musée national.

DOCTEUR PUSLOWSKY.– Il n'est pas au musée national et il n'y entrera jamais. Il n'est pas assez patriotique pour cela. Si vous tenez absolument à le voir…

*Il tire sa trousse de son sac.*

MADAME.– Ne vous gênez pas au moins.

DOCTEUR PUSLOWSKY.– Il était juste à côté du sublimé. Complètement désinfecté… N'importe quelle jouvencelle peut le prendre en main.

*Il tend le tableau à Madame.*

MADAME.– *(après l'avoir contemplé)* Deux cents livres ? — Votre artiste a rêvé.

DOCTEUR PUSLOWSKY.– Vous pouvez le faire agrandir cent fois et en tapisser votre salon. Il serait un objet d'émulation pour vos clients et pour les dames un motif de respect…

MADAME.– Les messieurs sont un peu trop faits en série. Il n'y a que l'expression du visage qui les distingue.

*Blanche-Neige et Scharolta, tenant Elise chacune par un bras, suivies de Franziska, Minehaha, Kadudja et Rebecca, qui se tiennent toutes par la taille, traversent la pelouse et viennent vers le devant de la scène. Elise porte une chemise rouge cerise, des bas vert foncé, des souliers roses et un ruban vert clair dans ses cheveux épars.*

LES FILLES.– *(chantent)*

J'avais quatorze ans, encore une enfant,
J'avais le cœur pur, j'étais innocente.
« L'amour, me dit-il, même à quatorze ans,
Ce n'est pas trop tôt pour que tu le sentes. »

Il a pris ma taille en parlant tout bas.
Les mots qu'il disait me faisaient rougir —
Mais sa main montant le long de mes bas
Me chatouillait tant qu'elle me faisait rire.

Depuis ce jour-là, je n'aime plus rien
Autant que les hommes sur toute la terre.
Je voudrais encore leur faire du bien
Pendant cinquante ans, et puis qu'on m'enterre.

DOCTEUR PUSLOWSKY.– Ce sont des voix intactes qu'aucun égorgeur n'a encore eues entre les doigts.

MADAME.– *(plongée dans la contemplation d'Elise)* Mais regardez-moi ça ! — Regardez donc ! — Non, mais regardez !

BLANCHE-NEIGE.– Elle est splendide !

MADAME.– On n'y croit pas ! Quels bras ! Quels... Viens sur mon cœur !

*Elise se laisse embrasser par Madame.*

DOCTEUR PUSLOWSKY.– Mes hommages aux géniteurs !

SCHAROLTA.– Et même de la taille avec tout ça !

MADAME.– *(couvre Elise de baisers)* Elle a tout ce qu'il faut, comme il faut, où il faut — Mon ange ! — Vous l'avez bien lavée au moins ?

FRANZISKA.– On l'a mise dans la bassine sous la douche, aspergée de tous les côtés.

MADAME.– *(prenant du recul)* On se sent comme...

MINEHAHA.– On a failli l'étouffer.

MADAME.– *(à Elise)* Et comment est-ce derrière ? — Tourne-toi un peu. *Elise met les mains sur ses hanches et tourne sur ses talons.*

MADAME.– *(au docteur Puslowsky)* Qu'est-ce que vous dites ? — Ça ne vous fait rien à vous ? — Vous faites une mine d'enterrement.

DOCTEUR PUSLOWSKY.– Il faut encore que je vous dise...

MADAME.– Et quoi donc, Dieu du ciel ?
*Le docteur Puslowsky chuchote quelque chose à l'oreille de Madame.*
N'entends pas.
*Le docteur Puslowsky chuchote de nouveau.*

Je n'entends pas.
*Le docteur Puslowsky chuchote de nouveau.*
Quoi !?

DOCTEUR PUSLOWSKY.– Aussi vrai que je vous parle !

MADAME.– Cette créature ?

DOCTEUR PUSLOWSKY.– *(met un doigt sur la bouche)* Restez calme !

MADAME.– Mais — ça n'existe pas ces choses-là !

DOCTEUR PUSLOWSKY.– On voit tant de choses !

MADAME.– Elle serait ? *(au Docteur Puslowsky)* Vous avez rêvé !

DOCTEUR PUSLOWSKY.– C'est ce que j'ai d'abord pensé. Une hallucination.

MADAME.– *(à Elise)* Regarde-moi dans les yeux…

DOCTEUR PUSLOWSKY.– Posez la question. Dieu vous écoute.

MADAME.– Vous êtes encore — Le mot ne me vient pas.

*Elise est devenue toute rouge et commence à trembler.*

DOCTEUR PUSLOWSKY.– Mais vous voyez la chose.

MADAME.– Je ne me sens pas bien.

BLANCHE-NEIGE.– *(s'adressant gravement aux autres)* Elle est encore vierge.

*Elise fond en larmes*

DOCTEUR PUSLOWSKY.– *(à Elise)* Remettez-vous. Répondez-moi sincèrement, mon enfant. — Dites-moi, êtes-vous venue ici de votre plein consentement ?
*Elise se tait.*
Vous devez absolument me le dire. — Parlez-moi comme à votre mère. — Quelqu'un vous a-t-il forcé à venir ici ?

ELISE.– Non —

BLANCHE-NEIGE.– Il faut qu'elle reste ! Nous ne la laisserons pas partir !

DOCTEUR PUSLOWSKY.– Tais-toi ! Personne ne doit peser sur sa décision. *(à Elise)* Dites-moi franchement, êtes-vous venue dans cette maison de votre plein gré ?

*Elise se tait.*
Courage ! Faites un effort ! Je ne vous demande pas si vous êtes ici contre votre volonté. Je vous demande si c'est librement.

ELISE.– Oui.

DOCTEUR PUSLOWSKY.– C'est tout ce que je dois savoir. À présent racontez-nous, s'il vous plaît, comment cette idée vous est venue.
*Elise se tait.*
Qui vous a soufflé l'idée ?

ELISE.– Je ne pouvais pas dormir.

DOCTEUR PUSLOWSKY.– Et pourquoi ne pouviez-vous pas dormir ?
*Elise se tait.*
Le bruit des voitures ?

ELISE.– Non.

DOCTEUR PUSLOWSKY.– Alors, qu'est-ce qui vous empêchait de dormir ?

ELISE.– Moi.

DOCTEUR PUSLOWSKY.– Vous. Expliquez-nous ça. Pourquoi vous êtes-vous empêchée de dormir ?

ELISE.– — Avant d'aller au lit, je me lavais à l'eau très froide.

DOCTEUR PUSLOWSKY.– Et ensuite ?

ELISE.– Ensuite je priais.

DOCTEUR PUSLOWSKY.– Ensuite vous priiez. Bien entendu ! Que Ton règne arrive. — Et ensuite ?
*Elise se tait.*
Ensuite vous mettiez sans doute votre chemise de nuit ?

ELISE.– Oui.

DOCTEUR PUSLOWSKY.– Et tout cela n'y faisait rien ?

ELISE.– Je l'enlevais après…

DOCTEUR PUSLOWSKY.– Et pourquoi l'enleviez-vous après ?
*Elise se tait.*
Elle était boutonnée en haut ?

ELISE.– Non.

DOCTEUR PUSLOWSKY.– Vous l'aviez mise à l'envers ?

ELISE.– J'avais trop chaud.

DOCTEUR PUSLOWSKY.– Nous y sommes. — Qu'est-ce qui vous faisait donc si chaud ?
*Elise se tait.*
C'était une boulangerie chez vous ?

ELISE.– Ma mère dormait à côté…

DOCTEUR PUSLOWSKY.– Hum... Et votre père, où dormait-il ?

ELISE.– Il est mort.

DOCTEUR PUSLOWSKY.– C'est vraiment terrible ! — Vous aimiez mieux votre père que votre mère ?

ELISE.– Pourquoi me demandez-vous cela ?

DOCTEUR PUSLOWSKY.– C'est tout naturel. — Mais votre maman, elle, était bien vivante ?

ELISE.– Je sortais par la fenêtre.

DOCTEUR PUSLOWSKY.– En chemise de nuit ?

ELISE.– Non. Sans…

DOCTEUR PUSLOWSKY.– Vous auriez pu vous enrhumer.

ELISE.– Je m'asseyais sous la tonnelle.

DOCTEUR PUSLOWSKY.– Pour dormir ?

ELISE.– Je pleurais…

DOCTEUR PUSLOWSKY.– À cause de votre père ?

ELISE.– Parce que j'étais seule…

MADAME.– Écoutez-moi ça, non, mais écoutez-moi ça !

DOCTEUR PUSLOWSKY.– *(à Elise)* N'ayez pas peur. Racontez bien tout.

ELISE.– Il y avait un trou dans la cloison…

DOCTEUR PUSLOWSKY.– Et qu'avez-vous vu ?

ELISE.– Il était bouché. Avec un bouchon…

DOCTEUR PUSLOWSKY.– Et c'est pour cela que vous alliez dans le jardin ?

ELISE.– Je l'ai retiré…

DOCTEUR PUSLOWSKY.– Et vous y avez passé l'index ?

*Elise relève sa chemise et s'en couvre le visage.*

DOCTEUR PUSLOWSKY.– Elle a une de ces paires de jambes ! — Une paire de jambes ! —

MADAME.– Parlez-en à vos clients. Parlez-en ! Longues et fines !

DOCTEUR PUSLOWSKY.– Vues de côté — oui. — De face elles sont larges.

SCHAROLTA.– Et ses hanches !

ELISE.– *(laisse retomber sa chemise, sanglote)* J'ai mis le drap dans ma bouche, je n'ai pu m'empêcher de crier, et ma mère est arrivée et m'a demandé ce que j'avais. J'ai dit que je ne pouvais pas dormir. Et elle, que je devais compter jusqu'à mille.

FRANZISKA.– La mienne me disait cela aussi !

MADAME.– Ta gueule !

FRANZISKA.– Ça ne sert à rien.

MADAME.– Tu as été vierge, toi ?

DOCTEUR PUSLOWSKY.– *(à Elise)* Ne faites pas attention. Jusqu'à combien avez-vous compté ?

ELISE.– Jusqu'à dix. Et alors, alors, il en est venu un, je ne sais plus, je sentais seulement — mais toujours — quand — quand — alors…

DOCTEUR PUSLOWSKY.– Alors il a juste eu le temps de s'écarter ?

ELISE.– Alors j'ai tout compris.

DOCTEUR PUSLOWSKY.– Sacré nom !

ELISE.– Je ne pouvais plus respirer. J'ai dû courir jusqu'au jardin, et j'ai grimpé sur le pommier. J'y suis restée toute la nuit…

DOCTEUR PUSLOWSKY.– Et personne pour secouer l'arbre ?

ELISE.– Le matin, j'ai fait les chambres. J'avais l'impression d'être quelqu'un d'autre. Et quand ma mère est allée au marché, j'ai mis mes mains sur mes yeux et j'ai couru jusqu'ici.

MADAME.– Dieu soit loué ! Penser qu'une brave fille comme elle aurait pu tomber entre les pattes d'un cordonnier ou d'un tailleur qui lui aurait fait laver les escaliers, sans même lui donner le petit plaisir qui l'empêche de devenir tout à fait idiote.

DOCTEUR PUSLOWSKY.– Beaucoup d'appelées, peu d'élues. Les deux tiers de mes bonnes clientes souffrent d'avoir manqué leur vocation. Et pourtant le ciel leur avait tout donné.

MADAME.– *(embrasse Elise et essuie ses larmes)* Console-toi, mon bijou. Il y a eu plus de peur que de mal. Et retiens bien cela, il n'y a finalement qu'un moyen en ce monde pour être vraiment heureux, c'est de faire tout ce qu'on peut pour en rendre d'autres aussi heureux que possible.

DOCTEUR PUSLOWSKY.– Elle ne tardera pas à découvrir son point fort. Il en va comme avec notre poète Eoban. À lui non plus on ne peut rien prescrire sur sa façon d'écrire. L'art véritable se produit de lui-même uniquement. Tout le reste a beau se flatter d'être conforme aux lois, ce n'est rien d'autre que de la prostitution.

MADAME.– *(s'essuyant les yeux, aux filles)* Montrez-lui le parc à présent. Mais pas de sottises et surtout ne vous échauffez pas. Ça ne vous vaut rien. — Au fait, où sont nos messieurs ?

FRANZISKA.– Ils sont couchés sur les divans du salon et ils se reposent.

MADAME.– C'est une bonne idée qu'ils ont eue de se reposer un peu. Ce ne sera peut-être pas inutile. En attendant, je retourne là-haut voir où en est notre chère petite malade. *(au docteur Puslowsky)* Votre bras, s'il vous plaît.

*Madame et le Docteur Puslowsky sortent par la gauche au premier plan.*

REBECCA.– *(à Elise)* Ce n'est pas vrai que tu n'as encore jamais aimé ?

ELISE. — Si.

KADUDJA.– Tu n'as jamais eu d'amoureux ?

ELISE.– Non.

FRANZISKA.– Tu n'es donc jamais sortie seule le soir ?

ELISE.– Il y en a eu un une fois. Mais il ne faisait que m'embrasser. Il cherchait sous ma robe quelquefois.

BLANCHE-NEIGE.– Avec moi il aurait vite trouvé !

ELISE.– Il disait qu'il m'aimait trop.

FRANZISKA.– Tu aurais dû te faire bercer sur ses genoux.

MINEHAHA.– Ça ne te faisait donc rien, quand il cherchait ?

ELISE.– Quelquefois, mais je ne savais encore rien du tout. C'est seulement depuis le printemps que c'est devenu pire. Mais il n'était déjà plus là.

BLANCHE-NEIGE.– Il n'a pas dit qu'il t'épouserait quand il cherchait sous ta robe ?

ELISE.– Il ne pouvait pas.

MINEHAHA.– Il était marié ?

ELISE.– Il était débile.

REBECCA.– Bouh !

FRANZISKA.– Ma pauvre !

ELISE.– Il était si content de me voir. Il ne parlait avec personne autrement.

BLANCHE-NEIGE.– Si c'est vraiment de l'amour, le type ne se pose pas de questions. Il vous fait un enfant et puis voilà.

KADUDJA.– Moi, on m'a chloroformée.

REBECCA.– Et moi, je revenais du bain, c'était le soir, et en repassant le pont j'en ai rencontré un qui m'a dit qu'il avait du chocolat dans sa chambre. J'avais les cheveux encore tout mouillés.

KADUDJA.– J'ai vomi quand je me suis réveillée. Mais autrement je n'ai rien remarqué, jusqu'au deuxième mois.

MINEHAHA.– Le mien, il dormait de l'autre côté du mur, c'était en Suisse. Papa et maman étaient encore dans la salle du restaurant. J'ai frappé contre la cloison et j'ai demandé l'heure qu'il était. Bientôt minuit, il a répondu, l'heure du crime !

FRANZISKA.– Nous, on avait un grand caniche noir. C'était moi qui devait le promener tous les soirs. Il avait chaque fois rendez-vous, et moi aussi.

ELISE.– Moi, ma mère me tenait tout le temps à la maison. C'est bien ce qui fait que je ne pensais qu'à ça jour et nuit.

BLANCHE-NEIGE.– *(à Elise)* Tu n'as pas peur ?

ELISE.– Pas du tout. Ils dorment encore longtemps ?

BLANCHE-NEIGE.– Jusqu'au dîner. Ils dînent avec nous.

FRANZISKA.– Je dois dire que j'étais plutôt déçue après.

MINEHAHA.– Moi aussi.

BLANCHE-NEIGE.– Dans mon imagination c'était quand même mieux.

SCHAROLTA.– Il m'a fallu toute une année ici avant de sentir quelque chose. Avant je faisais semblant.

ELISE.– Il fait froid. Je gèle.

REBECCA.– On va te réchauffer !

ELISE.– *(reculant)* Non, non…

REBECCA.– Je suis sûre, moi, qu'elle n'est plus vierge.

BLANCHE-NEIGE.– Allez, viens t'asseoir.

ELISE.– Je vais sur la balançoire. Tant qu'il y a encore un peu de soleil.

FRANZISKA.– Elle ne perd rien pour attendre !

*Le poète-musicien Eoban, une harpe sur l'épaule, entre dans l'allée venant de la gauche.*

BLANCHE-NEIGE.– *(claquant dans ses mains)* Eoban ! Eoban !

REBECCA.– Voilà Eoban !

*Les filles l'entourent.*

FRANZISKA.– Où étais-tu donc durant tout ce temps, Eoban ? — Hier, nous t'avons attendu tout l'après-midi !

EOBAN.– *(s'installe sur un banc au milieu des filles et accorde sa harpe qu'il tient entre ses genoux)* Hier ? Où étais-je hier ? — Hier après-midi j'étais à la foire de Wolkental.

REBECCA.– Il y avait beaucoup de messieurs à la foire ?

EOBAN.– Certainement pas assez pour toutes ces belles dames !

MINEHAHA.– Tu nous as fait languir toute une semaine après toi !

BLANCHE-NEIGE.– On a déjà appris ta dernière chanson par cœur.

EOBAN.– « J'avais quatorze ans, encore une enfant… » ?

KADUDJA.– Perugino la chante déjà. Il a recopié les paroles.

FRANZISKA.– Chante-nous : « À peine était-il endormi... »

REBECCA.– Tu t'es fait si beau, Eoban ! D'où as-tu ce bel habit ?

EOBAN.– *(pince les cordes, prélude, et chante)*
« Du fond obscur de ma poitrine, ô ma chanson,
Gagne les cœurs dans la lumière !
— Ha ! — Ha ! — Ha ! — Ha ! — »

SCHAROLTA.– Tu l'as composée toi-même ?

EOBAN.– C'est mon *opus* un. Je l'ai écrite dans notre jardin sous le mûrier. Le soir même je la chantais pour Elfriede...

BLANCHE-NEIGE.– Pas pleurer, Eoban. Chante-nous à présent « La chanson des filles sages ».

MINEHAHA.– « On m'offrirait ce qu'on voudrait... »

FRANZISKA.– « À peine était-il endormi, qu'elle, à son tour, levant un drap... » Je sais déjà presque la moitié par cœur.

EOBAN.– J'ai passé toute la nuit dernière assis sous les hêtres.

REBECCA.– Tu avais un rendez-vous ?

EOBAN.– Je n'avais pas de rendez-vous. J'ai composé une chanson.

BLANCHE-NEIGE.– Tu nous la chanteras après. Chante d'abord :
« On m'offrirait ce qu'on voudrait
En profitant de ma misère... »

LES FILLES.– Allez, Eoban, on t'en prie... !

EOBAN.– Et nos beaux messieurs, où sont-ils ?

FRANZISKA.– Ils sont couchés dans le salon et reprennent des forces pour nous. Laisse-les dormir. Quand ils se réveilleront, tu pourras bien leur chanter assez de cochonneries. Chante-nous maintenant « La chanson des filles sages ». Tiens, en voici une qui ne la connaît pas encore.

REBECCA.– On va tirer au sort qui doit embrasser Eoban.

BLANCHE-NEIGE.– C'est la nouvelle qui doit l'embrasser. *(poussant Elise vers Eoban)* Regarde, Eoban, c'est quelque chose pour toi.

EOBAN.– Sapristi ! D'où avez-vous ce morceau de roi ?

BLANCHE-NEIGE.– Allez, toi, embrasse Eoban.

*Elise enlace et embrasse Eoban.*

EOBAN.– *(la prenant sur ses genoux)* Ce n'est pas une hallucination ? — Femme bénie — Quelle époque ! Quelle époque !

MINEHAHA.– Et maintenant « La chanson des filles sages ».

EOBAN.– *(couvrant Elise de baisers)* C'est le soleil d'Austerlitz.

BLANCHE-NEIGE.– *(à Elise)* Arrête maintenant ! Sa voix pourrait muer !

*Elise se lève et s'essuie la bouche.*

EOBAN.– Assieds-toi là à mes pieds, mon enfant, et regarde-moi.

*Elise s'assied en tailleur sur le sable enface de Eoban.*

FRANZISKA.– Allez, vas-y, avant qu'ils ne viennent nous embêter.

EOBAN.– Je ne sais pas si je l'ai encore toute en tête.

SCHAROLTA.– « On m'offrirait ce qu'on voudrait… »

EOBAN.– *(chante en s'accompagnant de la harpe « La chanson des filles sages »)*

« On m'offrirait ce qu'on voudrait
En profitant de ma misère,
Mais quand bien même j'en mourrais
Je resterais pudique et fière. » —
Ainsi va-t-elle en frissonnant,
Le ventre vide, la mort dans l'âme,
Seule dans la nuit et dans le vent,
Le vent d'hiver,
Le vent qui fait trembler la flamme
Des réverbères.

Mais voici qu'un jeune monsieur
Comme on n'en voit guère dans les rues,
Présentant bien et l'air sérieux,
S'approche d'elle, car il l'a vue.
À bout de force, sur le pavé
Elle s'agenouille et le supplie.
Mais il la fait se relever :
« Viens donc chez moi,

La rue ne convient pas aux filles
Faites comme toi. »

Elle derrière et lui devant,
Elle l'accompagne à sa demeure.
Assise sur un coin du divan
Elle ose alors ouvrir son cœur :
« Ne soyez pas, monsieur, fâché,
Si je ne puis cacher ma peur.
Beaucoup déjà se sont penchés
Sur mon malheur.
Mais ce qu'au fond ils recherchaient
Me fait horreur. »

« Je ne suis pas de ces gens-là,
Dit-il avec un bon sourire.
Va dans mon lit. Je reste là.
Jusqu'à demain tu peux dormir. »
Il lui donna un peu de quoi,
Avant de la laisser partir,
Et une adresse pour un emploi :
Linge à blanchir.
Pour une fille dans l'embarras
Il y a pire.

Hélas, les jours lui semblent longs.
Les nuits l'ennuient bien plus encore.
Le souvenir d'un homme bon
Remue son âme et même son corps.
Les rires des filles et leurs chansons
N'éveillent en elle qu'idées de mort.
Son cœur que combat sa raison
Est le plus fort :
« J'irai ce soir à sa maison,
Même si j'ai tort. »

Il n'était pas encore chez lui.
En prévision de son retour,
Elle se cacha dessous son lit.
« J'entends ses pas ! Dieu me secoure ! »

Le cœur battant, elle attendit
Qu'il ôtât ses habits du jour.
À peine était-il endormi
Qu'elle à son tour
Levant un drap le rejoignit.
C'est ça, l'amour.

Son bienfaiteur s'est réveillé.
La joie se lit dans son regard.
Il met entre eux son oreiller,
Lui prend la main et lui déclare :
« Je te veux bien pour ma moitié,
Mais cette nuit ayons égard
À ta pudeur et ta fierté.
Nos faire-part
Diront demain au monde entier
La fin d'l'histoire. »

*Elise, assise aux pieds de Eoban, est prise de sanglots.*

## NOTES

1 La liste des personnages ne figure pas dans l'édition allemande (n.d.t.)

2 Wedekind mentionne ici trois auteurs dont on sait par les études biographiques, qu'ils les avait lus à l'époque où il écrit la pièce. Le professeur allemand, Krafft-Ebing (1840-1902), est un des premiers à avoir fait des recherches approfondies en pathologie sexuelle et en psychologie de la criminalité. Dans son œuvre principale, *Psychopathia sexualis* (1886), il décrit et classe différentes formes de comportement sexuel. Paolo Montegazza était un médecin et anthropologiste italien (1831-1910), auteur notamment de *Physiologie du plaisir* (1877), *Physiologie de la douleur,* (1888), *Physiologie de la haine* (1889). Quant au neurologue Jean-Martin Charcot, on pense que Wedekind avait lu ses *Leçons sur les maladies du système nerveux* (1884) dans la traduction de Freud.

3 Wedekind note dans son journal intime, à la date du 19 juin 1889, qu'il prenait lui-même des *pulvis pectoralis liquinitu compositus hemorroidarius curellae vel hufelandii* pour soigner ses hémorroïdes. *Cf. Journaux intimes,* trad. Jean Ruffet, Paris, Belfond, 1989, p. 59.

4 Peintre allemand (1865-1874), un des plus célèbres au XIXe siècle, auteur de grandes toiles aux sujets historiques, mythologiques ou allégoriques. A peint aussi des portraits et des illustrations pour les livres. Son œuvre la plus célèbre est *La Bataille des Huns.*

## JEAN LAUNAY

Agrégé de philosophie. Après plusieurs années d'enseignement du français dans les universités allemandes, il met en scène une vingtaine de spectacles dans les théâtres municipaux et nationaux de RFA. De retour en France, il se consacre à l'enseignement ainsi qu'à la traduction littéraire. Il traduit notamment Heidegger, Nietzsche, Botho Strauss, Robert Walser pour les éditions Gallimard ainsi que Carl Sternheim et R. Wagner pour le Mercure de France.

# DOCUMENTS

*rassemblés et commentés*
*par Jean-Louis Besson*

# LE PEINTRE MINUTE

Dans une lettre à Ferdinand Hardekopf, Wedekind présente *L'Éveil du printemps,* commencé en 1890, comme « son premier ouvrage[1] »

En réalité, à cette date, il a déjà derrière lui un certain nombre de pièces. D'une part, une *Scène d'Orient, Les Désespérés* et *Le Banquet de Socrate,* trois œuvres de jeunesse, en partie inachevées, datées respectivement de 1875-79, 1879-80 et 1882 : elles ne figurent dans aucune édition allemande, pas même les *Œuvres complètes* (Gesammelte Werke) de 1912-1921, publiées en grande partie du vivant de l'auteur. D'autre part, *Enfants et Bouffons* (publié en 1891), *Le Réveil d'Elin,* (1887, resté à l'état de fragment) et *Le Peintre minute* qui est sa première œuvre dramatique publiée (1889).

Commencée fin 1885, la pièce est terminée au printemps 1886. À cette époque Wedekind est à Munich où il fréquente assidûment les théâtres et observe avec une certaine réserve les milieux littéraires. Il porte notamment un jugement très critique sur Michael Georg Conrad, un des pionniers du naturalisme allemand. Son ambition est alors manifestement d'être joué et surtout d'être édité, mais sa pièce ne se prête pas au goût du jour. Elle ne sera publiée chez J. Schabelitz à Zurich que grâce à l'intervention de son ami, l'écrivain Karl Henckell. Lorsque Wedekind la fait figurer, des années plus tard, dans ses œuvres complètes, c'est, dit-il, uniquement pour montrer combien « au début de ma carrière toute ambition littéraire m'était étrangère » ; et il ajoute qu'il avait à l'époque le tort de croire « qu'un art intellectuellement pauvre était plus facile à faire qu'un art intellectuellement exigeant[2] ».

---

[1] On trouvera la traduction en français de cette lettre dans *À propos de l'Éveil du printemps,* textes réunis par Francois Regnault, Paris, C. Bourgois, 1974, p. 13-15, et dans F. Wedekind, *Journaux intimes,* Paris, Belfond, 1989, trad. Jean Ruffet.

[2] Cité par Gunter Seehaus, *Frank Wedekind,* Hambourg, Rowohlt, 1974, p. 33.

Il semble avoir oublié, avec le recul, qu'il avait alors écrit une farce, – le sous-titre : grande et originale farce de caractères tragi-comique en trois actes est éloquent – et non un drame ou une comédie. En 1889, il soulignait d'ailleurs lui-même que *Le Peintre minute* avait été composé sous l'influence du théâtre populaire viennois, notamment de Raimund (voir documents). Une autre influence probable est celle de la *commedia dell'arte :* selon le critique Paul Fechter *(Frank Wedekind, der Mensch und das Werk),* Fridolin aurait des traits d'Arlequin, Knapp de Pantalon, Grübelmeier du Docteur, etc. Quant au sujet de la pièce, il est fort possible qu'il ait été suggéré à Wedekind par le destin d'un camarade de classe, le peintre Moritz Dürr, qu'il avait retrouvé à Munich où ce demier fréquentait l'école des Beaux-Arts et menait une existence misérable. Contrairement à Fridolin, Dürr s'était réellement suicidé, en 1885 - donc avant que Wedekind ait terminé sa pièce. Ce destin tragique, qui aurait pu faire l'objet d'un drame naturaliste, devient sous la plume du jeune Wedekind une farce grotesque.

La pièce traite déjà de thèmes qui reviendront constamment dans l'œuvre ultérieure. D'une part, les doutes de l'artiste face à sa propre création et la tentation de renoncer à l'art pour rentrer dans le monde, sujet déjà abordé en 1885 dans un texte en prose inachevé, *Galathea,* dont le héros se nomme également Fridolin Wald. D'autre part, les rapports entre l'art et l'argent, et la nécessité ou le refus de la compromission. Mais Wedekind n'a sans doute pas encore mesuré lui-même toute la portée du sujet lorsqu'il se lance dans l'activité littéraire avec *Le Peintre minute,* sans aucune considération pour les exigences du marché. La pièce ne sera jouée que vingt-sept ans après sa parution, en 1916, aux Kammerspiele de Munich, dans une mise en scène de Erich Ziegel.

Dans une lettre à madame Jahn (c'est-à-dire Berta Jahn, surnommée la « tante érotique »), lettre datée de 1886, Wedekind écrit à propos du *Peintre minute :*

> « L'automne dernier, je me suis lancé dans les travaux qui m'occupent aujourd'hui, avec la ferme résolution de fuir la vie et ses facilités jusqu'à ce que j'en aie gagné le cœur par mes propres initiatives ; et je suis resté jusqu'à présent rigoureusement fidèle à cette résolution. J'ai

entre-temps laissé de côté plusieurs travaux que j'avais commencés, mais ce dernier Vendredi saint j'ai pu enfin écrire ce mot si longtemps désiré « *finis* » au bas d'une chose qui m'a occupé nuit et jour durant trois mois. Je n'en espère rien d'autre sinon qu'elle m'ouvre le chemin qui mène au théâtre. »

Trad. Jean Launay

Lorsque la pièce fut publiée en 1889, Wedekind écrivit la préface suivante, adressée fictivement à un directeur de théâtre :

Monsieur le Directeur,

Si dans le présent travail, suivant l'exemple du vieux Raimund, j'ai par endroits fait parler mes personnages, surtout le personnage principal, en vers, c'est afin de donner au comédien le moyen d'user d'une manière continue et forte, sans pour autant qu'elle fatigue, d'une forme de pathos qui, si l'on en croit le mot de Helmerding selon lequel l'acteur comique ne manque jamais son effet aussi longtemps qu'il reste sérieux, ne peut être ressentie même par un public non averti que comme un agrément. Si j'ai pu, en revanche, par des allusions qui visent le pessimisme moderne, etc., compter sur un horizon d'intérêt et de goût plus vaste que ne l'exige aujourd'hui en règle générale une pièce de théâtre populaire, je crois avoir tenu par ailleurs suffisamment compte des attentes d'un public plus nombreux pour que ma transgression des limites fixées par le genre ne soit pas faite au détriment de la scène, mais bien plutôt à son avantage aussi bien matériel que spirituel. De la même façon, le réalisme qui fait ici ou là une modeste apparition ne devrait guère choquer un public de premières tel que nous le connaissons aujourd'hui.

Et je me confie donc ainsi à l'espoir d'avoir produit grâce à ce mélange intime du plus neuf et du plus ancien une œuvre assez vivante pour survivre, et de vous avoir rendu du même coup, à vous-même ainsi qu'à votre estimable institut, pratiquement service.

Château de Lenzburg, février 1889
L'auteur

Trad. Jean Launay

# LES JEUNES GENS

Une première version de la pièce, intitulée *Enfants et Bouffons*, est rédigée entre 1889 et l'été 1890, alors que Wedekind séjourne à Berlin puis à Munich, à partir de juillet 1989. Il fréquente régulièrement les milieux littéraires, notamment les auteurs naturalistes. Il avait déjà rencontré certains d'entre eux l'année précédente lors d'un séjour à Zurich, où de nombreux écrivains allemands, notamment Gerhardt Hauptmann, étaient alors réfugiés. En 1890 est créée à Munich La Société de la vie moderne, où se retrouvent notamment Michael Georg Conrad, Oskar Panizza, Julius Otto Bierbaum ; Wedekind y adhère en 1891. La même année, *Enfants et Bouffons* est publié chez R. Warth à Munich.

Quelques années plus tard, Wedekind reprend la pièce et y apporte des modifications, qui atténuent certains aspects autobiographiques et vont dans le sens d'une plus grande efficacité dramatique. Cette seconde version, qui s'intitule désormais *Les Jeunes Gens* (Die junge Welt) a été publiée à Berlin en 1897. C'est celle qui a été retenue pour la traduction française. La première eut lieu, dans cette version, au Munchner Schauspielhaus en avril 1908.

Comme le remarque Artur Kutscher (*Wedekind, Leben und Werk*, Munich, List, 1964, p. 64), la pièce s'inscrit dans une série de textes de l'époque qui abordent la question de l'émancipation de la femme, et dont le plus célèbre reste aujourd'hui encore *Maison de poupée* d'Ibsen – que Wedekind mentionne d'ailleurs dans *Les Jeunes Gens*[1]. Mais la pièce est aussi truffée de réminiscences personnelles, et ferait – selon Armin Wedekind, le frère aîné de Frank – de nombreuses allusions à la vie que menait l'auteur avec ses amis au château familial de Lenzburg en Suisse.

---

1 Comme l'indique son journal intime, Wedekind avait assisté à une représentation de la pièce le 15 août 1889, au Théâtre de la Résidence, alors même qu'il était en train de finir le premier acte de sa pièce (*cf.* au 25 août 1989 : « j'ai terminé le premier acte »). Pendant le spectacle, il aurait eu « l'impression de s'évanouir » mais ne précise pas la cause de ce malaise.

L'autre volet est la polémique contre le naturalisme. Malgré les contacts personnels qu'il entretient avec les naturalistes, Wedekind ne partage pas leurs points de vue, ni en art et en littérature, ni sur les questions politiques et sociales. Il fait confiance à son instinct de poète et reste à l'écart des tendances et des courants. À l'inverse, Hauptmann accueille très froidement *Le Peintre minute* dont Wedekind avait fait la lecture devant un cercle d'amis ; « Déjà à cette époque Hauptmann ne comprenait pas la plaisanterie en littérature » déclarera plus tard Wedekind en souvenir de cette soirée[2]. Mais, audelà de la polémique littéraire, Wedekind a des comptes personnels à régler avec Gerhart Hauptmann, celui-ci ayant utilisé pour sa pièce *La Fête de la paix,* parue en 1890, les confidences qu'il lui avait faites sur sa famille. *Les Jeunes Gens* contient un certain nombre d'allusions à cet épisode[3]. À l'acte I, scène 2, Meier déclare : « On n'a pas voulu me mettre dans la confidence, parce qu'on dit avoir redouté que j'en fasse une nouvelle pièce réaliste avant même le mariage » ; à la scène 3, le même Meier dit à Ricarda : « Attendez que j'écrive mon drame moderne sur les mœurs d'aujourd'hui ! Vous me servirez de modèle » ; plus directe encore, enfin, l'allusion à l'acte III, scène 2 : « Et cet individu s'en va tranquillement donner les épanchements de mon âme en pâture à son public de théâtre, mot pour mot, pour ainsi dire sténographiés, servis comme un morceau de choix réaliste[4] ». Ajoutons que le « drame moderne sur les mœurs d'aujourd'hui » de Meier s'intitulait dans la première version *Avant la clarté du jour,* allusion directe à la première pièce de Hauptmann, *Avant le lever du soleil !* La polémique contre le naturalisme s'exprime donc aussi par le biais d'un différend personnel, où le poète Meier est conçu en partie comme une caricature de Gerhart Hauptmann.

---

[2] *Cf.* Josef JURINEK, « Frank Wedekinds literarische Anfänge. Unveröffentlichte Bekenntnisse des Dichters », in *Neues Wiener Journal* du 12 septembre 1916 (24e année, n° 8215).

[3] Elles étaient encore plus nombreuses dans la première version ; Wedekind les a restreintes quelques années plus tard, alors qu'il avait pris ses distances face à l'événement.

[4] Dans *Le Spectre du soleil,* Wedekind fera encore une allusion : « Il vous embarque dans une conversation intime et après cela il écrit un drame » (La prostitué Blanche-Neige parle ici de son client).

Dans *Ce que j'en pensais* (1911), Wedekind écrit à propos de sa pièce :

> « J'avais conçu le projet de rassembler en une forme artistique les caractères de ceux que je fréquentais alors et le champ de mes préoccupations intellectuelles.
>
> Caractérisation des personnages principaux
>
> (insert de notes extraites du journal)
>
> THEODOR HOLBERG, fringant officier de réserve, une espèce de coq de combat, voix de crécelle.
>
> MARGUERITE, très vive dans le prologue. Débordant de joie de vivre dans l'acte I ; à partir de l'acte II, plus passive, résignée et mélancolique, mais toujours pleine de compassion et d'amour pour son entourage.
>
> KARL RAPPART, dans le prologue, étudiant élégant, aux manières faciles ; à partir de l'acte I, blasé, un peu mou, jusqu'à l'acte III où il retrouve son sérieux et toute sa virilité.
>
> EMIL MEIER, limité, concret, modeste, non sans humour.
>
> FRANZ LUDWIG MEIER, dans le prologue, sûr de lui et complaisant. Dans l'acte I, d'un air supérieur, très sarcastique. Dans l'acte III, un spectacle lamentable.
>
> ALMA WALBRECHT, exaltée dans le prologue, très sentimentale à partir de l'acte I, belle allure, le verbe sûr.
>
> OSKAR VON KLENKE, une tête brûlée, essaie toujours de se positionner au-dessus de l'autre, souffre d'un complexe de supériorité, veut paraître diabolique. Très sarcastique, passe toujours d'un extrême à l'autre.
>
> ANNA LAUNHART, calme, énergique, héroïque, air supérieur mais jamais féministe de mauvais goût.
>
> RICARDA RUSS, un paquet de nerfs.
>
> ERNA BRÜCHMANN, pleine de gentillesse et popote.
>
> Cupidon peut apparaître carrément comme l'incarnation de la nudité, en tous cas les jambes nues. Les ailes sont éventuellement à éviter. Le costume doit être artistique, pas un costume d'opérette. En aucun cas le personnage ne doit paraître parodique, au contraire il doit répondre aux critères de goût les plus modernes.
>
> Les vers ne doivent pas être dits dans la logique du caractère d'Alma, ils doivent avant tout être clairement compréhensibles, audibles, et déclamés avec sincérité et conviction ».

Trad. Jörn Cambreleng

Dans un essai intitulé *Pensées sur le cirque* (1888), Wedekind exprime, à travers la métaphore de la trapéziste et de la funambule, ce qui le distingue fondamentalement des naturalistes.

> [...] Si, à présent, laissant libre cours à notre curiosité de profane, nous recherchons la différence fondamentale entre la virtuose du fil de fer et ses deux sœurs en Terpsichore, le connaisseur qui se trouve par hasard à nos côtés - il est docteur ès lettres de deuxième classe, auteur d'une thèse en sciences et aspire depuis un certain temps au professorat de lycée - nous donnera à peu près la réponse suivante :
>
> « Si je considère ces dames du point de vue de la physique, je ne peux certes pas m'empêcher de remarquer que les stratégies qu'elles adoptent sont soumises à des lois différentes. L'une, la trapéziste, jouit d'un équilibre stable, la funambule, à l'inverse, évolue dans un équilibre instable. En d'autres termes, la première a son point d'appui au-dessus d'elle (vous remarquez le crochet auquel sont fixés les cordes de son trapèze), la dernière le trouve au contraire en dessous d'elle, en un câble large d'à peine un pouce qui, par ailleurs, se trouve lui-même en équilibre instable vis-à-vis d'elle. Je ne sais pas, messieurs, si cela est très clair pour vous. — Il en ressort que, pour l'une, le maintien de l'équilibre est une évidence, tandis que pour l'autre, la reconquête de celui-ci est un combat de chaque instant. Vous comprendrez maintenant par vous-même que pour la trapéziste le séjour dans les airs n'est qu'un élément accessoire, ou plutôt un préalable, et non une partie de sa performance artistique, mais que ce sont les délicates figures et les tours de forces qui constituent l'essence de son art ; tandis que la dame sur le fil de fer, à travers sa danse mesurée et le jeu gracieux de ses bras, ne produit qu'une ornementation à sa recherche d'équilibre d'une exceptionnelle agilité. Alors que la funambule ne perd l'équilibre que si les cordes rompent, la trapéziste chute nécessairement, implacablement à la première seconde où elle s'oublie. »
>
> [...] chacun possède son idée intouchable, son étoile, sa bannière à laquelle il se rallie avec un dévouement aveugle. Certes, ces bannières arborent différentes couleurs ; les unes entraînent leurs troupes dans la poussière, tandis que les autres élèvent les leurs hors de celle-ci. Mais parmi les gens qui se laissent élever hors de la poussière par leur bannière, leur idéal, je voudrais distinguer deux catégories qui s'opposent radicalement :
>
> Les uns – en font partie tous les prédicateurs du désert, tous les stylites, ainsi que de nombreux exaltés de la politique, dernièrement

surtout de la politique sociale, puis la grande majorité des poètes, ici et là un philosophe aussi, bref, des gens qui s'enthousiasment pour l'idée pure – ceux-là, dis-je, projettent directement l'idéal né en leur sein au sommet de la voûte céleste, pour pouvoir l'admirer là-haut, diraient-ils, comme une révélation d'essence éternelle et divine, ou de toute autre façon dont ils pourraient s'exprimer. La vie qu'ils mènent est désormais quasiment suspendue tout entière à cette projection sans la moindre relation profonde avec le monde réel, dans lequel ils mettent en valeur leur propre individualité par toute sorte de sauts, torsions, contorsions et tours de force, qui plongent dans l'extase la jeunesse et en particulier la gent féminine, et qui font hocher la tête d'un air dubitatif au très sérieux philistin. Comme leurs pieds ne touchent jamais terre, on les désigne bien souvent sous le nom générique « d'arpenteurs de nuage ». L'exercice ne leur pose pas de difficulté particulière ; ils ont leur point d'appui au-dessus d'eux et, tant que celui-ci ne bouge pas, le monde peut bien se présenter à eux sous n'importe quel jour, les railler, les fustiger, les empoisonner, les laisser mourir de faim, les conduire au bûcher et à la guillotine — tout ceci ne peut les atteindre dans leur équilibre. Ils sont si parfaitement imprégnés, voire obsédés par leur idée que dans la plus noire misère ils se sentent encore voguer loin au-dessus du monde — Si pourtant l'horrible devait se produire, si les cordes qui suspendent leur aéronef devaient rompre, si tout, leur croyance, leur certitude venait à s'écrouler sous l'effet d'un coup du sort qu'on ne pourrait plus ignorer comme tel, nul docteur, nul médecin des âmes ne leur serait d'aucun secours. Ils sont soudainement précipités tête la première depuis le vertigineuses hauteurs éthérées de leur échelle céleste et se brisent la nuque. Il n'est pas rare que ce processus prenne les habits d'un suicide. [...]

On devine maintenant facilement qui je rangerais volontiers dans la deuxième catégorie des grands idéalistes. Ce sont ces gens d'une utilité pratique qui, pour chacun, à partir de circonstances données de la vie, se construisent une image relativement complète, à laquelle, avec un zèle assidu, ils s'efforcent de se conformer. Leurs yeux, trop myopes pour embrasser d'un seul regard la totalité des cieux, saisissent avec d'autant plus d'acuité la sphère d'activité qui leur est impartie. Ils n'étonnent pas le monde par de fabuleux sauts périlleux, parce qu'ils ont besoin de toute leur attention pour parcourir l'étroit sentier qu'ils se sont tracés sans faire de faux pas. Toute exaltation, tout dévouement de la personnalité à des problèmes abstraits est à leurs yeux une ineptie. Eux-mêmes se sont déjà penchés sur ces questions dans leur jeunesse, mais en sont revenus, car de tels agissements ne mènent qu'à des impasses [...]

Idéalisme abstrait et sublime ou réaliste et pratique ! Équilibre stable ou instable ! — Laquelle de ces deux conduites de vie mérite la préférence au temps de la vapeur et de l'électricité ne devrait pas faire de doute.

Trad. Jörn Cambreleng

« *Enfants et Bouffons* rappelle en partie le genre du *Peintre minute,* il s'agit – et c'est tout à fait caractéristique des divergences entre Wedekind et le drame naturaliste alors en plein essor – d'un "jeu de théâtre", d'une pièce burlesque dont l'essentiel n'est pas dans les caractères et dans l'action mais dans la situation comique, dans l'auteur lui-même avec sa fantaisie et son ironie, et dans les traits d'esprit. Mais parallèlement, on constate un souci du contenu dans les prises de position vis-à-vis des tendances de l'époque et des problèmes moraux ainsi que dans la construction de personnages forts, qui suscitent l'adhésion, et dans les scènes où règne un climat, une émotion dramatiques qui font penser bien davantage à un drame ou à une tragédie qu'à une farce. Il en résulte une tension, que le choix de la dénomination *comédie* ne suffit pas à résoudre ».

Artur Kutscher, *Wedekind. Leben Und Werk, op. cit.* p. 67.

Trad. Jean-Louis Besson

L'opposition entre Wedekind et Gerhart Hauptmann est mise en tableau par Wedekind lui-même.

| WEDEKIND (ou même Ibsen) | HAUPTMANN (ou même Björnson) |
| --- | --- |
| Egoïste | Altruiste |
| Homme de la nuit | Homme du jour |
| Penseur | Artiste |
| Citadin | Campagnard |
| Fat culturel | Gaillard naturel |
| Calculateur | Constructeur |
| Gaucher (ou gauche) | Créateur |
| Peer Gynt[1] | Brand[1] |
| Franz Moor[2] | Karl Moor[2] |
| Méphisto | Faust |
| Keith[3] | Scholz[3] |
| Pessimiste | Optimiste |
| Un alpe de lumière[4] | L'éternel Aryen |
| Théoricien | Éducateur |
| Praticien : chaque pas lui est un combat | Moraliste : fait une brillante carrière de grand seigneur |
| Plein de soi-même | Désintéressé, prêche le grand amour, la pitié, la patience |
| Authentique, mais repoussant | Enchanteur, mais inauthentique, l'inauthenticité dépare toute son œuvre ; la joie dans la beauté du mot creux |

Trad. François Regnault[5]

---

[1] Personnages d'Ibsen.

[2] Personnages des *Brigands*, de Schiller.

[3] Personnages du *Marquis de Keith*, de Wedekind

[4] Ou « albe », désignation des dieux du Walhalla dans le *Siegfried* de Wagner.

[5] Publié initialement dans *À propos de l'Éveil du printemps, op. cit.* p. 17.

Obligé de travailler après la rupture avec son père en 1886, Wedekind trouve, grâce à son ami l'écrivain Karl Henckell, une place de « chef du bureau de réclame et de presse » dans les établissements Maggi, nouvellement créés à Kempttal, dans les environs de Zurich[6]. Il doit fournir par semaine entre douze et dix-huit textes de réclame, en prose ou en vers, et rédige ainsi, jusqu'à l'été 1887, date où il donne sa démission, quelques cent soixante annonces[7]. Voici quelques-uns de ces textes :

> « L'émancipation de la femme est un produit de notre temps tout comme le pessimisme et le surmenage scolaire. En tant que tel, il a sa raison d'être et il trouvera en tant que tel une solution naturelle. Que la femme doive rester à l'écart du monde est certainement une conception dépassée ; mais une conception plus ancienne encore dit qu'elle doit être la compagne de l'homme et ne faire avec lui qu'un seul corps et une seule âme.— Ceci posé, on dispensera l'homme de la garde des enfants, lui qui doit trouver l'argent nécessaire au ménage, et on lui permettra de s'accorder ses soirées entre amis au café. D'ailleurs, si la femme sait écouter la voix de la raison, elle a, elle aussi, à sa disposition les moyens de se faciliter la tâche. Pensons à la délicieuse soupe Maggi, prête seulement en 15 minutes, la plus nourissante et la plus savoureuse, surtout avec son assaisonnement : le succulent extrait de bouillon Maggi ».

> « LA PETITE FRIDA.– *(à la cuisine)* Maman, les hommes aussi apprennent à faire la cuisine ? -
>
> MADAME SCHULZE.– Non, ma chère enfant ; mais ils vont à la guerre.
>
> FRIDA.– Dans ce cas, je préfererais être un homme.

---

[6] Le frère de Karl Henckell avait fondé quelques années auparavant la première usine de conserves établie en Suisse.

[7] Les texte publicitaires écrits par Wedekind pour Maggi ont été intégralement publiés dans une edition commentée : *Frank Wedekinds Maggi-Zeit Reklamen/Reisebericht/Briefe*, éd. par Hartmurt Vinçon, Francfort/Main, J. Hausser, 1995. Ils ont donné lieu également à une exposition qui s'est tenue durant l'été 1995 à l'Institut Heinrich Heine à Düsseldorf.

FRIDA.– Ça ne fait rien. Ce n'est pas aussi ennuyeyx que d'apprendre à faire la cuisine.

MADAME SCHULZE.– Mais Frida ! À la guerre on est tué.

MADAME SCHULZE.– Tu veux que je te dise, mon cœur ? Quand tu seras grande, je t'achèterai de la soupe Maggi. Plus besoin de te plonger dans un livre de cuisine et de rester des heures aux fourneaux. Elle est prête en quinze minutes, ton mari se régale et tes enfants rayonnent de santé. »

Trad. Jean-Louis Besson

« Ce qui à l'un vient à manquer
Se trouve en l'autre, c'est un fait,
Quand homme et femme sont accouplés
Alors félicité, joie et paix.
L'union est source de bonheur
La vie source de poésie
Il ne manque jamais de saveur
Aux soupes et arômes Maggi.

Trad. Mireille Davidovici

On trouve dans *Les Jeunes Gens* une allusion directe à l'activité de Wedekind chez Maggi. À la scène 2 de l'acte I, le poète Meier déclare à propos de son frère, fabricant de savon : « Lui-même m'a déjà proposé six mille marks par an si je lui compose des vers sur sa marchandise. Dans ces conditions, on n'a même plus besoin de créer une revue littéraire pour asseoir les fondations de son foyer. » En fait, Wedekind, qui était payé entre 1 et 1.50 marks par annonce, n'a jamais gagné autant chez Maggi.

# L'ÉVEIL DU PRINTEMPS

La pièce, commencée en octobre 1890, est terminée à Pâques 1891. Elle est publiée la même année à compte d'auteur chez Jean Gross à Zurich. Schnabelitz, l'éditeur du *Peintre minute*, a retourné le manuscrit, affirmant « qu'en Allemagne une chose pareille peut vous envoyer au moins deux ans en prison ». En 1894, la pièce est reprise par l'éditeur de Zurich Caesar Schmidt, qui s'en désintéresse. Albert Langen rachète les droits en 1906 et, deux ans après, il publie déjà la vingt-deuxième édition. Contrairement aux autres pièces, et indépendamment des « versions scéniques » – c'est-à-dire des versions mutilées pour prévenir la censure – Wedekind a très peu remanié *L'Éveil du printemps* ; la version éditée dans les *Œuvres complètes* ne diffère que sur quelques détails de la première publication.

La première n'eut lieu que quinze ans après la rédaction de la pièce, le 20 novembre 1906 aux Kammerspiele du Deutsches Theater à Berlin, dans une mise en scène de Max Reinhardt ; Wedekind jouait le rôle de l'Homme masqué. Il a fallu procéder à un certain nombre de modifications pour passer la censure – suppression du monologue de Hanschen Rilow (II, 3), de la scène d'onanisme collectif (III,4), de la scène dans les vignes (III, 6), changement des noms des professeurs, etc. (Wedekind parle de « défiguration[1] ») – mais le succès est énorme : la pièce est jouée plus de deux cents fois la saison suivante et reste vingt ans au répertoire du théâtre. Depuis, de grands metteurs en scène allemands s'en sont emparés : Leopold Jessner (1907), Gustav Grundgens (1926 et 1945), Peter Zadek (1965), Peter Palitzsch (1973), Niels-Peter Rudolf (1974), Tragelehn/Schleef (1974)...

[1] Lettre à Fritz Basil du 21 janvier 1907.

Dans des notes rassemblées sous le titre *Ce que j'en pensais*, Wedekind écrit à propos de *L'Éveil du printemps :*

I

« J'ai commencé à écrire sans aucun plan, avec l'intention d'écrire ce qui m'amusait. Le plan s'établit après la troisième scène et combina des expériences personnelles et celles de mes camarades d'école. Presque toutes les scènes correspondent à des événements réels. Même les mots : "Le petit n'était pas de moi", qu'on m'a reprochés comme une grossière exagération, ont été lâchés dans la réalité.

En travaillant, je me suis mis en tête de ne perdre l'humour dans aucune scène, si grave fût-elle. Jusqu'à sa représentation par Reinhardt, la pièce est passée pour de la pornographie pure. Maintenant on s'est donné le mot pour la considérer comme la plus sèche des pédanteries. On ne veut toujours y voir aucun humour.

Il me répugne de terminer la pièce chez les écoliers sans point de vue sur la vie des adultes. C'est pourquoi j'ai introduit dans la dernière scène l'Homme masqué. Comme modèle pour Moritz Stiefel surgi de la tombe, l'incarnation de la mort, j'ai choisi la philosophie de Nietzsche. »

II

Avertissement précédant la version scénique.

*La Poste* (Berlin) du 5 juillet 1912 écrit :

« Frank Wedekind et la Haute Cour administrative. Dans le dernier *Journal Officiel prussien* est reproduite la décision de la Haute Cour administrative, rendue le 29 février de cette année, concernant l'affaire de l'interdiction de représenter *L'Éveil du printemps*[2] de Wedekind. L'interdiction notifiée par le Préfet a été levée, parce que compte tenu du contenu et de l'effet sérieux de la pièce dans son ensemble, les passages choquants se trouvent effacés, « et ainsi ne dépassent pas les bornes du permissible au sens policier ». On est surpris non seulement

[2] n.d.t. L'interdiction datait de 1908.

par le verdict compréhensif de la Haute Cour administrative, mais aussi par la motivation réelle de sa décision, qui relate le contenu d'une pièce qui aura eu bien des ennuis. Le revirement maintenant général en faveur du poète doit être remarqué, car il marque une meilleure compréhension pour l'œuvre de Wedekind, qui combat sans ménagement pour la vérité. Nous donnons le verdict et la version officielle du contenu à la suite :

« Le contenu de la pièce peut se résumer ainsi : elle représente l'effet que font sur des jeunes gens naïfs, à l'âge de la puberté commençante, les forces réelles de l'existence ; avant tout, leur propre sexualité en éveil et les exigences de la vie, en particulier de l'école. Ils succombent dans le combat évolutif avant tout parce que ceux qui ont vocation pour les guider, leurs parents et leurs professeurs, par méconnaissance du monde – c'est la conception du poète – et par pruderie, négligent de les informer et de leur montrer le chemin par une aide compréhensive. Wendla Bergmann meurt, parce que, malgré ses prières, sa mère néglige de l'éclairer sur les rapports sexuels humains. Moritz Stiefel, mis en plein désarroi par les mouvements de sa puberté commençante, par ses doutes sur l'origine et la fin de l'homme non moins que par les informations sexuelles de son ami, est écrasé par les tâches scolaires qu'il ne peut remplir, avec un père qui exige qu'il les remplisse et dont la sévérité est entièrement obnubilée là-dessus. Melchior Gabor, lui, ne succombe pas, parce qu'il acquiert une compréhension de la vie réelle faisant son entrée sous la personnification d'un homme masqué, et qu'il se laisse emmener par lui. Ainsi conçue, on ne peut refuser à la pièce dans son ensemble, compte tenu de son intention et de son contenu, le caractère d'une pièce sérieuse ; elle traite de problèmes d'éducation sérieux, dont l'intérêt est souvent au premier plan, et elle essaie de prendre position. On n'a pas l'impression que là où sont représentées des actions immorales, ce soit pour les représenter comme quelque chose de permis, de fait pour être imité, non plus que pour exciter ou libérer la lubricité du spectateur. Le public de théâtre ne pourra se dérober à un sentiment de compréhension très humain pour le sort tragique des personnages principaux, ni d'intérêt pour la conduite de l'intrigue et pour les problèmes qui y sont traités. En tout cas, il est impossible de prévoir comment les spectateurs pourraient y voir une incitation à une conduite de leur part immorale ou délictueuse. »

Trad. François Regnault

Extrait d'une lettre de Frank Wedekind, datée du 3 janvier 1907, au comédien et metteur en scène Fritz Basil, qui a mis en scène *L'Éveil du printemps* à Munich en 1907.

« [...] Je n'ai été admis à Berlin qu'à la dixième répétition et je suis tombé là sur une vraie tragédie en chair et en os, avec les accents les plus dramatiques, d'où tout humour était absent. J'ai fait mon possible pour faire valoir l'humour, tout particulièrement dans la figure de Wendla, dans toutes les scènes avec sa mère et même dans la dernière, à relever l'intelligence et l'enjouement, à adoucir la passion, même dans la dernière scène, celle du cimetière. Je crois que l'œuvre agit de façon d'autant plus saisissante qu'elle est jouée innocente, ensoleillée, rieuse. Ainsi surtout le monologue de Moritz, conclusion du second acte, que j'ai fait parler jusqu'à la fin de façon amusante. Je crois que la pièce, si on en accentue le tragique et la passion, risque de produire un effet rebutant [...] »

Trad. François Regnault[3]

« Pour ce qui est de notre discussion sur l'amour, je suis finalement contraint de capituler, après avoir héroïquement défendu mon point de vue. Je le fais volontiers, car tu es sur ces questions plus proche de moi que je ne le supposais. – Ou me faut-il croire que tu es devenu pessimiste ? – À vrai dire, c'est ce qui me réjouirait le plus car, à mon sens, seul le pessimiste peut être vraiment heureux : n'a-t-il pas désappris à espérer, à « languir et à se tourmenter[4] » dans l'angoisse ? – Maintenant que j'ai capitulé dans notre controverse sur l'amour, je vais quand même t'indiquer une porte dérobée par laquelle j'aurais pu me retirer. Mais comme tu n'y étais pas préparé et que moi-même je n'y ai pas pensé au début de notre combat, je n'en ai pas fait usage. – Écoute à présent comment le chrétien que j'étais est devenu un athée et un sceptique. Il y a bientôt dix ans, j'ai vu dans la rue à Hanovre un homme jeter en passant un franc dans un tronc qui se trouvait contre

---

3 Ce texte et le précédent ont été publiés initialement dans *À propos de L'Éveil du printemps*, *op.* cit. p. 23-25.

4 Citation de Egmont de Goethe (Acte II) « chez Klärchen ».

la maison, tandis qu'à côté de moi quelqu'un disait à la personne qui l'accompagnait en montrant du doigt le généreux donateur : "Il veut faire affaire avec le bon Dieu." Je n'ai jamais oublié ces paroles et, associées à d'autres constatations, elles me donnèrent la conviction que l'homme ne fait rien sans l'attente d'une récompense appropriée, *qu'il ne connaît pas d'autre amour que l'égoïsme.* Car, abstraction faite de toute récompense ici-bas ou dans l'au-delà, la conscience d'une action utile, la conscience morale, est pour nous une précieuse récompense, que nous savons évaluer et apprécier à son juste prix. Mais celui auquel la conscience morale ne peut accorder une telle récompense, celui qui ne ressent pas au fond de lui-même la jouissance de ses bonnes actions, celui-ci n'en fait aucune. Nous le disons avare, insensible. Est-ce sa faute ? – Inutile de te dire que, l'amour sexuel et l'amitié ayant leur origine exclusivement dans l'égoïsme, nous ne saurions, sans la conscience morale, être charitable de manière désintéressée qu'envers les gens qui nous sont indifférents. – Je sais bien que cette idée vient de l'antiquité, mais je ne parviens pas à m'en défaire pour autant, tout comme personne n'est parvenu à la réfuter devant moi. »

Extrait d'une lettre à un ami d'école, Adolf Vögtlin,
château de Lenzburg, Août 1881.

Trad. Jean-Louis Besson

Partant d'une comparaison entre *L'Éveil du printemps* et *La Sonate à Kreutzer* de Tolstoï, Artur Kutscher constate :

« Wedekind ne cherche pas à faire des propositions visant à améliorer l'éducation ; pour cela une autre forme aurait mieux convenu que la littérature ; il ne montre pas non plus les conséquences d'une pédagogie qui s'est fourvoyée, parce qu'il jugerait nécessaire de "mettre cette question sur le tapis". Il laisse les problèmes témoigner et convaincre d'eux-mêmes en faveur de la nature et du droit. Il n'utilise ce thème que dans la mesure où il est utile à la création artistique. Mais il y a une autre différence avec Tolstoï : en artiste conscient de son art, Wedekind ne se montre jamais directement lui-même, il est toujours voilé, grimé - "Nous voyons le poète mettre le masque dans la nuit" est-il dit dans *L'Éveil du printemps* - ainsi avec madame Gabor qui prend soin de son fils avec amour, confiance, compréhension (III, 3) et trouve des mots pleins de bonté pour écrire au malheureux Moritz : un personnage où transparaît beaucoup de la mère de Wedekind. Melchior Gabor, qui a certains traits de l'auteur, mais dont le caractère semble objectivé, représente le principe de l'épanouissement naturel, principe qu'il expose en détails par écrit ; mais il est tout à fait caractéristique que le contenu de cet écrit ne soit pas révélé. On pourrait aussi dire de l'Homme masqué qu'il porte témoignage de la position de Wedekind ; la dédicace "à l'Homme masqué" est le remerciement de celui qui a eu la vie sauve. Mais, pour le reste, la thèse – pour autant qu'on puisse utiliser ce mot ici – n'est donnée qu'indirectement, et elle reste à l'arrière-plan : respect de la nature, de sa pureté et de sa force, amour de la vie, de sa grandeur et de sa liberté. On ne peut donc pas reprocher à Wedekind d'avoir traité le sujet de manière négative ; toute utilisation tendancieuse, non-artistique, a été évitée. » [...]

« Pour ce qui est de la forme, Wedekind a recours, comme dans *Le Réveil d'Elin*, mais cette fois de manière plus volontaire encore, à Büchner, Grabbe et Lenz, c'est-à-dire à l'opposé des classiques grecs, français ou allemands. On constate des parallèles avec Faust I, notamment dans les monologues (monologue de Wendla, sentiments de Melchior après avoir abusé de Wendla) ; comme Grabbe dans ses pièces de maturité et Büchner dans sa dernière, Wedekind renonce à la liste des personnages. Sa dramaturgie est, à l'exemple de *Hannibal*, de *Woyzeck*, mais également des *Soldats* de Lenz et de *Faust I*, une dramaturgie à tendance lyrique, qui ne respecte pas le découpage en scènes habituel, mais juxtapose des tableaux qui se suffisent à eux-mêmes, des concentrés de vie, qui peuvent contenir plusieurs « scènes », mais également ne comporter que quelques phrases quand il s'agit d'évoquer un climat particulièrement intense. Ainsi se constituent des moments plus ou moins autonomes, et nous ne voyons pas à proprement parler de fil conducteur : seulement les stades d'un développement, peut-être aussi une mosaïque. Il n'y a pas d'action au sens habituel. La cohésion naît d'une intensité croissante, d'une progression des événements par étapes, de l'organisation des tableaux avec leurs effets de parallèles et de contrastes, où même ceux qui n'apportent pas de mouvement sont importants. C'est ce qui donne à la forme sa nécessité. »

Artur Kutscher, *Wedekind, Leben und Werk*, *op. cit.*, p. 76-77.
Trad. Jean-Louis Besson

# LE SPECTRE DU SOLEIL

La pièce a été écrite en 1893-1894, à peu près en même temps que la première version de *La Boîte de Pandore* (1892-1894), alors que Wedekind séjourne à Paris et, pour quelques semaines, à Londres. Le titre original est *Le Spectre du soleil ou Dieux de l'amour à vendre. Une idylle empruntée à la vie moderne* par Frank Wedekind. Le sous-titre *Dieux de l'amour à vendre* est biffé sur le manuscrit. Il s'agit d'une allusion à un tableau de Wilhelm von Kaulbach, qui reste toutefois mentionné dans la pièce.

L'œuvre est inachevée : Wedekind, occupé à remanier *La Boîte de Pandore* en vue d'une édition chez Langen (sous le titre *L'Esprit de la terre),* n'a rédigé que le premier acte, qui forme cependant un tout relativement cohérent. La pièce devait comporter, dans un premier projet trois, puis quatre actes. Wedekind ne la reprend qu'en octobre 1900, la désignant alors comme « une pièce en un acte » (il écrit à sa mère le 10 octobre 1900 : « Je suis sur le point d'écrire une nouvelle pièce en un acte, *Le Spectre du soleil,* qui devrait avoir un gros succès, du moins dans la presse[1]. »). En fait, seule une scène est publiée en 1901, dans « Simplicissimus », sous le titre *Le Jardin de la mort.* La pièce ne sera éditée qu'après la disparition de l'auteur, dans le volume IX des *Œuvres complètes.* La traduction a été faite à partir de cette édition[2].

Selon A. Kutscher (Wedekind. *Leben und Werk, op. cit.*, p. 106.), Wedekind aurait dit avoir écrit *Le Spectre du soleil sous* l'influence de la comédie de Sûdraka *Le Petit Chariot de terre cuite* (IVe siècle), un des premiers textes de théâtre indien connu en Occident (traduit en

[1]*Der vermummte Herr. Briefe Frank Wedekinds…,* Munich, dtv, 1967, p. 128.

[2] Si on s'en tient à la chronologie des premières parutions, ce qui est notre principe ici, il aurait fallu publier la pièce dans le dernier volume. Cependant il nous a semblé qu'elle avait sa place parmi les pièces de jeunesse. Certes, elle a été écrite après *L'Elixir d'amour,* mais cette dernière pièce n'a été éditée qu'en 1899, et elle figurera donc dans le volume 3, le volume 2 étant consacré à *Lulu.*

français notamment par Gérard de Nerval). Mais, toujours selon A. Kutscher, la pièce porte aussi la marque des lectures de Wedekind sur la physiologie et la psychologie de l'amour : Paul Mantegazza *(Physiologie du plaisir et Hygiène de l'amour)*, Jean-Martin Charcot *(Leçon sur les maladies du système nerveux)* et Richard von Krafft-Ebing *(Psychopathia sexualis)* ; les noms de ces trois savants sont d'ailleurs cités dans la pièce, Krafft-Ebing est mentionné dans les journaux intimes. Ajoutons enfin que la découverte des plaisirs de la « vie parisienne », auxquels Wedekind s'adonne abondamment, n'est certainement pas étrangère non plus à la conception de la pièce (voir documents).

« *Le Spectre du soleil,* le fragment de drame écrit à la même époque (que *L'Esprit de la terre* n.d.t.) offre un parallèle à cette exaltation du principe de plaisir. Son sous-titre, « *Une idylle empruntée à la vie moderne* », indique la réconciliation de l'idylle utopique avec la réalité présente. Dans la maison des plaisirs, sous le matriarcat de Madame, culture et nature sont à égalité, et les différences de classes sont abolies. C'est un lieu où "on ne fait de mal à personne. Ici il n'y a que des larmes de joie". Entre le maître et le serviteur, on ne fait pas de différences, même les "filles de famille" trouvent ici leur destin. La comparaison entre l'art du poète et celui de la fille de joie vise à réconcilier l'art et la nature. En tant "qu'ardente célébration", l'art exalte directement la beauté naturelle et le plaisir des sens. Le côté nocturne de l'instinct disparaît presque totalement derrière "le bel arc-en-ciel" des filles. La maladie de Minetta, la nymphomane, est à peine abordée. L'acte suivant, où l'on devait voir le lavage de la morte et son apparition en esprit, n'a jamais été écrit. *Le Spectre du soleil* est resté à l'état de fragment. Au nom de son utopie, Wedekind n'aborde pas, comme dans *L'Esprit de la terre,* le caractère autodestructeur de la sexualité. Dans *L'esprit de la terre,* Lulu conduit à leur perte les hommes qui cherchent à lui imposer leurs fantasmes ; à l'inverse, les filles de joie du *Spectre du soleil,* qui dans l'esprit de Wedekind ne sont pas moins « naturelles » que Lulu, apportent le bonheur aux hommes qui renoncent aux chaînes patriarcales du mariage et se laissent aller à leur constitution naturelle. »

Friedrich Rothe, *Frank Wedekinds Dramen. Jugendstil und Lebensphilosophie,* Stuttgart, Metzler, 1968, p.53-54.

Trad. Tean-Louis Besson

5 juin 1892

Le soir, après dîner, je vais au café, puis à Bullier. La salle est remplie de gens venus à l'occasion de la Pentecôte, de soldats, d'ouvrières, qui dansent maladroitement le cancan. Je ne suis pas encore au bout de mes peines, lorsque l'amie de ma dulcinée d'hier vient au devant de moi. Heureux de quitter ce vacarme, je l'invite à boire un rafraîchissement. Nous nous asseyons dans le jardin et nous bavardons. Elle a une tête à la Gabrielle Max et un corps admirable ; elle aime le calme, déteste les cafés, mais adore l'opéra-comique, le théâtre français et la peinture. Elle monte aussi à cheval : pas à califourchon mais en amazone. Je me sens très bien à ses côtés et je l'emmène au café d'Harcourt. Nous buvons quelques schnaps, puis nous soupons. Nous vidons deux bouteilles de vin, et, afin d'animer la conversation, je la taquine sur la question de son métier. Elle compte l'exercer encore deux ans au maximum, puis elle entrera au couvent. Elle est originaire de... [lacune dans le texte] française et elle est arrivée à Paris avec son premier amant. Ses parents la supposent dans un magasin de mode. Il n'y a rien d'étonnant à ce que les filles s'aigrissent avec le temps ; elles sont abusées tant de fois. Elle me plaît vraiment, surtout à cause de son flegme tragique.

Nous rentrons un peu gris. Devant la porte, je lui dis : 1) que je n'ai que dix francs et 2) que j'ai trop bu. Elle me conduit dans une chambre spacieuse, très joliment meublée, avec vue sur un grand jardin où poussent des arbres immenses. Dans l'encadrement de la fenêtre ouverte, il y a une plante exotique et une autre devant le miroir. Conscient du caractère un peu ridicule de ma situation, je m'affale dans un fauteuil où je donne libre cours à mon étonnement. Puis ma belle se met à pleurer, les larmes coulent à flot sur ses joues. Je la taquine en lui disant qu'elle n'y peut rien, si elle n'est pas aussi belle et aussi chic que les autres ; et afin de prolonger quelques instants encore cette scène délicieuse, je pose mes dix francs sur la cheminée et dis que c'est malheureusement tout ce que j'ai. Elle m'assure en sanglotant que là n'est pas la question. Lorsque je tente enfin de la consoler, elle se jette à mes pieds, enlace mes genoux, et me dit que sa vraie place est ici. Alors je lui caresse les cheveux et l'invite à se mettre au lit. Elle porte une robe noire fermée, très seyante, si élégante que je n'en ai encore jamais vu de pareille sur une femme honnête. Je me débarrasse rapidement de mes vêtements et m'allonge à côté d'elle. Elle est aussi appétissante qu'une pomme qu'on vient d'éplucher et d'une ardeur si naturelle que je n'ai encore jamais trouvé rien de semblable chez une femme. Bien entendu, je me livre à mes fantaisies habituelles, mais cela semble cependant lui procurer beaucoup de plaisir. Finalement, le jour paraît ; les moineaux se mettent à gazouiller dans les grands arbres ; je m'habille en vitesse et je m'en vais. Rachel.

Frank Wedekind, *Journaux intimes*, traduit par Jean Ruffet, Paris, Belfond,1989, p.172-173[3].

[3] Il est impossible de reproduire ici tous les passages des *Journaux intimes* qui évoquent *Le Spectre du soleil*. Nous renvoyons au livre lui-même, notamment à la note du 21 juin 1992 (p. 180-183), où Wedekind raconte comment une certaine Kadudja exécute une danse du ventre pour lui et son ami Weinhöppel dans un salon décoré à l'orientale.

# FRANK WEDEKIND
## *Repères biographiques*

Frank (Benjamin Franklin) Wedekind est né à Hanovre le 24 juillet 1864. Son père, Friedrich Wilhelm, est médecin. En 1848 il est député à la Diète de Francfort, mais après l'échec de la révolution il quitte l'Allemagne pour les États-Unis et ouvre un cabinet à San Francisco. Sa mère, Emilie Kammerer, est chanteuse (opéra et variétés) ; en 1856, à l'âge de seize ans, elle quitte la Suisse où son père s'était réfugié pour des raisons politiques, et immigre avec sa sœur aînée en Amérique du Sud. Elle gagne ensuite les États-Unis où elle rencontre Friedrich Wilhelm. Le mariage a lieu en 1862 ; le couple rentre en Allemagne en 1864, juste avant la naissance de Frank, le second d'une famille de six enfants : Armin, William Lincoln, Frieda Marianne Erika, Donald et Emilie.

En Allemagne, le père, un démocrate admirateur de la vie politique américaine, abandonne sa profession de médecin pour une activité d'orateur et de polémiste. Son opposition à Bismarck l'oblige à s'expatrier. En 1872 il se réfugie en Suisse, où il acquiert le château de Lenzburg près d'Aarau. Frank fréquente l'école cantonale.

**1877-1883**
À l'âge de treize ans, Wedekind écrit sa première pièce en huit actes *Une scène d'Orient* (Eine Szene aus dem Orient). Il est élève au lycée d'Aarau où on le considère comme un paresseux, un poète et un « penseur ». Il entretient une correspondance à caractère philosophique avec une amie de sa mère « Tante Plümacher ». En 1879-1880, Wedekind écrit sa deuxième pièce, *Les Désespérés* (Die Verzweifelten) et, en 1882, *Le Banquet de Socrate* (Das Gastmahl bei Sokrates) ; il compose des poèmes et se produit comme chanteur dans des soirées entre camarades d'école.

**1884**
Wedekind est reçu au baccalauréat et entreprend en mai des études d'allemand et de français à l'université de Lausanne. En novembre, à l'instigation de son père, il va étudier le droit à Munich. Il fréquente assidûment les théâtres, l'opéra et les salles de concert.

**1886**
Rédaction du *Peintre minute* (Der Schnellmaler oder Kunst und Mammon) ; la pièce paraîtra en 1889 chez J. Schabelitz à Zurich. Wedekind décide de se consacrer à la littérature. Il se lie avec Karl Henckell, proche des naturalistes et des socialistes, mais ne partage pas les conceptions esthétiques de son ami. La décision d'abandonner ses études provoque la rupture avec son père. Il s'installe à Zurich où il trouve, grâce à Henckell, une place de chef du « bureau de réclame et de presse » de la firme Maggi qui vient d'être fondée. Il démissionne après sept mois, dans l'espoir de travailler comme journaliste indépendant.

**1887**
Wedekind commence la rédaction d'une comédie en vers qui reste inachevée *Le Réveil d'Elin* (Elins Erweckung) ; la pièce annonce *L'Éveil du printemps* et *Lulu*. Il se lie avec les milieux littéraires allemands à Zurich, où sont réfugiés de nombreux auteurs depuis la promulgation des « lois sur les socialistes » en Allemagne. Il fréquente notamment, sans partager leurs points de vue, les frères Carl et Gerhart Hauptmann.

Réconciliation avec son père qui l'autorise à rester à Zurich et à poursuivre ses travaux littéraires. Gerhard Hauptmann utilisera les confidences de Frank Wedekind sur sa famille pour un de ses drames, *La Fête de la paix*.

**1888**
Mort de son père en octobre. L'héritage le met pour un temps à l'abri des soucis matériels et lui permet de poursuivre une carrière d'auteur indépendant.

**1889-1891**
Wedekind se rend à Berlin, puis à Munich où il écrit *Enfants et Bouffons* (Kinder und Narren). Il est membre de la « Société de la vie moderne » à laquelle appartiennent également Otto Julius Bierbaum et Oskar Panizza. *L'Éveil du printemps*, commencé en 1890, paraît à Zurich au printemps 1891. À la fin de la même année, Wedekind entreprend un voyage à Paris.

**1892-1894**
Séjour à Paris où Wedekind s'intéresse au théâtre, à l'opéra et surtout aux variétés, au ballet et au cirque. En 1894, il passe les mois de janvier à juin à Londres, puis revient dans la capitale française. Il fait la connaissance de Frida et August Strindberg, de Lou Andreas-Salomé, d'Emma Herwegh, la veuve du poète révolutionnaire Georg Herwegh, et d'Albert Langen, son futur éditeur. Ses moyens financiers étant épuisés, il est engagé comme secrétaire par un peintre danois, marchand d'art et sans doute aussi faussaire, Willy

Grétor, qui servira de modèle au personnage du marquis de Keith. Il écrit *Le Spectre du soleil* (Das Sonnenspektrum), *La Boîte de Pandore* et *L'Esprit de la terre* (premières versions) ainsi que *L'Élixir d'amour* (Der Liebestrank).

**1895**
Au début de l'année, Wedekind quitte Paris pour Berlin. Parution de *L'Esprit de la terre* chez A. Langen. L'auteur s'efforce de faire jouer sa pièce mais ne parvient pas à l'imposer dans une ville fortement attachée à la tradition naturaliste. Il retourne à Lenzburg, puis à Zurich.

**1896-1897**
À Munich, il collabore à contrecœur, sous le pseudonyme de Hieronymus Jobs, au célèbre journal satirique *Simplicissimus* fondée par Langen. Il se fait peu à peu un nom comme écrivain mais ne parvient pas à faire jouer ses pièces. En 1897 paraissent un recueil de nouvelles, de poèmes et de pantomimes sous le titre *La Princesse Russalka* ainsi que *Les Jeunes Gens* (Die junge Welt), version remaniée d'*Enfants et Bouffons*. Wedekind retrouve Frida Strindberg qui est sur le point de divorcer. De leur liaison naît un enfant, Friedrich Strindberg.

**1898**
Grâce à son ami Kurt Martens, Wedekind est engagé comme secrétaire général, acteur et metteur en scène dans une troupe de Leipzig fondée par Carl Heine, le Ibsen-Theater. Il travaille sous le pseudonyme de Heinrich Kammerer. Première de *L'Esprit de la terre* le 25 février dans une mise en scène de Carl Heine ; Wedekind joue le rôle du docteur Schön. Après la dissolution de la troupe, Wedekind est engagé comme dramaturge, acteur et metteur en scène au Münchner Schauspielhaus dirigé par Georg Stollberg. La reprise en octobre de *L'Esprit de la terre* est un échec. *Simplicissimus* est confisqué pour la publication de deux poèmes de Wedekind dans lesquels il se moque de l'empereur Guillaume II. L'auteur et l'éditeur sont poursuivis pour crime de lèse-majesté. Wedekind se réfugie à Zurich, puis à Paris. Il commence le *Marquis de Keith.*

**1899-1900**
En juin, Wedekind retourne à Leipzig et se livre aux autorités. Il est emprisonné de septembre 1899 à février 1900 dans la forteresse de Königstein. En décembre 1899, première du *Chanteur d'opéra* à Berlin (Sezessionsbühne). À partir de septembre 1900, Wedekind décide de prendre des cours de comédien auprès de Fritz Basil ; les leçons se poursuivront jusqu'en 1905. Première de *L'Élixir d'amour* au Pfauentheater de Zurich (septembre 1900). Il fréquente jusqu'en 1903 Hildegarde Zellner avec qui il aura un second fils, Frank.

**1901-1902**
En avril 1901, ouverture à Munich du cabaret *Elf Scharfrichter* (Onze Bourreaux), sur le modèle des cabarets parisiens ; Wedekind, qui fait partie du groupe fondateur, y chante des chants et poèmes de sa composition en s'accompagnant à la guitare ; ses prestations le laissent insatisfait, mais elles lui assurent un revenu. Après deux ans, il met fin à sa collaboration. Le *Marquis de Keith* est joué à Berlin. La pièce n'a aucun succès. Première de *C'est la vie (Le Roi Nicolo)* en 1902 au Schauspielhaus de Munich qui reprend également *Le Marquis de Keith* avec Wedekind dans le rôle principal. En décembre 1902, première de *L'Esprit de la terre* au Kleines Theater de Max Reinhardt, avec Gertrud Eysoldt dans le rôle de Lulu.

**1903-1905**
Wedekind écrit *Hidalla*, version primitive de la pièce *Karl Hetmann*. En 1901, il publie sous le titre *Mine-Haha* les trois premiers chapitres d'un roman inachevé commencé en 1895. Il joue les rôles principaux dans ses pièces lors d'un cycle donné à Nuremberg au Théâtre Intime et interprète le personnage de Karl Hetmann pour la création au Münchner Schauspielhaus. En mai 1905, Karl Kraus organise une représentation de *La Boîte de Pandore* à Vienne avec Tilly Newes dans Lulu et Wedekind dans Jack l'éventreur. Des extraits de *La Danse macabre*, intitulé plus tard *La Mort et le Diable* (ou *Enfer et damnation* : le titre allemand a les deux sens) sont publiés dans la revue de Karl Kraus *Die Fackel*.

**1906-1907**
Le 1er mai 1906, Wedekind épouse Tilly Newes, alors âgée de vingt ans. Le 2 mai, ils jouent ensemble dans *La Danse macabre*, créée à Nuremberg et bientôt interdite. Le couple est engagé à Berlin par Max Reinhardt. *L'Éveil du printemps* est joué aux Kammerspiele du Deutsches Theater, dans une mise en scène de Max Reinhardt avec Wedekind dans le rôle de l'homme masqué ; la pièce a un énorme succès. Publication de *Musique*. Rédaction de *La Censure*. Naissance le douze décembre 1906 de Pamela Wedekind qui sera plus tard une célèbre actrice de théâtre et de cabaret. Le contrat du couple Wedekind comme acteurs avec Max Reinhardt expire en octobre 1907. Il n'est pas reconduit par la direction du théâtre.

**1908**
Retour à Munich. Wedekind écrit *Oaha. La satire de la satire* (première en 1911). L'éditeur Albert Langen se reconnaît dans le personnage principal et rompt avec l'auteur. Georg Müller reprend les droits des œuvres de Wedekind. Première des *Jeunes Gens* au Münchner Schauspielhaus (mise en scène de Georg Stollberg).

**1909-1912**
Wedekind joue comme comédien dans ses propres pièces, mais connaît des difficultés croissantes avec la censure. « Si Heinrich von Kleist écrivait aujourd'hui sa *Penthésilée*, les censeurs de Berlin comme ceux de Munich en interdiraient carrément la représentation publique pour raison de moralité » déclare-t-il dans un discours au Münchner Schauspielhaus.

Il écrit *La Pierre philosophale* (1909, première en 1913), *Le Château de Wetterstein* (1910, les représentations sont interdites) et *Franziska* (1911, première en 1912 aux Kammerspiele de Munich). Naissance, le 6 août 1911, de sa fille Kadidja qui deviendra actrice, metteur en scène et écrivain.

**1913-1916**
Wedekind adapte *La Boîte de Pandore* et *L'Esprit de la terre* sous le titre *Lulu*. Il écrit et publie *Samson ou honte et jalousie*, (première à Berlin, Lessing-Theater, 1914) et *Bismarck* (1915 ; la première prévue en 1916 est annulée par la censure qui, dès le début de la guerre, avait déclaré les pièces de Wedekind « indésirables »). Rédaction de *Überfürchtenichts* (1915-1916). Première du *Peintre minute* aux Kammerspiele de Munich en 1916. Nouvelle version de *Oaha* sous le titre *Till l'Espiègle*.

**1917**
Parution de *Überfürchtenichts* et de *Héraclès* dont des extraits ont été publiés séparément dans le *Berliner Tageblatt* dès 1916. Première du *Château de Wetterstein* au Pfauentheater de Zurich. Wedekind souffre des séquelles d'une appendicite mal opérée en 1914, et doit subir de nouvelles interventions chirurgicales. Les époux Wedekind ne s'entendent plus et Tilly demande le divorce. Elle fait une tentative de suicide.

**1918**
Wedekind meurt le 9 mars après une nouvelle opération. Son enterrement à Munich se déroule dans la confusion, notamment en raison d'une affluence inattendue.

**Jean-Louis Besson**

# TABLE DES MATIÈRES

ACHEVÉ DE RÉIMPRIMER EN
FRANCE EN AVRIL 2018 SUR
LES PRESSES DE SEPEC
NUMÉRIQUE À PÉRONNAS (01)
LABELLISÉ IMPRIM'VERT®.
MAQUETTE ET MISE EN PAGES
RÉALISÉES PAR BADIANE (75).

DÉPÔT LÉGAL : DÉCEMBRE 1995
NUMÉRO D'IMPRIMEUR : N05463180302